21世纪法学系列教材

民商法系列

侵权责任法

李显冬 著

图书在版编目(CIP)数据

侵权责任法/李显冬著.—北京:北京大学出版社,2014.5
(21世纪法学系列教材)
ISBN 978-7-301-23805-9

Ⅰ.①侵… Ⅱ.①李… Ⅲ.①侵权行为-民法-中国-高等学校-教材 Ⅳ.①D923

中国版本图书馆CIP数据核字(2014)第019858号

书　　　名：侵权责任法
著作责任者：李显冬　著
策　划　编　辑：郭栋磊
责　任　编　辑：郭栋磊
标　准　书　号：ISBN 978-7-301-23805-9/D·3514
出　版　发　行：北京大学出版社
地　　　址：北京市海淀区成府路205号　100871
网　　　址：http://www.pup.cn
新　浪　微　博：@北京大学出版社
电　子　信　箱：law@pup.pku.edu.cn
电　　　话：邮购部 62752015　发行部 62750672　编辑部 62752027
　　　　　　出版部 62754962
印　刷　者：北京虎彩文化传播有限公司
经　销　者：新华书店
　　　　　　730毫米×980毫米　16开本　18印张　343千字
　　　　　　2014年5月第1版　2019年6月第2次印刷
定　　　价：39.00元

未经许可,不得以任何方式复制或抄袭本书之部分或全部内容。
版权所有,侵权必究
举报电话:010-62752024　电子信箱:fd@pup.pku.edu.cn

作者简介

李显冬，1983年本科毕业于中国政法大学，2000年获法学博士学位，现任中国政法大学民商经济法学院教授，博士研究生导师。中国政法大学国土资源法研究中心主任。1994年至1995年作为访问学者在加拿大麦吉尔大学研修。现在为中国农业经济法学会副会长，中国法学会能源法研究会常务理事，国土资源部、《矿产资源法》《土地法》修改工作咨询专家。著有《溯本求源集：国土资源法律规范系统之民法思维》《从〈大清律例〉到〈民国民法典〉的转型》《案例民法》《侵权责任法典型案例实务教程》等著述四十余部。发表《完善准物权理论以健全自然资源资产产权制度》《矿业权之特许属性辨析》《民有私约如律令考》等学术论文140余篇。

序

　　法学的实践性极强,但法律本身,特别是条文却是死的东西。如果我们仅仅注重对学生进行法律注释的教授,而忽视了关于法律的运用,尤其是不注意培养学生们用灵活的头脑来解释死的法律,那么我们的学生往往会既难以把握法律学习的真谛,也忘记了"法学理论的研究,乃是法律真正科学的研究"①,而且又由于此种学习方法养成的动力定型,会使我们的学生每每在遇到某种事实没有现成的解释例可适用时,就变得迷茫失措。学习法律之目的是为了运用,故对研习法律之人来说,要想取得理想性的效果必须采取正确之方法。

　　一般而言,适用法律时找法的结果无非有三:一是有可以适用的法律规范;二是没有可适用的法律规范;三是虽有规定,但由于它过于抽象,必须加以具体化。无论哪种情况,均需对有关法律规范予以解释,或使之系统化;或使漏洞得以弥补;或使法律规范的价值得以补充。概言之,在西方,无论是分析法学派、历史法学派、哲学法学派、比较法学派,还是近代勃兴的社会法学派,都无不侧重以研究典型案例的方法来阐述和解释法律的真义。可见,法律的学习和适用,都必将涉及法律的解释问题;而法律解释的重要方法之一即为案例的研究。

　　我的学生显冬教授,其扎实的理论功底以及丰富的民法教学经验有口皆碑。从20世纪90年代开始,显冬教授开始致力于案例研习的教学方法,将案例研讨视为法律逻辑思维养成的必经之路,追求法学方法论只能源于并且只能服务于审判实践,他始终遵循"讲法律离不开讲法律关系,讲法律关系就离不开讲案例"的经验,以自己的侵权责任法教案为基础,在我国各级法院公布的案例中遴选适当的案例予以精析,通过梳理裁判要旨再现法官运用法律的逻辑过程,进而引发案例意义的法理思考。

　　在教材中嵌入案例并非单纯的叙述案例、阐释法学知识,而是一项艰巨而复杂的任务。其一,要以侵权责任法体系为主线,对于纷繁复杂的案例进行筛选。此需要作者掌握很多真实案例材料,并根据教学目的和深度对案例进行体系安排,需要投入的精力无疑是巨大的。其二,对于精选的案例本身也需要进一步精简。因为,一个案例所涉法律问题绝非仅仅一个,作者须在不影响案例真实性、完整性的前提下,将教学中不需要的内容予以删除。其三,对于案例的讲解也需

---

① John Chipman Gray and Roland Gray, The natune and Sources of the Law, Quid Pro, LLC(2012). p.133.

要简单明了。用通俗易懂的方法阐明法律关系,将一种逻辑思维方法让读者"听得懂、记得住、用得上",才是案例梳理的目的之所在。

本教材延续了显冬教授以案明法的风格。首先,本教材结合最新司法考试大纲,以基本理论为出发点,搜集了《人民法院案例选》《最高人民法院公报案例》等出版物和媒体中涉及侵权法知识的诸多典型案例,做到了在案例精析中呼应侵权法律知识,在案例精析中展现侵权责任法的精神。其次,为满足学习需要,本教材对案例进行了最大可能的提炼,言简意赅、通俗易懂。最后,本教材注释规范,所有案例皆标明出处,读者可以轻松找到案例的详细情况以深入研究。

因此,本书是法学本科生、司法考试应试学子的教材,还可为法官、检察官和律师提供法律实务参考,以供必要时举一反三,由此及彼。当然,亦可供所有对该教材有兴趣的人阅读,令读者增长具体的法学思维能力,以法律武器来保护自己或他人的合法权益。

法治是法律人的共同理想,但这一理想并非仅靠法律人一己之力就能实现,我们期盼更多的人关注和投入到我国法治事业中来。在此,作为显冬教授的老师,我衷心祝愿其能够在案例教学方面超越前贤、启迪后学,也无比希望读者朋友能够从本书中汲取充足的学术养分。

是为序,以荐读者。

2013 年 6 月

目　　录

第一章　侵权责任法绪论 ……………………………………（1）
　　第一节　侵权责任法概述 …………………………………（1）
　　第二节　侵权行为的民事责任法律关系 …………………（7）
　　第三节　侵权行为的民事责任之承担 ……………………（12）

第二章　侵权责任构成要件 …………………………………（19）
　　第一节　侵权责任构成要件理论概述 ……………………（19）
　　第二节　损害事实 …………………………………………（24）
　　第三节　违法行为 …………………………………………（34）
　　第四节　因果关系 …………………………………………（45）
　　第五节　过错 ………………………………………………（54）

第三章　侵权责任归责原则 …………………………………（67）
　　第一节　归责原则概述 ……………………………………（67）
　　第二节　过错责任 …………………………………………（73）
　　第三节　过错推定责任 ……………………………………（77）
　　第四节　无过错责任 ………………………………………（81）
　　第五节　公平责任 …………………………………………（84）
　　第六节　其他归责原则 ……………………………………（89）

第四章　多数人侵权 …………………………………………（95）
　　第一节　共同侵权 …………………………………………（95）
　　第二节　无意思联络的共同侵权 …………………………（103）
　　第三节　共同危险行为 ……………………………………（107）

第五章　侵权损害赔偿范围 …………………………………（118）
　　第一节　侵权损害赔偿范围概述 …………………………（118）
　　第二节　确定损害赔偿范围的原则 ………………………（122）
　　第三节　类型化的损害赔偿范围 …………………………（133）

第六章　侵害人身权的侵权责任 ……………………………（139）
　　第一节　人身侵权责任概述 ………………………………（139）
　　第二节　侵害物质性人格权责任 …………………………（145）

第三节　侵害精神性人格权责任 …………………………………(154)
　　第四节　侵害身份权责任 …………………………………………(167)

第七章　特殊侵权责任概述 ……………………………………………(179)
　　第一节　特殊侵权责任概述 ………………………………………(179)
　　第二节　特殊侵权责任的构成要件与免责条件 …………………(183)
　　第三节　替代责任 …………………………………………………(187)

第八章　特殊主体的侵权责任 …………………………………………(192)
　　第一节　监护人责任 ………………………………………………(192)
　　第二节　雇主责任 …………………………………………………(194)
　　第三节　教育机构与网络、安全保障义务人侵权责任 …………(202)
　　第四节　专家责任 …………………………………………………(205)

第九章　工作物致人损害之侵权责任 …………………………………(212)
　　第一节　产品责任 …………………………………………………(212)
　　第二节　饲养动物损害责任 ………………………………………(224)
　　第三节　管领物件之损害责任 ……………………………………(230)

第十章　医疗损害责任 …………………………………………………(246)
　　第一节　医疗损害责任概述 ………………………………………(246)
　　第二节　医疗损害责任的构成要件 ………………………………(248)
　　第三节　医疗损害责任的归责原则 ………………………………(252)
　　第四节　医疗损害赔偿责任及免责事由 …………………………(255)
　　第五节　医疗损害责任的特殊规定 ………………………………(257)

第十一章　环境污染与高度危险侵权责任、机动车交通事故责任 ………(261)
　　第一节　环境污染责任 ……………………………………………(261)
　　第二节　高度危险责任 ……………………………………………(265)
　　第三节　机动车交通事故责任 ……………………………………(270)

跋 …………………………………………………………………………(279)

第一章 侵权责任法绪论

第一节 侵权责任法概述

一、侵权责任概述

(一) 侵权责任的概念

1. 侵权行为是事实行为

侵权行为是指行为人由于过错或者违反法律规定的义务,而不问过错,以作为或不作为的方式,侵害他人人身、财产权益,依法应当承担损害赔偿等侵权责任的行为。

侵权行为从法律特征上看,首先,它是一种侵害他人合法权益的违法行为;其次,侵权行为是有过错的行为,仅在法律有特别规定时,才不要求侵权行为须具备主观过错之构成要件,这也就意味着它不以侵权行为人的意思为构成要素,不论故意或者过失,甚至没有任何过错,都可能承担民事责任;再次,侵权行为包括作为和不作为两种形式;最后,侵权行为人应依法以损害赔偿为主要责任形式的民事责任。既然侵权行为的法律后果不依当事人的意思为转移,而是由法律直接规定的,故而侵权行为被认为是一种事实行为。

2. 侵权责任是对民事权益的否定之否定

民事责任,即民事法律责任之简称,是指民事主体在民事活动中,因实施了民事违法行为,根据民事法律规范所承担的对其不利的法律后果。作为法律责任的一种,民事责任是民事救济手段,是保障民事权利、义务实现的重要措施,旨在使受害人被侵犯的权益得以恢复。

《侵权责任法》出台之前,我国学者一般依照《民法通则》第106条"……**公民、法人由于过错侵害国家的、集体的财产,侵害他人财产、人身的,应当承担民事责任。没有过错但法律规定应当承担民事责任的,应当承担民事责任**"的规定,定义由侵权行为引发的损害赔偿之债。在《侵权责任法》起草过程中,有学者将"侵权行为法"与"民事责任法"两个概念予以折中,称之为"侵权行为的民事责任",简称"侵权责任"。

侵权责任是侵权行为民事责任的简称,指民事主体因违反法律的有关规定,不论过错或无过错地侵害他人的人身或财产权益而依法应当承担的民事责任。所以《侵权责任法》在本质上看,其实就是调整有关侵权行为的系统化的法律规范的总和。

(二) 侵权责任的法律特征

1. 侵权责任是平等主体间的民事法律关系

引起侵权责任的损害是一种发生在平等主体之间的法律事实,它虽然是以既有的民事权利义务为前提的,但损害赔偿的责任无疑又在平等民事主体之间形成了一种新的民事权利义务关系。

2. 侵权责任的"处分性"或"自主性"

侵权责任法既然是民法的重要组成部分,民法的"意思自治"即所谓"自主性"的原则就具体表现在责任承担的"处分性"特征上。民事责任这种"任意处分"的特点,意味着,只要双方当事人愿意,权利人既可以放弃损害赔偿的请求,也可以对赔偿数额予以减少。也就是说,赔不赔、赔多少,完全可以由双方当事人自己协商决定。因此,民事责任与行政责任或刑事责任的最大区别就在于,民事责任中更多的不是强制性的规定,而是"任意性的规范"。

3. 侵权责任的实现以国家强制力为保障

侵权责任法明确规定了侵权责任的构成要件、责任方式等,当事人拒绝侵权责任要受到法律的制裁。

4. 侵权责任的本质为一种不利的法律后果

侵权责任是赔偿义务人依法承担的法律上的不利后果,包括财产的不利性和人身的不利性,前者如赔偿义务人因给付受害人以金钱而使自己的财产减少,后者如因侵权行为导致社会对其产生负面评价。[1]

二、侵权责任法的概念和特征

(一) 侵权责任法的概念

侵权责任法作为调整有关侵害他人人身、财产权益的行为而产生的侵权责任关系的法律规范的总和[2],在我国形成了以《侵权责任法》为基本法律,包括《民法通则》《物权法》《专利法》《婚姻法》《公司法》《证券法》《道路交通安全法》《产品质量法》《消费者权益保护法》《环境保护法》《建筑法》《食品安全法》以及《最高人民法院关于审理人身损害赔偿案件适用法律若干问题的解释》《最高人民法院关于确定民事侵权精神损害赔偿责任若干问题的解释》等众多规范性法律文件构成的侵权责任法律规范系统。对侵害物权、知识产权、婚姻自主权、继承权、商事权利的责任以及交通事故责任、产品责任、环境污染责任、生产事故责任、食品安全和传染病传播责任等作出了一般原则与特殊规定相结合的

---

[1] 参见张新宝:《侵权责任法原理》,中国人民大学出版社2005年版,第20页。
[2] 刘新熙、尹志强、胡安潮:《债法:侵权责任》,高等教育出版社2012年版,第22页。

系统规定。

侵权责任法的基本规则和制度是以"保护被侵权人为中心"建立起来的。其内容主要涉及对民事主体的合法权益遭受其他私法主体侵害时的救济,故也可以将侵权责任法看作以规范侵权行为法律后果为主的、负面调整的法律规范的总称。

(二) 侵权责任法的法律特征

1. 侵权责任法是民事权益保护法

民事主体具有广泛的民事权利,当人身权、物权、债权、知识产权等受到侵害时,通过侵权责任法予以及时救济,可以使民事主体真正实现自己的合法权益。故侵权责任法的主要功能是权利救济,当然也可以说是负面地创设权利或确认权利。

2. 侵权责任法主要是裁判规范

因侵权责任法以规范侵权行为的法律后果为主旨,故其虽为民法之特别法,但主要通过归责原则、赔偿范围、侵权责任构成要件、免责事由等制度设计,为司法活动提供确定侵权责任的裁判规范,以实现对受害人利益的填平。

3. 侵权责任法是强行性规范

侵权责任法的制度设计几乎都围绕侵权责任展开,侵权行为人所承担的侵权责任是其对受害人所负之法定义务,更是国家对侵权行为人的制裁,故侵权责任的承担不以人的意志为转移,不允许当事人通过意思自治予以排除,自为强行性规范。[1]

三、侵权责任法的发展沿革[2]

(一) 罗马法的私犯对后世损害赔偿之债产生了重大影响

侵权责任法律制度是一项古老的法律制度,大约公约前1250年的古巴比伦《汉谟拉比法典》就记载:"如某人在他人园圃之中不通知园主而擅自砍倒一棵树,则他应支付半米那银子"。大约公元前450年古罗马《十二铜表法》第8表"私犯",曾就专门对侵害他人人身、财产的法律责任予以规定。罗马法中的"私犯"和"准私犯"等制度,后来逐渐从公法中脱离出来,成为现今侵权行为民事责任的历史渊源。

(二) 法国的民事责任与德国的损害赔偿之债

在近代,大陆法系以《法国民法典》《德国民法典》为代表建立了民事责任和损害赔偿之债的体系,均以保护生命、健康、身体、人身自由和财产所有权为己

---

[1] 参见刘新熙、尹志强、胡安潮:《债法·侵权责任》,高等教育出版社2012年版,第22—23页。
[2] 此部分主要参考张新宝:《侵权责任法原理》,中国人民大学出版社2005年版,第1—4页。

任,记录了资产阶级革命的胜利成果,确立了侵权行为的"自己责任"和"过错责任"原则,将侵权行为的民事责任主要限定于恢复原状以及金钱赔偿,从而使侵权行为的民事责任与刑法完全分离。同时,它们还继受罗马法的传统,对他人致人损害、动物致人损害和工作物致人损害等作出了规定。

(三)侵权行为的民事责任法律规范体系

当代侵权责任法主要指 20 世纪,特别是第二次世界大战以来经过修定或重新建立的侵权行为的民事责任的法律法规体系。其主要特征有:进一步加强了对人格权的保护;在确认过错责任为基本归责原则的同时,确认无过错责任、危险责任;对纯粹经济利益的侵权行为予以重视;将产品责任、环境污染致人损害责任和道路交通事故责任等逐渐纳入了当代侵权责任法的重要内容;精神损害赔偿、反射性损害赔偿等制度亦在多国得以确认。

我国近现代关于侵权行为的民事责任的最早规定,见于《大清民律草案》,为后来民国时期的《民法典》所承继。改革开放后颁行的《民法通则》是以主体、行为、权利、责任为特征的四分法体系,以有限的关于侵权民事责任的法律规定,为侵权案件的审理提供了裁判依据,而后相关法律、法规随着实践的需要相继出台。

四、侵权责任法的目的与功能[①]

《侵权责任法》第 1 条规定:"**为保护民事主体的合法权益,明确侵权责任,预防并制裁侵权行为,促进社会和谐稳定,制定本法。**"立法目的主要有四个方面:

(一)保护民事主体的合法权益

作为侵权责任法基本功能和最主要的功能,我国《侵权责任法》借鉴《德国民法典》的体例,采取一般概括与具体列举的方式,对该法的保护范围作出了明示。其第 2 条第 2 款规定:"**本法所称民事权益,包括生命权、健康权、姓名权、名誉权、荣誉权、肖像权、隐私权、婚姻自主权、监护权、所有权、用益物权、担保物权、著作权、专利权、商标专用权、发现权、股权、继承权等人身、财产权益。**"

其中,首次以法律形式规定了"隐私权",丰富了人身权的内容,以负面调整的方式正式确立了隐私权的法律地位;同时,股权亦由此而被正式纳入《侵权责任法》的保护范围;且明确将如因合同而产生的权利等"财产权益"扩大成为侵权法所保护的对象。

同时,侵权责任法既保护被侵权人的合法权益,使其遭受损害后可以获得救

[①] 此部分主要参考了王胜明主编:《中华人民共和国侵权责任法释义》,法律出版社 2010 年版,第 18—21 页。

济,也充分尊重行为人的行为自由,明确了特定之行为只有符合侵权责任构成要件时,方可构成侵权行为。

(二) 明确侵权责任

侵权责任是侵害民事权益后应承担的民事法律后果,明确侵权责任,就是明确侵权责任如何才得以构成,侵权责任究竟应如何予以承担的问题。对于是否构成侵权责任,可以由归责原则予以解决;而如何承担侵权责任,则由责任方式解决。侵权行为人如此也才能认知自己应承担的责任,并积极、主动地予以履行;反过来看,被侵权人如此方能依法请求侵权行为人承担侵权行为之相应的民事责任。故可见,明确侵权责任自是实现侵权责任法的立法目的之基础。

(三) 预防并制裁侵权行为

明确了侵权行为人所应承担的民事责任,就可能有效地教育不法行为人,引导人们正确实施民事行为,在民事活动中约束自己的不当行为;亦可能鼓励行为人采取积极的预防措施,减少侵权行为,努力避免和减少各种损害的发生。

1. 侵权责任具有预防侵权之功能

预防侵权之功能指遏制、预防侵权行为的发生的作用,其与教育功能如影随形。通过矫正不法行为,使侵权行为人受到教育,预防其再次实施类似行为;通过对他人科以民事责任,划定侵权责任法保护的合法权益,对不特定第三人乃至社会产生教育作用,引导民事主体正确行为。

《侵权责任法》突出了停止侵害、排除妨碍、消除危险等防御性责任方式的适用,从源头上遏制侵害的发生或扩大。依据法律规范的指引作用、评价作用、预测作用和教育作用,侵权责任法通过对可归责的当事人科以责任,惩罚其过错和不法行为,对社会公众予以教育。

2. 侵权责任具有制裁侵权之功能

制裁侵权行为是法律对漠视社会利益和他人利益、违反义务和公共行为准则的行为的谴责和惩戒,是侵权责任法依据社会公认的价值准则和行为准则对某种侵权行为所作的否定性评价。"侵权责任法是对民事权益否定之否定",就非常直白地概括出了侵权责任法所具有的制裁功能。

但这种制裁不同于刑法,并不具有报复性惩罚的目的,而是旨在保护民事权益,侧重矫正不法行为。《侵权责任法》第47条规定的惩罚性赔偿责任是其制裁功能的直接体现。此外,监护责任等为他人的侵权行为负责的规定同样含有惩罚的意味。

在许多情况下,民事法律关系的主体须为他人行为造成的损害承担民事责任,如国家对公务员的行为负责;法人对其负责人的行为负责;监护人对未成年子女的行为负责;雇佣人对受雇人的行为负责等,这种责任本身就体现着惩罚的意思。

(四) 促进社会和谐稳定

在现代社会,法律是实现社会控制和进行社会治理最基本、最有效的手段,因此,要构建社会主义和谐社会必须充分发挥法律的这一功能,在调整和规制侵权行为的民事责任的法律关系中,更是如此。

1. 侵权责任法对受害人首先提供的是同质救济

侵权行为民事责任是民法中的一项重要制度,它所提供的救济是同质救济。"民事责任以恢复被侵害权利的原来状况为要务;在恢复原状不能时,才按照价值规律的要求,用金钱来赔偿损失。"①

2. 在侵权行为的民事责任中赔偿应与损害相当

民法以平等自愿、等价有偿为其基本原则,这一原则对于侵权责任法同样适用。既然侵权行为的民事责任以恢复原状为其基本功能,且以其作为损害赔偿制度的最高原则,那么民事赔偿就要与损害结果相当。也就是说,义务人所给予的赔偿要和受害人遭受的损失相匹配。

典型案例

【案情】② 甲轮船公司的拖轮为即将离泊的乙公司的丙轮船进行拖带作业。拖轮水手李某按拖轮拖带作业铃声指示走到船的艏带缆桩前部,俯身整理引缆绳做带缆工作准备。丙轮船水手长等3人未认真观察拖轮船艏环境,也没有向拖轮警示,便擅自指挥轮船向拖轮艏撇缆,其胶制撇缆头击中刚站起身的李某头顶,致使李某当即休克倒地,并住院治疗3个月。经鉴定,李某患帕金森综合症,已形成医疗依赖,医疗期满后仍然需继续治疗。

李某向海事法院提起诉讼,要求乙轮船公司进行赔偿。

【审理】 海事法院经审理认为:丙轮船水手长未尽谨慎义务,且违章作业,致使李某身体受到严重伤害,该违章作业行为与李某伤害后果之间存在必然的因果关系,故乙公司须依法承担全部的民事责任。

【法理】 本案的审理法院判决被告承担全部赔偿责任,依据的就是赔偿与损害相当的侵权法原理,这表现在侵权责任的确定要建立在侵权行为发生以后的现实状态与侵权行为发生以前的原始状态的比较之上。民事责任以"恢复原状"为原则,不过债权人可以请求恢复原状所需要的金钱,以代替狭义的恢复

---

① 张俊浩主编:《民法学原理》,中国政法大学出版社2000年版,第42页。
② 《李百明诉中波轮船股份有限公司拖带作业撇缆时未打招呼致其人身伤害赔偿案》,载最高人民法院中国应用法学研究所编:《人民法院案例选》1999年第4辑(总第30辑),人民法院出版社2000年版,第301页。

原状。①

侵权责任法作为利益平衡机制,整体功能在于对受害人和加害人之间的利益冲突予以平衡,在填补受害人损失和矫正加害人行为的同时,教育不特定第三人,明晰其注意义务与行为自由的边界,从而实现社会利益的整体平衡②。故此,侵权行为的民事责任的主要功能即填补功能,始终以"恢复原状"为其最高原则。

正因为侵权责任法的填补功能或称补偿功能,其主要目的就在于对受损的民事权益进行保护,使受到侵害的社会关系得以补救和修复,恢复到该种社会关系受到损害以前的原始状况。以此来具体理解这种广义的恢复原状功能,自然也就使此种对损害予以填补的制度功能,被世界各国公认为是侵权行为法的最高功能。

3. 精神损害赔偿也体现了法律对社会关系的更全面的维护

最初,恢复原状是损害赔偿的一般方式,而金钱赔偿只在特定条件下才予以适用。狭义的物质性恢复原状关注被侵权人具体利益所遭受的事实上的破坏,注重对被侵权人完整利益的维护,至于金钱赔偿即后来的广义的社会关系的恢复原状,无疑则更注重对价值利益的维护。因此在制度层面上,除了对财产损害的赔偿以外,侵权责任法的补偿功能还逐步体现在对精神损害的财产赔偿上。俗语所谓,市场交换中钱也并非万能的,但没有钱却万万不能,故而此时的金钱赔偿,不能使精神性损害如同没有发生,却可以使受害人的物质环境得以改善,从而减轻因此而引发的更大损害。

第二节 侵权行为的民事责任法律关系

虽然侵权行为是事实行为,但侵权行为之债却是民事法律关系,即损害赔偿法律关系。从广义上讲,所谓侵权行为之债就是在特定的侵权人与受害人之间,依据法律的规定所形成的,基于特定的侵权行为而产生的民事权利和义务法律关系。

以《法国民法典》和《德国民法典》为代表的传统大陆法系,都是依据从各种具体生活的经验中所抽象出来的一般经验,将那些受到侵害的社会关系恢复到其没有受到侵害以前的原始状况,规定为一种民事法律关系。作为由法律所调整的一种社会关系,侵权责任法学自应对于主体、客体和内容三个要素予以研究。

---

① 陈卫佐译:《德国民法典》(第 2 版),法律出版社 2007 年版,第 85 页。
② 刘新熙、尹志强、胡安潮:《债法·侵权责任》,高等教育出版社 2012 年版,第 34—35 页。

一、侵权责任法律关系的主体

侵权行为一旦造成损害,就产生了是否赔偿的问题。在侵权损害赔偿法律关系中,有权请求损害赔偿的人是赔偿权利人;而负有义务对受害人进行赔偿的人即为侵权责任人,这一法律关系中的权利人和责任人,就是侵权民事责任法律关系的主体。具有民事权利能力的人(包括自然人和法人)以及特定情况下的国家,都可能成为侵权责任法律关系的主体。

同时,侵权行为人和受害人应根据实际情况和法律的规定予以确定。

(一)权利主体

权利主体一般仅限于侵权行为的直接受害人,但在特殊的情况下,直接受害人之外的间接受害人也可以成为侵权责任的权利人。

(1)由受害人生前扶养的人,可以成为侵权责任的权利人。

典型案例

【案情】[①] 罗乙是罗甲的遗腹子。罗甲因交通事故丧生,经交管部门认定,罗甲负事故主要责任,某客车公司驾驶员贺某负事故的次要责任。

罗甲的亲属向法院起诉要求客车公司和贺某赔偿损失,法院判决客车公司承担雇主责任,但未支持胎儿出生后其作为被扶养人的生活费的诉讼请求。该判决生效且履行完毕。

罗乙出生后,其母以法定代理人之名义,诉至法院,要求某客车公司支付罗乙生活补助费27089.28元。

【审理】 法院经审理认为,已生效判决所确定的事实当事人无需举证。原告罗乙是受害人罗甲的子女,其合法权利应受到法律保护,原告主张的被扶养人生活费,法院予以支持。

【法理】 虽然《民法通则》第9条规定,公民从出生时起到死亡时止,具有民事权利能力,但是,根据民法理论中的"权利延伸保护"原理,在必要的时候,应根据相关法律条文,为胎儿出生后权利的行使预留合理空间。如此,才符合民法的公平原则和有损害即有救济的民事裁判原则。

简言之,胎儿一旦出生并为活体,即成为民事主体,其权利因延伸至孕育期间,而与其双亲形成法定的抚养关系。本案中,体现了对胎儿的保护的法院判决,是对法律的正确适用,值得肯定。

[①] 《罗芯瑞苏四川宜宾长峰运业有限责任公司等道路交通事故人身损害赔偿案》,最高人民法院中国应用法学研究所编:《人民法院案例选》2008年第4辑(总第66辑),人民法院出版社2009年版,第127页。

(2) 与受害人签订扶养协议并履行了扶养义务的单位或个人以及为受害人的死亡支付了丧葬费用的人也可成为侵权责任的权利人。

《侵权责任法》第 18 条第 2 款规定:"**被侵权人死亡的,支付被侵权人医疗费、丧葬费等合理费用的人有权请求侵权人赔偿费用,但侵权人已支付该费用的除外。**"

(3) 受害人的父母、配偶、子女等近亲属。

《侵权责任法》第 18 条第 1 款规定:"**被侵权人死亡的,其近亲属有权请求侵权人承担侵权责任。**"《最高人民法院关于确定民事侵权精神损害赔偿责任若干问题的解释》第 7 条规定:"**自然人因侵权行为致死,……死者的配偶、父母和子女向人民法院起诉请求精神损害赔偿的,列其配偶、父母和子女为原告;没有配偶、父母和子女的,可以由其他近亲属提起诉讼,列其他近亲属为原告。**"

受害人的父母、配偶、子女或其他近亲属因受害人的死亡遭受精神痛苦为人之常情,故法律允许其对赔偿义务人提出精神损害赔偿请求,故而成为赔偿权利人。但需要注意的是,对于其他近亲属成为赔偿权利人必须从严掌握,否则可能因赔偿权利人的范围过于宽泛,导致过分扩大赔偿义务人的赔偿范围。只有在死者没有配偶、父母和子女的情况下,其他近亲属才可能成为赔偿权利人。

(4) 单位分立、合并后,继承权利的单位。

《侵权责任法》第 18 条第 1 款规定:"**被侵权人为单位,该单位分立、合并的,承继权利的单位有权请求侵权人承担侵权责任。**"

(二) 责任主体

根据"自己责任原则",责任主体通常为加害人本人。但在特殊情形下,也可能由他人承担赔偿责任,该他人亦为侵权责任人。

(1) 直接侵权人

即直接实施侵权行为,造成损害结果的人。包括直接加害人为一人,须为自己的过错独自承担责任的单独侵权人和承担连带赔偿责任共同侵权人。

(2) 侵权行为人的监护人

侵权行为人不具备完全民事行为能力时,不能独立承担责任,其监护人为赔偿责任人。对监护人所承担的责任性质有三种学说,即"独立责任说"、"连带责任说"和"补充责任说"。我国立法采用"补充责任说",即加害人虽为无民事行为能力人或限制行为能力人,但如果本人有财产,应先从其财产中支付赔偿费用,不足的部分才由其监护人承担。

(3) 国家、单位或雇主以及受益人

国家公务员在执行其公法上的职务时所产生的侵权责任,单位工作人员在从事本职工作时所产生的侵权责任,雇员在执行受雇职务时所产生的侵权责任,应分别由国家、单位或雇主承担。如此,践行了"享受利益即应承担风险"理论。

(4) 有安全保障义务的公共场所管理人或群众性活动组织者

《侵权责任法》第37条规定:"宾馆、商场、银行、车站、娱乐场所等公共场所的管理人或者群众性活动的组织者,未尽到安全保障义务,造成他人损害的,应当承担侵权责任。"

(5) 学校或其他教育机构

《侵权责任法》第38、39、40条,规定了教育机构对未成年人在校期间受到人身损害时不同的责任承担。学校等教育机构有法定的教育、管理职责,当未成年人在校期间受到人身损害时,学校应承担相应的责任。

(6) 原侵权责任人的继承人

按照继承法的规定,继承人应在其继承范围内承担被继承人的生前债务。因此,若侵权行为人死亡,其继承人可以单纯成为财产责任的赔偿义务人。当然,这限于继承人接受继承的情况,且依限定继承原则,其履行赔偿义务时仅以其继承的遗产价值为限。

二、侵权责任法律关系的客体

侵权责任法律关系客体指受到侵害的民事权益,也即侵权责任法所保护的民事权益,包括人身、财产权益。

我国台湾地区著名学者曾世雄先生认为:人类之生活资源,有权利、法益及自由资源。法律体系所规范者,以权利为原则,以法益为例外;法律体系并不规范自由资源。财产上不利益或非财产上不利益,从法律体系之规范衡量之,必须表彰权利或法益受到侵害,否则不能获得救济。[①] 换言之,侵权责任法律关系的客体一般为权利,特殊情况下也包括法益,但这种权利或法益应具有"表彰性",即有其公示方法,方可对抗不特定第三人。侵权责任法律关系客体的具体内容有:

(一) 物权

物权是侵权责任法保护对象的核心。所有权是典型的物权,当然为侵权责任法律关系的客体;他物权,包括矿业权、水权、渔业权等准物权,与所有权具有类似的法律效力,自然也应成为侵权责任法律关系的客体。

还应注意的是,英美法中的"所有权"概念只是表示某项利益的归属而非某物的归属。[②]

(二) 人身权

人身权包括人格权和身份权,凡侵犯这些权利都可构成侵权。我国《侵权

[①] 曾世雄:《损害赔偿法原理》,中国政法大学出版社2001年版,第39—40页。
[②] 周威著:《双重双有权是否古已有之》,载《法律学习与研究》1986年6月号。

责任法》第 2 条明文规定的民事权益,包括生命权、健康权、姓名权、名誉权、肖像权、隐私权、监护权等人身权利。但人身权是一个开放的体系,其权利类型具有难以穷尽的特点。为了实现对民事主体人格利益周延的保护,法学理论中一般人格权的概念应运而生,并为世界各国立法所承认。对于尚未成为具体人格权的人格利益可适用一般人格权的规定来加以保护。

（三）知识产权

传统知识产权的概念包括专利、商标、著作权等虽然诞生较晚,但随着社会的不断发展和科学技术的日益进步,其在社会生活中的地位和作用越来越重要。不论是专利权、商标权、著作权,还是邻接权、商业秘密等,均成为侵权责任法的保护对象。知识产权作为无体财产权,也是一种绝对权,自然可以成为侵权行为的客体。

（四）股权

股权作为独立的民事权利、财产权利,兼具请求权和支配权的属性,具有资本性和流转性[①]和人格化的法律特征。出于保护权利人的需要,在股权人可以证明他人明知或应该知道自己享有股权的情况下,应当承认股权可以成为侵权责任法律关系的客体。

（五）其他经济利益

其他经济利益主要指法律没有明文规定的法益,如通过盗用他人电子邮箱,以他人名义拒绝要约,并造成该人损失的行为,是否构成侵权？这种行为显然不构成对通常意义上的民事权利的侵犯,甚至由于合同尚未成立,连债权是否受到侵害都难以认定。虽然,此种权益并未受到现行法律的明文保护,但从公平正义的民法最高理念出发,此种权益无疑应当受到保护,作为一种法益,自应属于侵权责任法的保护对象。而《侵权责任法》也将"财产利益"放在了应保护的民事权益之中。

总之,侵权责任民事法律关系的客体以绝对权为根本,以相对权为例外;以权利为根本,以法益为例外。应当看到,中世纪物之所属皆归于上帝的宗教影响,并不否认物产利益要归于世人,所以大陆法系对罗马法的复兴,冲淡了教会法的所有权理念。而随着社会不断地发展,今天所谓的法益可能成为明天的权利,而侵权责任法律关系的客体范围也就借法益的概念呈现出不断扩大的趋势。在个案中,对侵权责任法律关系的客体必须结合案情作具体分析,方可得出正确结论,从而最终真正实现个案正义。

[①] 赵旭东主编:《公司法学》,高等教育出版社 2003 年版,第 285 页。

第三节 侵权行为的民事责任之承担

一、承担侵权责任的方式

《侵权责任法》第15条规定:"**承担侵权责任的方式主要有:停止侵害;排除妨碍;消除危险;返还财产;恢复原状;赔偿损失;赔礼道歉;消除影响、恢复名誉。以上承担侵权责任的方式,可以单独适用,也可以合并适用。**"侵权责任形式多样,实践中以损害赔偿为主。《侵权责任法》第15条规定的8种侵权责任形式,旨在通过损害赔偿,补偿受害人损失,使受害人恢复到其遭受损害之前的原始状态。

(一) 财产型民事责任承担方式

1. 返还财产

返还财产的责任方式,适用于侵权行为人非法占有他人财产的情形。适用时应注意:

(1) 行使返还财产请求权的前提是原物必须存在

若原物灭失,返还财产已不可能,则只能请求赔偿损失;若原物虽遭损坏但仍存在,原物所有人可以同时主张返还原物和恢复原状。

(2) 行使返还财产请求权的主体是物的所有人或合法占有人

首先,物之所有人当然地享有返还财产请求权。其次,物之合法占有人,如质权人、留置权人等,也有权要求非法占有人返还财产,同时,当合法占有的基础仍然存在时,合法占有人的请求权优先于所有权人的请求权。

(3) 行使返还财产请求权时,承担民事责任要区别对待

根据占有的相关理论,若为善意占有,占有人返还原物及孳息时,可以同时请求所有人补偿对占有物保管、改良等必要费用;若为恶意占有,则无权要求补偿上述费用。对此,《物权法》第243条作出了规定。

2. 狭义的恢复原状

如前所述,侵权民事责任以"恢复原状"为最高原则,我国《侵权责任法》第15条规定的返还财产、恢复原状、赔礼道歉和恢复名义构成广义的恢复原状,而财产型民事责任方式中的恢复原状仅指《侵权责任法》第15条第1款第5项。

但适用恢复原状的条件是:有条件的,即被损坏的财产具有修复的可能和修复的必要这无疑在早期仅是指有体物的恢复原状。

3. 赔偿损失

赔偿损失是侵权民事责任最主要的方式,包括财产损害赔偿、人身损害赔偿和精神损害赔偿。我们将在第五章专章进行讨论,从这个意义上看,无疑可以将

其理解为社会关系的广义的恢复原状。

(二) 精神型民事责任承担方式

1. 停止侵害

若行为人的精神损害行为仍在进行,受害人可依法请求法院判令行为人承担停止侵害的民事责任,以及时制止侵权行为的持续,防止损害结果的扩大。因此,对于尚未发生或已经终止的侵权行为,受害人不得主张停止侵害。

2. 赔礼道歉

赔礼道歉是指侵权行为人因其行为给他人造成损害,而向受害人承认错误、表示歉意,以求得受害人谅解的责任方式。不同于一般道义上的赔礼道歉,作为民事责任之一的赔礼道歉是依靠国家强制力来保证实施的。单纯的赔礼道歉虽不会增加受害人的财产,却因能使受害人得到精神慰藉,而具有重要意义。通过赔礼道歉,对因侵权行为而受影响的受害人的精神状态,给予相应的法律救济,是必要的。

3. 消除影响和恢复名誉

(1)消除影响

消除影响是指侵权行为人由于在特定范围内侵害了受害人的人格权并产生了不良影响,而应在特定范围内消除该不良影响的责任方式。消除影响适用于人格权受到侵害的场合。

(2)恢复名誉

恢复名誉是指侵权行为人由于在特定范围内侵害了受害人的名誉并造成其社会评价的降低,而应在该特定范围内将受害人的名誉恢复到不法行为发生前的状态的责任方式。恢复名誉仅适用于名誉权受到侵害的场合,措施可根据不法行为所产生的不同后果而有所不同。

消除影响与恢复名誉的适用前提是受害人能够证明其社会评价因行为人的侵权行为而有所降低。若仅证明其遭受到精神上的痛苦,是不能适用上述两种责任方式的。

(三) 绝对权型民事责任承担方式

1. 排除妨碍

排除妨碍是指当侵权行为人实施侵害他人人身或财产的行为时,受害人可以请求排除该行为或行为的结果,从而使自身的权利得以行使的民事责任方式。适用时应注意:

(1)须妨碍行为无违法阻却事由

如果妨碍行为具有合法正当的理由,受害人不得主张排除妨碍。

(2)须不法行为的实施或实施的结果妨碍了权利人行使权利

包括妨碍权利人行使物权、人身权或知识产权等权利。当不法行为的实施或实施的结果妨碍了物权行使时,除所有权人外,对该物享有他物权的人也同样可以依法请求排除妨碍。

2. 消除危险

指行为人的行为和其管领下的物件对他人的人身和财产安全造成威胁,或存在威胁他人人身或财产的可能,则他人有权要求行为人采取有效措施,将具有危险因素的行为或对象予以消除。① 例如,《民通意见》第154条规定:"**从事高度危险作业,没有按有关规定采取必要的安全防护措施,严重威胁他人人身、财产安全的,人民法院应当根据他人的要求,责令作业人消除危险。**"

各种民事责任方式都有其特定的适用范围,应当根据实际情况来选择。对责任方式的选择应以法律为依据,法律有明文规定的,从其规定;法律没有明文规定的,根据法律的精神加以选择。若单一责任方式的适用不能有效地保护受害人的权利时,可以同时适用多种民事侵权责任方式进行救济。

二、侵权责任与其他法律责任的竞合

法律责任竞合指行为人的同一行为符合两个或两个以上不同性质的法律责任之构成要件,依法应当承担多种不同性质的法律责任制度。

责任竞合现象,既可能存在于同一法律部门之内,如违约责任与侵权责任的竞合;也可能存在于不同法律部门之间,如刑事责任与民事责任的竞合。

(一) 侵权责任与刑事责任、行政责任的竞合

不同性质的民事责任、行政责任和刑事责任,各有其不同的发生依据和特定的适用范围,三种责任各自独立、并行不悖,但可能因为同一法律而同时产生法律效果。法理上认为,责任竞合的原因是法条竞合。

《侵权责任法》第4条规定:"**侵权人因同一行为应当承担行政责任或者刑事责任的,不影响依法承担侵权责任。因同一行为应当承担侵权责任和行政责任、刑事责任,侵权人的财产不足以支付的,先承担侵权责任。**"换言之,若因同一行为引发行政责任、刑事责任和侵权民事责任的,三种责任可以并存;若侵权行为人的财产不足以同时承担侵权赔偿责任、罚款、罚金及没收财产等刑事责任、行政责任的,先承担侵权责任,此即民事责任优先在侵权法场合的适用。

(二) 民事责任的内部竞合

民事责任的内部竞合指因行为人的某一行为符合多种民事责任的构成要件,而导致两种甚至两种以上的民事责任产生,且各项民事责任之间发生相互冲突的现象。

其法律特征包括:

---

① 杨立新:《侵权行为法专论》,高等教育出版社2005年版,第120页。

1. 责任竞合是由违反民事义务的行为所导致

发生责任竞合一定要有行为人对所负的民事义务的违反,而且行为人所承担的义务是双重性的,其中一种义务必然是法定义务。

2. 责任竞合是由一个违反民事义务的行为导致的

一个违法行为导致数个民事责任产生,这是责任竞合产生的前提。加害人虽然只实施了一个加害行为,但是这一加害行为却符合几个民事责任的构成要件。出现这种现象,可能由于行为本身的复杂性,也可能基于法律规范的交叉性。不管怎样,加害人只实施了一个行为,而非数个。凡加害人实施几个行为导致数个责任产生的,都不是责任竞合。

3. 一个行为所导致的几个责任之间相互冲突

一个行为同时产生几个责任,可能是相互冲突的,也可能是同时并存的,或者是相互吸收,但是,只有这数个责任相互冲突的情形才是责任竞合,其余情形都不属于责任竞合。

4. 民事责任内部竞合的表现形式。

(1) 侵权责任与违约责任的竞合

侵权责任和违约责任虽均属民事责任,但各有其归责原则、赔偿范围、构成要件和责任形式:

侵权责任中侵权行为人违反的是法定的民事义务,故以绝对权或法定强行性义务的存在为前提;侵权行为一般以过错为归责原则,并辅助以无过错责任、公平责任等;侵权损害赔偿一般采取全面赔偿原则,不仅包括财产损害赔偿,还包括精神损害赔偿等;侵权责任一般以主观过错为责任构成要件;侵权责任既包括财产责任也包括非财产责任。

违约责任中违约人违反的是合同约定的义务,所侵害的对象是因合同所产生的债权这样的相对权,故以有效合同的存在为前提;违约行为并不以过错为归责原则,即一般只要构成违约就应承担违约责任;而违约赔偿是一种仅限于财产损害的赔偿,且通常只是对订约时"可预见"的损害的赔偿,此外,违约金是合同中特有的违约责任承担方式,其承担范围从约定,而不以所受损害为限;违约责任一般不以主观过错为责任构成要件;违约责任则仅限于财产责任。

侵权责任和违约责任的竞合指行为人的一个行为既违反了侵权责任法的规定,又违反了合同法的规定,从而产生两种责任,即侵权责任与合同责任。

(2) 侵权责任与不当得利责任的竞合

侵权行为与不当得利行为都是债发生的原因,但在构成要件上各有不同:

侵权行为不要求行为人获得没有合法根据的财产上的利益;侵权行为的构成一般以过错为要件;侵权行为的构成要求有相当因果关系,包含着价值判断;对侵权行为的规范是为了填补受害人的损失。

不当得利行为要求不当得利人获得没有合法根据的财产上的利益;不当得利行为的构成不问得利人是否存在主观上的过错;不当得利行为只要求有直接因果联系,是一个事实判断;对不当得利行为的规范是为了纠正不当得利人获得的非法利益。

侵权责任与不当得利责任之竞合,是指同一法律事实既具备侵权责任的构成要件,又具备不当得利责任的构成要件。也就是说,基于同一法律事实,当事人既可向对方当事人主张侵权损害赔偿请求权,又可向对方当事人主张不当得利返还请求权。在无权处分、非法出租他人财产、非法使用他人之物并获取收益、侵害知识产权而获取收益以及侵害肖像权、名称权、姓名权等场合,都可能发生这两种民事责任的竞合。

典型案例

【案情】① 姜某邀请老同学在乙公司处用餐,为助兴将自家珍藏多年的五粮液一瓶带到饭店,结账时发现多出100元的"酒水服务费"。姜某遂向法院提起诉讼,请求法院判令乙公司返还违法强行收取的100元"酒水服务费"并公开赔礼道歉。

【审理】 法院经审理认为,本案被告仅在收银处以色彩对比不强烈、在两张告示中相比字体较小、字型和色彩均居于相对弱化地位的彩色艺术字告示提示,以及在菜单附注栏目中用普通人容易忽视的宋体小五号字的形式提示消费者,尤其是在餐厅进门处、原告就餐处无证据证明设有任何告示、在原告消费自带酒水时服务人员也未作任何提示,应当认定被告在履行对消费者的告知义务、保障消费者的知情权上有缺陷,没有达到以醒目位置公布其收取费用的项目和价格的标准,侵犯了原告作为消费者的知情权。被告在原告就餐结束后对原告在不知情的情况下消费的自带酒水收取100元的酒水服务费,没有合同上的依据和其他合法根据,属于不当得利,故判决被告返还不当利益即酒水服务费100元给原告;关于要求被告赔礼道歉的诉讼请求,因缺乏事实和法律依据,不予支持。

【法理】 本案被告在履行"明码标价"义务时没有达到保证标示价格的位置显著、醒目,确保消费者知悉的法定标准,因此认定被告在履行对消费者的告知义务、保障消费者的知情权上有缺陷,没有达到以醒目的位置公布其收取费用的项目和价格标准,其收取的100元服务费侵犯了原告作为消费者的知情权、自主选择权和公平交易权,所以不合法、不正当。

---

① 《姜士民诉成都红天鹅火锅文化有限责任公司返还酒水服务费并赔礼道歉案》,载最高人民法院中国应用法学研究所编:《人民法院案例选》2007年第1辑(总第59辑),人民法院出版社2007年版,第109页。

从合同法来看,因为没有有效的要约与承诺的成立,对于消费者自带酒水进行消费要收取100元"酒水服务费"一事,原、被告未形成合意,因此被告强行收取的100元服务费属不当得利,应当返还。

【拓展链接】①

主要的侵权责任法体系

一、英美国家侵权责任法

英国没有关于侵权责任的普遍性原则,但法院对各种形式的不法损害和直接伤害所造成的损失均有救济的方法,其中之一便是诉因(cause of action)。一种诉因调整的一个侵权行为为一个"tort",数个"tort"集合成为"torts"。

据统计,英国侵权责任法中的诉因(有名侵权行为)达70多种,在此之外,还在"过失侵权"的名义下发展起来一些无名诉因。

美国侵权责任法继承了英国侵权责任法的传统,在法律形式上主要是判例法,但也有制定法。由于联邦与州立法权限的划分,美国侵权责任法主要是州法,即各州法官所作的判例法。

与法国等大陆法系国家侵权责任法模式不同的是,英美侵权责任法主要采取列举的逻辑方法,此"大杂烩"式的立法模式很难为长于三段论思维模式的大陆法系民法学家所青睐,而且分散的、浩瀚如海的法律渊源又令当事人望而却步。但英美侵权责任法的开放和独立,使得其成为英美法体系中与财产法、合同法并列的民事法律三大支柱之一。

二、法国法系侵权责任法

法国侵权责任法主要规定在民法典第1382—1386条。自1922年以来,立法机关对民法典第1394条进行多次补充,逐步完善了对主要类别的准侵权行为的规定。

《法国民法典》中侵权责任法的条文很少:一方面,由于其采用了"一般条款"模式,使得其条文具有很大的包容性;另一方面,由于在民法典制定的时候侵权行为还没有成为立法者需要密切关注的问题。

尽管只有5个条文,《法国民法典》依然对侵权责任法作出巨大贡献:建立了一般条款的侵权责任法立法模式;继承和发展了罗马法关于"私犯"和"准私犯"的规定,建立了"侵权行为"与"准侵权行为"的两分模式;规定了过错责任和无过错责任;在处理侵权责任与违约责任的关系上,确立了"责任非竞合"原则。

三、德国法系侵权责任法

《德国民法典》采用了不同于法国的递进列举模式:首先在第823条第1款

---

① 参见张新宝:《侵权责任法原理》,中国人民大学出版社2005年版,第2—5页。

对侵犯生命、健康、身体、自由和财产所有权这五种绝对权利的行为规定为侵权行为；其次在第823条第2款将违反保护性义务的行为规定为侵权行为；最后在第826条将故意违反善良风俗的行为也规定为侵权行为。此外，损害信用和侵害妇女贞操也曾被列为侵权行为，但现在或被其他的侵权类别所吸收，或事实上不被法院所认可。

德国《民法典》施行后，最高法院依据宪法规定，创设了两个"裁判上的民事权利"，即已经合法建立的企业的合法经营营业权不受他人侵犯和公民的一般人格权不受侵犯。

德国侵权责任法的特征有：建立了递进列举模式；无过错责任虽然在《民法典》第823条第2款后段中有所体现，但主要规定于一些特别法中，如《赔偿义务法》《道路交通法》《原子能发》等；建立了侵权责任能力制度，并对共同侵权、雇主的监督义务和责任、动物保有人的责任、建筑物倒塌致人损害的责任、公务员违反职务的责任等特殊侵权行为进行了列举；对侵权的损害赔偿予以具体规定；在处理侵权责任与违约责任的关系上，采取允许竞合的做法。

【推荐阅读】

1. 刘新熙、尹志强、胡安潮：《债法：侵权责任》，高等教育出版社2012年版。
2. 胡岩：《中国侵权责任法案例教程》，知识产权出版社2011年版。
3. 李显冬主编：《侵权责任法典型案例实务教程》，中国人民公安大学出版社。
4. 奚晓明主编：《〈中华人民共和国侵权责任法〉条文解释与适用》，人民法院出版社2010年版。
5. 王胜明主编：《中华人民共和国侵权责任法释义》，法律出版社2010年版。
6. 江平、费安玲主编：《中国侵权责任法教程》，知识产权出版社2010年版。
7. 张新宝：《侵权责任法》，中国人民大学出版社2010年版。
8. 王利明：《侵权责任法研究》（上卷），中国人民大学出版社2010年版。
9. 王利明主编：《中国侵权责任法教程》，人民法院出版社2010年版。
10. 姚辉主编：《中国侵权行为法理论与实务》，人民法院出版社2009年版。
11. 程啸：《侵权行为法总论》，中国人民大学出版社2008年版。
12. 杨立新：《侵权行为法专论》，高等教育出版社2005年版。
13. 杨立新：《侵权法论》，人民法院出版社2005年版。
14. 王利明：《侵权行为法研究》（上卷），中国人民大学出版社2004年版。
15. 王泽鉴：《侵权行为法（第一册）》，中国政法大学出版社2001年版。

第二章 侵权责任构成要件

第一节 侵权责任构成要件理论概述

一、侵权责任构成要件的概念

侵权责任构成要件指根据法律规定,行为人的具体行为是否构成侵权行为并承担相应民事责任的必备条件。反过来说,只要欠缺了"侵权责任构成要件"中的任何一个要件,就不构成侵权行为,当然行为人也就不承担民事赔偿责任。

侵权责任构成要件以存在侵权行为为前提,依据法律进行理性分析,使侵权行为人承担侵权责任具有正当性和合理性。它是判断侵权责任是否成立,而非判断损害行为是否成立。

侵权责任构成要件与侵权民事责任的承担是一体两面的关系。前者指侵权责任须具备哪些要素或条件才能构成,后者指已构成侵权行为之债的权利义务关系,在法律强制下如何得以实现的问题。因此,侵权责任构成要件是构成侵权行为人应当承担民事责任的具体和必备的条件,是侵权行为之债有机构成的基本要素。[①]

二、侵权责任构成要件的意义

(一)构成要件是研究具体侵权行为的抽象指南和纲领

侵权行为构成要件理论在侵权责任法中之所以有重要的意义,就在于其可以被认为是研究具体侵权行为的指南和纲领。有学者认为,一定的责任构成要件是对侵权责任立法和司法实践的高度概括,也是对归责原则的系统阐述。[②]

(二)侵权行为的构成要件成为个案正确适用法律的尺度

运用构成要件的理论,通过对具体行为的分析,可以确定某一特定的肇事事实是否构成了侵权行为,亦即是否有人应承担民事赔偿责任。可见,不论研究何种具体的侵权行为,都必对侵权行为的构成要件进行探讨。侵权行为构成要件理论为审判人员正确适用法律提供了更为精确的尺度,使案件的审理更加正确与便捷。

---

① 杨立新教授认为:侵权责任构成要件主要是指侵权损害赔偿责任构成。参见《侵权行为法专论》,高等教育出版社2005年版,第88页。

② 王利明主编:《民法·侵权行为法》,中国人民大学出版社1993年版,第135页。

三、一般侵权责任构成要件的理论学说

侵权行为构成要件的理论实际上是与归责原则的理论紧密相连的。由于人们对归责原则持有不同观点,对作为归责原则系统阐述的构成要件的认识,自然就仁者见仁、智者见智。

关于侵权行为的构成应当具备哪些必备条件,各国和地区的法律规定和学说也都各有不同。有法国的"三要件说"、德国的"五要件说"、我国台湾地区的"七要件说"和作为通说的"四要件说"等学说。

各种理论学说对要件的描述不尽相同,关键分歧在于违法性是否应独立存在。对各种侵权行为的本质要件的认识,并无根本不同。只是在归责原则由一元化的过错责任原则向多元化的过错责任、无过错责任、公平责任原则等不断发展的情况下,基于不同的归责原则认定侵权行为时,对构成要件的要求自然也就各不相同。

(一)法国民法的"三要件说"

(1)构成侵权行为要具备过错行为、损害、因果关系三个要件。《法国民法典》第1382条规定:"任何行为致他人受到损害时,因其过错致行为发生之人,应该对他人负赔偿责任。"第1383条规定:"任何人不仅对因其行为造成的损害负赔偿责任,而且还对其懈怠或疏忽大意造成的损害负赔偿责任。"第1384条规定:"任何人不仅对因其行为造成的损害负赔偿责任,而且对应由其负责之人的行为或由其照管之物造成的损害负赔偿责任。"

(2)"过错"实际已为"行为"所涵盖,过错与行为融为一个构成要件。法国民法以过错作为判断是否构成侵权行为的依据。

(3)对违法一般不承认其为单独要件。至于"违法"是否应作为一个单独的构成要件,虽存在争议,但一般也是持否定态度的。

(4)《法国民法典》承认无过错责任。《法国民法典》在1870年以后通过对具体案例的判决确定了无过错责任,即不以过错作为判断侵权行为的依据。

(二)德国民法的"五要件说"

(1)侵权要由行为、违法性、过错、损害、因果关系五要件构成。《德国民法典》第823条规定:"[损害赔偿义务](1)故意或因过失不法侵害他人的生命、身体、健康、自由、所有权或者其他权利的人,对他人负有赔偿由此而发生的损害的义务。(2)违背以保护他人为目的的法律的人,负有相同的义务。依法律内容,即使无过失仍可能违背此种法律的,只有存在过失的情形,才发生赔偿的义务。"这些规定确立了行为、违法性、过错和损害四个要件,再加上学说所阐述的因果关系,德国民法形成了关于侵权行为构成的"五要件说"。

(2)《德国民法典》将"过错"作为一个独立要件。《德国民法典》发展了《法

国民法典》中的"行为"要件,强调其违法性,强调其应是一种不法行为。同时,随着科学的发展和社会的进步,德国民法上的损害范围也呈现出逐步扩大的趋势。

(三) 英美法关于侵权行为构成的观点

(1) 英美法关于侵权行为的构成理论是在判例法的基础上逐步发展起来的。其遵循先例的法律传统,自然不会产生"侵权行为构成要件"这类法律术语。但是"怎样的行为才构成侵权,行为人才要就自己的行为负责"仍然是英美法系法官所关心的问题。法官通过个案判决,确立起了相应的原则和裁判规则。

(2) 英国过失侵权行为的成立实际上也必须具备三个要件:"注意义务"、"义务的违反"和"损害"。

(四) 我国台湾地区"民法"的"七要件说"

(1) 我国台湾地区"民法"汇集了关于构成要件的各种观点,形成独具特色的"七要件说"。即一个侵权行为要由"行为"、"责任能力"、"过错"、"违法"、"侵害权利或法益"、"因果关系"及"损害"这七个要件构成。[①]

(2) 将"过错"单列为侵权行为的构成要件,更好体现了法的引导作用。就台湾地区的"七要件说"而言,应当认为:将"过错"单列为侵权行为的构成要件,比起将其涵盖于肇事事实的概念之中,无疑可以更明确地表明法律对"过错"这种理性人主观上不应有的状态的否定态度,对于不具有法学专门知识的社会上的一般人而言,更体现出法的引导作用。

(3) 将"违法性"作为一个独立的构成要件,对简化侵权行为理论有着重要的作用。至于"违法性"究竟是否应该成为侵权行为的一个独立构成要件,只能从其功能的作用上加以考察。现实生活中很多行为虽然会给别人造成损害,但其符合社会的公平、正义理念,不具有违法性,如在依法执行公务、正当防卫、紧急避险、受害人的同意、自助行为、受害人的过错、第三人的过错、不可抗力、意外事故等情形下,所造成的损害就不应被认为构成侵权。

同时,由于违法性中所指的"法"不仅包括形式意义上的成文法,还包括实质意义上的法,故违法性的规定自然可以使受法律保护的客体超出法定权利的局限,而涵盖"法益"的范畴。

(4) 责任能力既包括"意思能力",也包括"赔偿能力"。学界一般认为,"责任能力"不应成为侵权行为的独立构成要件。史尚宽先生认为,对于自己之行为之结果,有识别之精神能力,谓之责任能力。亦有过失之责任能力之称,谓因自己之过失而负责任之能力。[②] 可见,这里所谓"责任能力"实际上包含了两层含义:首先是指对行为的识别能力,也就是平常所说的"意思能力";其次是指对

---

① 黄立:《民法债编总论》,中国政法大学出版社 2002 年版,第 242 页。
② 史尚宽:《债法总论》,中国政法大学出版社 2000 年版,第 113 页。

侵权行为承担民事赔偿责任的经济能力。

关于行为的识别能力问题,我们已经在"过错"这一构成要件中探讨过了。既然已经有了"过错"这一要件,自然也就无须再去规定所谓的"责任能力"要件了。而完全民事行为能力人是否有经济能力,与其是否应承担民事责任实际上是两个不同层次的问题,对于民事行为能力有欠缺的人,法律业已明确规定应由其监护人承担转承责任。

(5)"侵害权利与法益"既然在讨论"违法性"和"损害"时已经涉及,所以也就没有独立存在的必要了。

(五)我国大陆通说为"四要件说"

(1)我国民法学界多数学者主张就一般侵权行为而言其必须具备四个构成要件。

无论是《民法通则》还是《侵权责任法》,抑或最高人民法院的司法解释从未一般性地确认是"三要件说"还是"四要件说",但我国民法理论百年来始终囿于德国民法理论,又受到当年苏维埃民法的巨大影响,因此这只能是其历史发展的必然结论。

具体而言,首先要有"损害事实";其次要有"违法行为",这是判断侵权行为是否存在的先决条件;同时要求这两者之间必须有法律上的"因果关系";最后,还要求侵权人在主观上有"过错"。

当然,对于采取不同归责原则的特殊侵权,责任构成要件各不相同。从我国立法和司法实践出发,应当在过错责任和过错推定责任中,确立由损害事实、因果关系和过错所组成的责任构成要件;在公平责任和无过错责任中,确立由损害事实和因果关系所组成的责任构成要件。①

(2)构成要件理论充分体现了《侵权责任法》的制度价值。

依此构成要件理论,在每一个涉及一般侵权行为的个案例中,都须依照侵权行为的四个构成要件进行分析和判断:凡符合此四个要件的,都必须承担民事责任;反之,欠缺其中某一个或几个构成要件的,就无须承担民事责任。

侵权行为构成要件是对侵权行为立法和司法实践的高度概括,也是对侵权责任归责原则的系统阐述。② 故在分析侵权法案件的过程中,我们将侵权构成要件作为线索与工具。

---

① 王利明:《侵权行为法研究》(上卷),中国人民大学出版社2004年版,第348页。
② 杨立新:《侵权法论》,人民法院出版社2004年版,第144页。

典型案例

【案情】① 市综合开发办将机耕路建设项目发包给甲公司。施工期间,在林带边形成了一个约 1.7 米深的土坑。村里浇灌农田时,溢水灌满了沙坑。一日中午,李某在回家途经甲公司施工遗留的已灌满水的沙坑,即与同学入水坑玩耍,溺水死亡。

李某的父母在与甲公司协商赔偿无果后,将市综合开发办、甲公司、村委会、镇中心学校诉至法院,要求赔偿经济损失。

【审理】 一审法院经审理判决甲公司承担 60% 的赔偿责任,村委会承担 20%,原告自行承担 20%。

二审法院审理后,对村委会、死者父母的责任份额进行了重新认定,同时,认为镇中心学校也应承担部分赔偿责任。综合开发办在发包该项工程时未要求施工单位对挖沙形成的深坑进行填埋,其亦应承担相应的赔偿责任。

【法理】 依据侵权行为法理论,一般侵权行为的构成须具备损害事实、因果关系、过错和违法行为四个要件。本案中损害事实和违法行为容易判断,关键是过错以及因果关系要件的判断问题。

在过错方面,甲公司是深坑的实际受益者,事后又未及时填平,也未采取其他防范措施,违反了对不特定多数人生命及财产安全的注意义务,具有明显过错。而村委会灌溉时跑水,致使土坑变成深坑,而且作为机耕路的受益者,其未尽必要的管理义务,具有过错。

在因果关系方面,被告甲公司的深坑与灌溉"跑水",两者结合形成了危险源,一个积满水的深坑与李某溺水身亡的损害后果之间存在明显的因果关系。

四、侵权责任构成要件与归责原则

(一) 归责原则是侵权责任构成要件的前提,而侵权责任构成要件是归责原则的具体体现

归责原则指在行为人的行为和物件致人损害时,根据什么样的标准和以什么作依据,来确定行为人是否应承担侵权行为的民事责任。

只有具备了承担侵权责任的依据后,才能对行为人是否承担责任的问题进行判断。

---

① 《张春芳、李新华诉新疆昌吉市农业综合开发领导小组办公室、新疆昌吉市三工镇中心学校等人身损害赔偿纠纷案》,最高人民法院中国应用法研究所编:《人民法院案例选》2008 年第 1 辑(总第 63 辑),人民法院出版社 2008 年版,第 140 页。

（二）归责原则决定侵权责任构成要件之内容

不同的归责原则有与之相应的不同的侵权责任构成要件之内容。过错责任以损害事实、侵权行为、损害事实与侵权行为之间具有因果关系以及过错为构成要件；无过错责任仅需具备损害事实、侵权行为、损害事实与侵权行为有因果关系中的两个或三个构成要件即可，其与公平责任一样，不以过错为要件。

（三）归责原则主要体现侵权法的价值功能，而侵权责任构成要件主要体现裁判规范的功能

过错责任体现侵权法填补受害人损害，适当维护民事主体行为自由的价值功能；无过错责任体现侵权法优先保护受害人的价值取向。

侵权责任法构成要件的目的在于为法官对某一具体行为是否构成侵权责任提供判断标准。

（四）不同的民事责任方式有不同的责任构成要件

一般侵权责任构成要件实际上是损失赔偿责任的构成要件。在《侵权责任法》规定的8种侵权责任方式中，只有损害赔偿责任的承担，才要求具备损害事实、侵权行为、损害事实与侵权行为之间具有因果关系以及过错这四个构成要件。而承担停止侵害、排除妨害、消除危险等民事责任时，不要求具备全部构成要件，即侵权行为发生后，尚未造成损害后果前，受害人就可主张停止侵害、消除危险等。[①]

第二节　损害事实

一、损害事实概述

（一）损害事实的概念

损害是侵权责任必备的构成要件。任何人只有在因他人的行为受到实际损害时才能获得法律上的救济，而行为人也只有在因自己的行为及自己所控制的对象致他人损害时，才有可能承担损害赔偿责任。但是，世界各国的法律却很少对损害下定义，我国《侵权责任法》亦未明确定义"损害"之概念。

学者们认为损害就是财产或其他法益所受之不利益，[②]即只要存在否定人身或财产利益的事实就构成损害。因此，"损害事实"，就是特定的行为或者事件对特定民事主体的合法权益所造成的不利影响。其并不以损害的后果能否用货币来直接予以衡量为转移。损害既包括对公共财产的损害，也包括对私人财产的损害，还包括对非财产性权利的损害。

---

① 参见刘新熙、尹志强、胡安潮：《债法·侵权责任》，高等教育出版社2012年版，第86页。
② 史尚宽：《债法总论》，中国政法大学出版社2000年版，第287页。

（二）损害与损失

《说文解字》记载："害,伤也;损,减也。"《牛津法律大辞典》中"损害"是指,在法律上被认为是可控诉的情况下,一个人所遭受的损害和伤害。损害针对财产权利或人身、名誉等非财产权益;可以是用货币衡量的损失,也可以是精神损害等无法用货币计算的不利益。而损失仅指可以用货币衡量的财产上的损害。因此,损害与损失既有联系又有区别,损害包含损失,损失是损害的一种形式。无论是损失,还是损失之外的损害,均须承担损害赔偿责任。

（三）损害事实在侵权责任法理论中的意义

（1）解决侵权案件的关键首先在于如何认定损害。

损害是侵权责任法中一个最基本和最核心的部分内容。侵权责任法的宗旨就是弥补损害,使受到损害的社会关系恢复到受到损害前的应有状态,赔偿额一般要与损害一致,故对损害的界定也就显得尤为重要。

（2）没有损害事实的存在就谈不上损害赔偿问题。

侵权责任法的基本功能是补偿受害人的财产或人身损失。将"损害"作为侵权责任的构成要件,也为判断能否构成侵权行为确定了一个客观的标准,即侵权行为的成立须以发生现实的损害为必要前提,而损害赔偿请求权的行使也须以存在实际损害为必要前提。侵权损害赔偿之债的双方当事人通常在事先并不存在某种法律关系,只是因为损害的发生,才产生了侵权损害赔偿法律关系。

二、损害的本质

由于损害的概念过于抽象,在实践中难以操作,为求更深一层次的研究,各种学说先后应运而生,现代各国采取的主要是"利益说"和"构成说"。[①]

（一）利益说

1. 利益说的概念

利益说认为,损害其实就是受害人对该特定损害事故的利害关系。而此种利益,就是受害人总的财产状况在有损害事故发生与无损害事故发生两种情况下所产生的差额,故利益说也被称为差额说。

利益说的价值取向是为了满足赔偿受害人所受全部损失（即设立侵权行为制度的最高目的）的需要,其在当代仍然是最权威的学说。利益说是一种主观计算方法,要求在确定损害的有无和大小的时候,要考虑受害人方面的一切影响损害最终形成的因素,即受害人整体上遭受的损害只能适用利益说。

---

① 此部分主要参考了曾世雄:《损害赔偿法原理》,中国政法大学出版社 2001 年版,第 118—131 页。

2. 利益说难以涵盖损害赔偿的全部情形

在计算损害的范围时,还可能发生损益相抵、修补因果关系及第三人损害赔偿的问题,如果严格固守"利益说"来解决这些纠纷,可能有违公平正义。

(1)"修补因果联系"问题

所谓"修补因果联系"是指损害虽然由于可归责于行为人的事由发生,但即使没有这一侵权行为,损害也会因其他事由而发生。换句话说,就是两个侵权行为都将导致同一损害结果的发生,只是其中第一个业已引发损害,致使第二个无法产生作用。

(2)"损益相抵"问题

这里的"损益相抵"是指损害事故发生后,权利人虽受有损害,但基于发生损害的同一原因获得利益,则赔偿义务人在赔偿权利人所受到的全部损失时,应在赔偿额中扣除权利人所获得的利益。

(3)"关于第三人赔偿"问题,可通过以下案例进行说明。

典型案例

【案情】[①] 杨某持邮局寄给的"国际小包通知单",领取朋友从英国寄来的邮件,发现邮件包装开封,故拒绝接收。邮局按照有关规定将该邮件退回。经与英国朋友联系,杨某得知英国朋友并未收到退回的邮件。为此,杨某向法院起诉,要求邮政局继续履行合同,赔偿损失,并赔礼道歉。

【审理】 法院经审理认为,讼争邮件是国际邮件,原告不能举证证明该邮件是给据邮件,应视为平常邮件。被告在窗口投交时,原告因邮件包装开封而拒收,被告按照《国际邮件处理规则》的有关规定,将邮件立即退回原寄邮政,故原告不具备起诉赔偿的诉讼主体资格。裁定驳回起诉。

【法理】 1986年12月2日发布的《邮政法》第7条规定:"**邮件和汇款在未投交收件人、收款人之前所有权属于寄件人或者汇款人。**"据此,在邮件投交前中国邮政与原告之间不存在民事权利义务关系。如果在邮件投递过程中出现邮件丢失、损坏等情况,可以由寄件人向原委托邮政提出赔偿(必须是给据邮件)。在此业务中,被告实施窗口投交,由于原告拒绝接收,致使未构成投交,因此,原、被告不存在权利义务关系,原告也就不具备诉讼主体资格。

---

① 《杨檬因拒收的邮件由邮局退回后下落不明诉投递人红旗路邮政支局赔偿案》,载最高人民法院中国应用法学研究所编:《人民法院案例选》2002年第2辑(总第40辑),人民法院出版社2002年版,第126页。

3．利益说的弊端

（1）依利益说来衡量财产状况时，在很多情况下无法计算差额。

（2）将损害视同计算上的大小，会使评估成本太高。

（3）利益说所谓的主观利益总是大于客观价值并非绝对真理。

在损害赔偿中，受害人一般都是依自己的主观感受来主张损害赔偿的。依当事人的主观感受不同，而不同的主观利益虽在一般情况下会大于以市场价值为内容的客观利益，但是在例外的情形下，主观利益也可能小于客观价值。例如，依照利益说的理论，损害应与主观利益相等，故当违约人违反合同约定时，应赔偿非违约方的主观利益。但是，主观利益的标准会导致债务人在违约比守约更有利时，选择违约。因此，如果固守利益说，可能产生鼓励债务人违约或行为人侵权的副作用。而从公平的理念出发，任何情况下都不应使行为人因违约或侵权而获得比守约或不侵权更大的利益。

（二）有关损害本质的"构成说"

鉴于利益说的上述缺陷，一种新的学说应运而生。20世纪的后半叶，民法学者在探讨"想象上损害原因"及"构成损害观念的必要性"时，开始倡导所谓的"构成说"或"组织说"。

构成说曾经产生了很大影响，到后来又产生了各种不同的观点，主要有"真实损害说"、"直接损害说"和"法律保护直接所及说"。尽管这些观点之间的区别很大，但共同之处均在于强调损害构成要素的独立法律意义。

1."构成说"的概念

构成说以赔偿权利人的财产状况为出发点，整体财产的保护则被放在了次要的地位。若非某一特定物体受损而是整体财产受损，则不适用该原则，此时，损害是否存在及其大小如何，都要依赔偿权利人的财产状况的差额是否存在及其大小如何来予以确定。

其理论核心可简单概括为：当某一特定的物体受到损害时，依照"恢复原状优先于金钱赔偿"的原则，此种直接损害即应客观地予以估定，并在任何情形下都是应当予以填补的；此损害就是损害赔偿的最低数额。因此，构成说的目的是为了解决修补因果关系问题，即所谓的"想象上的损害原因"的问题。

2."构成说"理论的缺陷与弊端

（1）"构成说"体系欠完整

"构成说"主张的物质性损害是构成损害观念中的一种最重要的要素，是在一谈到财产所有权，人们想到的就是有体物的时代所形成的理论。[1] 当损害事故不是发生于某一特定物体时，如在合同迟延履行时，损害结果是债权人的利益

---

[1] 参见〔美〕约翰·康芒斯著：《制度经济学》，赵睿译，华夏出版社2013年版，第147页。

受到损害,但此种损害并非是某一特定物体遭受到的毁损,而是债权人整体财产的积极减少或者消极不增加时,即难以自圆其说。此种情况下,由于损害的观念不可能由物质性损害的要素及其他成分的要素共同构成,"构成说"即难以自圆其说。

(2)"构成说"将损害观念予以分裂。

运用"构成说"来确定损害时,将损害的观念事实上分成了"物质性损害"及"整体财产上的损害"两部分。

一般而言,对物质性损害的衡量,应摒除一切来自于赔偿权利人的主观因素,而完全以客观的物价为标准。当然,在计算物质性损害时,一般应以损害事故发生时的标准为依据。

相反,对整体财产上的损害的衡量,则应依主观标准进行,将与赔偿权利人有关的一切主观因素均考虑进去。① 虽然就损害的计算标准而言,无疑时间愈接近损害就愈与真实差额数相符,但事实上一般只能是以实际审判进行到法庭辩论阶段作为判断的依据,这种结果显然导致了一种损害观念的分裂,因而往往难以使当事人信服。

(3)"构成说"的自由选择权也有不恰当之处。

"构成说"认为损害的核心是物质性损害,超出物质性损害的整体财产上的损害并非不能获得赔偿,但其赔偿须以权利人选择主观利益的赔偿且明确主张为要件。当权利人明确主张时,即有自由选择的权利,既可选择要求赔偿客观损害,也可选择要求赔偿主观利益的损害。当主观利益小于客观损害时,则赔偿权利人自会选择客观损害的赔偿;而当主观利益大于客观损害时,则赔偿权利人就会选择主观利益的赔偿,客观损害才可能表现为损害赔偿的最低额。

然而,自由选择权的存在显然是与损害赔偿的理论相悖的。损害赔偿旨在填补损害,从逻辑上说,所应被填补的损害应先有一定的范围,然后才谈得上填补。而客观损害与主观利益时常不一致,与损害应有一定范围的逻辑前提相矛盾。故此种"自由选择权"难以得到承认,致使"构成说"也使人对其产生疑惑。

(三) 有关损害本质的"利益说"为我国之通说

中国的民法理念原则上并不以过错的程度作为确定损害赔偿的标准,只有在例外的情况下,过失或故意的程度才被用来确定损害赔偿的标准。源于奥地利民法的"构成说",在我国的司法判例与学说中相对并不多见。

而"利益说"的精神与《侵权责任法》赔偿全部损害的最高原则相吻合,自为我国的通说。同时,突破了传统"利益说"的束缚:民事主体合法人身、财产权益遭受不利益是为损害之本质,故而对财产损害的计算应根据个案采用"利益说"

---

① 参见〔美〕约翰·康芒斯著:《制度经济学》,赵睿译,华夏出版社2013年版,第52—53页。

或直接计算损害;对非财产损害,应依据公平正义等观念进行衡量判断。

不过,适用"利益说"时亦不可过于机械,特别是在衡量利益大小的时候,尽管应以两种财产状况的差额为原则,但也不排除就客观损害直接计算的可能。如此,既保存了利益说的精神所在,也避免了上述各种弊端。故就未来民法典制定而言,原则上应采以"利益说"来确定损害的观念,只有在例外的情形下,才应采以客观损害来确定损害的观念。

三、损害事实的构成要件

（一）合法民事权益受到损害

《侵权责任法》明确地将损害对象定位为"民事权益"。但对权利与利益的保护未作类型区分,仍适用同一标准,而未设其他特别限制条件。应当认为,这种不加区分、同一对待的做法是不妥当的。法益之所以不上升为权利,很多时候是因为需要进行更多的利益衡量才能确定哪一利益更值得保护。而权利是法律定性化了的利益,只要受到了非法侵犯就应受到保护。二者的清晰化程度和重要程度是有差别的,作同一对待显然过于草率。

只有合法民事权益受损害时加害人才承担侵权责任。如果受到损害的不是受法律保护的合法利益,受害人就不能要求加害人承担侵权民事责任。

（二）损害具有相当的不利益性

即损害后果或状态被普遍认为是不可容忍的,不能接受的,或者至少是令人痛苦的。但是,并非所有的"不利益"都能受到侵权法的救济。

（三）损害具有法律上的可补救性

法律上的可救济性指达到了需要法律进行补救的程度;对损害采取的补救手段须是法律允许采取的措施。很长一段时间,立法者根据社会政策和传统习惯,曾将诸如青春损失、纯经济上的损害、对物的感情价值等损害,排除在侵权救济之外。当年河北霸州警察杜书贵枪杀案司机一审虽判处死刑,却未支持死者亲属有关生命权的赔偿请求,[①]也是由于当时找不到法律上的直接依据。

（四）损害具有确定性

损害的确定性指损害事实是确定的、客观的、已发生的侵害的人身、财产权益的真实事实,不是臆想的、虚构的、尚未发生的现象。如此,才能对因果关系和过错作出判断,进而确定行为人的责任。[②]

[①] 《详讯:霸州枪杀案一审判决 杜书贵被判死刑》,http://www.sina.com.cn,2000年6月30日访问。
[②] 参见王利明:《侵权行为法研究》(上卷),中国人民大学出版社2004年版,第355页。

四、损害事实的分类

（一）以标的为依据所划分的财产权损害和非财产权损害

1. 财产权损害

财产权损害指赔偿权利人在一切财产或其他财产利益上所遭受的不利益变动，即对财产权利的侵害。从广义上看，财产损害还包括侵害人身权时所造成的受害人在经济方面的损失。财产损害是可以用货币计算的。

根据《民法通则》第117条，侵害财产权的主要形式为侵占财产和损坏财产。前者以非法占有为目的，后者意在破坏物的价值，使之减少或丧失。

财产损害包括现有财产减少的积极损害和应增加的财产未增加的消极损害，前者如为救治而支出的医疗费、交通费等；后者如因丧失劳动力而减少或丧失的收入。财产损失是财产损害的表现形式，可以分为：

（1）直接损失

直接损失是侵权行为直接引发的损害，一般是指现有财产的减少；是损害事实直接所损及的标的的损害。

（2）间接损失

间接损失是侵权行为间接引发的损害，即可得利益的丧失。例如，利润损失、孳息损失。其特征有：损失是未来的必得利益，在侵权行为实施时，仅具有财产取得的可能性；丧失未来利益具有实际意义；间接损失必在侵权行为直接影响所涉范围内，超出该范围的不是间接损失。①

财产权损害一般采用返还财产、恢复原状、赔偿损失等民事责任方式予以全面赔偿，以恢复受害人财产关系之原状。

2. 非物质性损害

广义的非物质性损害指赔偿权利人在有体物财产损害之外遭受的一切损害。主要表现为受害人生理、心理上的痛苦，以及超出心理、生理范围的无形损害，如社会评价的贬损等。故广义的非物质性损害将法人商誉损害纳入其中。非物质性的损害是无法简单地直接来用货币计量的。

狭义的非财产权损害仅指肉体痛苦和精神痛苦，以自然人生理、心理的感受性为基础。故主体仅限于自然人。

（1）人格利益损害

人格利益损害包括人身损害和精神利益的损害两方面。前者是对受害人生命权、健康权、身体权等物质性人格的损害以及对受害人近亲属造成的精神痛苦。其表现为因救治、丧葬等事项而支出的费用以及其他财产损失，例如误工

---

① 参见杨立新：《侵权行为法专论》，高等教育出版社2005年版，第99—100页。

费;后者是对名誉权、隐私权等精神性人格权的损害以及对受害人造成的精神痛苦。其表现为财产利益的损失,隐私的泄露,人格的贬损等。①

(2) 身份利益损害。

是指对身份权、亲属权等身份利益的损害。主要包括财产利益的损失、精神痛苦以及亲情关系遭受损害。

非财产权损害采用赔礼道歉、停止侵害、恢复名誉等民事责任方式对受害人予以抚慰。

(二) 以赔偿标准为依据,划分为客观损害和主观损害

1. 客观损害

客观损害是指某一特定损害事故在一般情形下所造成的损害。

假如损害事故不是发生在该人身上,而是发生在另一人身上,此种客观损害也不会有什么不同。

《侵权责任法》第 17 条规定:"因交通事故、矿山事故等侵权行为造成死亡人数较多的,可以不考虑年龄、收入状况等因素,以同一数额确定死亡赔偿金。"这一法条对司法实践中"同命不同价"的情况作出了明确的纠正,是立法的进步。

2. 主观损害

主观损害即对主观利益的损害,是指某一特定的侵权行为或损害事故对赔偿权利人的具体财产或人身造成的损害。其因人而异、因事不同。

3. 感情上的利益损害

指特定损害事故依赔偿权利人个人的情感为转移而对特定财产造成的损害。在衡量感情上的利益时,不但要考虑赔偿权利人所处的特定环境,还要考虑其感情上的因素。

典型案例

【案情】② 王某的父母在唐山大地震中双亡。经多年苦心寻找,王某找到其父母免冠照片各一张,便持该两张照片到摄影公司翻版放大。王某按期前往取相时,被告知照片原版已经遗失。事后,摄影公司到王某父亲生前所在单位找到了其父生前的另一张照片。

王某将摄影公司诉至法院,要求其赔偿特定物损失及精神损失 10 万元。

【审理】 法院经审理认为,被告因工作上严重失误,致使照片丢失,给原告

---

① 参见杨立新:《侵权行为法专论》,高等教育出版社 2005 年版,第 98 页。
② 《王青云诉美洋达摄影有限公司丢失其父母生前照片赔偿案》,载最高人民法院中国应用法学研究所编:《人民法院案例选》1998 年第 4 辑(总第 26 辑),时事出版社 1999 年版,第 82 页。

造成了部分无法挽回的经济损失和精神上的痛苦。被告理应赔偿原告的特定物损失和补偿原告的精神损害。但原告要求赔偿 10 万元的数额过高,被告应适当予以赔偿。

据此,判决被告赔偿原告特定物损失和精神损害补偿费 8000 元,退还原告王某加工放大费 14.8 元。

【法理】 本案的焦点表面上在于被告承担赔偿责任的范围。但案涉照片的价值实际上体现在很多方面:除了拍摄成本、保管支出、原告因寻找照片付出的劳动外,还包括照片本身所具有的精神价值。物质性的损害无疑可以直接计算,精神性损害则不能简单地直接计算。这两张照片寄托着原告对父母的哀思,却因被告的过错行为而造成照片的遗失,无疑给原告造成了精神损害。对于客观存在的损害,被告主动采取措施寻找到了原告父亲生前的一张照片,即在一定程度上减轻了原告的精神痛苦。

最高人民法院《关于确定民事侵权精神损害赔偿责任若干问题的解释》第 4 条规定:"**具有人格象征意义的特定纪念物品,因侵权行为而永久性灭失或毁损,物品所有人以侵权为由,向人民法院起诉请求赔偿精神损害的,人民法院应当依法予以受理。**"由此可见,特定物的感情价值,已经可以有条件地受到《侵权责任法》的保护了。

(三) 以损害角度为依据所划分的所受损害和所失利益

所受损害与所失利益的分类仅适用于财产损害。

1. 所受损害

所受损害指损害事故造成的赔偿权利人现有财产减少的数额。其通常表现为:因人的受伤或死亡而支付的费用;物的毁损灭失;人的自由或物的占有被剥夺;污染或干扰;权利侵害,如商标被仿冒或专利被侵害等。

2. 所失利益

所失利益指损害事故造成的赔偿权利人财产应增加而未增加的数额。具体表现为:因劳动能力丧失或减少而带来的损害;工作机会被剥夺的损害;物的市价与交易价格差价的损害;交易机会受到侵害的损害;利润损失等。

所失利益又可分为积极利益的损害和消极利益的损害,积极利益与消极利益原则上仅适用于违约损害赔偿,而不适用于狭义的损害赔偿。

(1) 积极利益损害。

指债权人因债务人不履行债务而遭受的不利益。

(2) 消极利益损害。

指法律行为无效或可撤销而相对人信赖其为有效或不能撤销时,因无效或撤销所遭受的不利益。如缔约过失中对信赖利益的损害。

采用全部赔偿原则时,一般只赔偿积极利益(即履行利益)的损害,只有在例外的情况下,才赔偿消极利益(即信赖利益)的损害。

(四)以损害是否直接作用于受害人为依据,划分为本人损害、反射损害和第三人损害

1. 本人损害

指侵权行为直接作用于受害人导致其本人受到损害。

2. 反射损害

指第三人因合同当事人或侵权行为直接受害人受损害的结果而间接牵连所遭受的损害。其特征为:第一顺位受害人和第二顺位受害人均受有损害,且第二顺位受害人所受的损害是由第一顺位受害人所受的损害引起的。即第二顺位受害人的损害是经第一顺位受害人的损害"反射"而形成的。

同时,反射损害的范围并不止于第二顺位的受害人,还可能存在第三、第四等顺位的受害人。至于前顺位受害人与后顺位受害人之间的关系,既可能是债权债务关系,也可能是商业上的法律关系,还可能是公法上的关系。

3. 第三人损害

第三人的损害与反射损害类似却不相同。在第三人的损害中,也存在第一顺位和第二顺位的受害人,但第一顺位受害人在大多数场合中并未遭受损害,损害只发生于第二顺位受害人身上。例如,间接代理人与某甲订约,若某甲违约,则第一顺位的间接代理人并未遭受财产损害,而第二顺位的本人却因此遭受损害,因为该合同是为本人的利益订立的。在这个例子中,本人遭受的损害就是第三人的损害。[1]

其法律特征是:第一顺位受害人实际上并没有受到损害,损害只是发生在第二顺位的受害人身上,且第二顺位人所受的损害是损害潜移发生在后顺位的受害人身上的。前述"发布虚假信息侵害债权案"中[2],演出公司举办大型演唱会,邀请某著名歌星到场演唱。媒体发布不实消息,说"某歌星不来了"。后确认此为虚假新闻,该歌星演出后拿到了约定的报酬,并没有受到实际损害,损害只是发生在第二顺位的受害人演出公司身上,且第二顺位人所受的损害是该歌星的损害转移到处于后顺位的受害人演出公司身上的。此间一般不存在第三顺位的受害人。同时,在第三人的损害中,连接第一和第二顺位受害人的,仅限于财产关系,身份亲属关系并不足以引起第三人的损害赔偿问题。

---

[1] 参见曾世雄:《损害赔偿法原理》,中国政法大学出版社2001年版,第138—139页。
[2] "发布虚假信息侵害债权案",本案例选自杨立新:《专家评点自1989年以来民事侵权十大名案》,载《方圆》杂志2003年第7期。

(五) 象征性损害和微额损害

1. 象征性损害

指赔偿权利人本来可以主张赔偿全部损失额,却只主张其所遭受损害中极小部分的损害。例如,一元钱官司。

因象征性损害引起的诉讼同样可以实现期待目的,其赔偿亦代表正义的归属。

2. 微额损害

指赔偿权利人所遭受的甚为微小的损害。表现为财产上或非财产上的不利益。不过,根据最高人民法院《关于确定民事侵权精神损害赔偿责任若干问题的解释》的规定,在精神损害赔偿领域,精神损害只有达到严重程度时,受害人才能获得赔偿。

微额损害依据实体法所决定的损害范围甚为微小,而象征性损害依据实体法所决定的损害范围本来并不微小,却基于主张损害赔偿的技术上原因,受害人仅主张其中的一小部分。因此,微额损害一般很难获得赔偿,象征性损害则比较容易获得赔偿。

第三节 违法行为

一、违法行为之概述

(一) 违法行为的概念

违法行为指民事主体违反法律规定而实施的行为,其包括作为和不作为。违法行为是侵权责任构成要件之客观要件,其又包含行为和违法性两个要素。

行为是人类或人类团体受其意志支配,并且以其自身或者控制、管领对象或他人的动作、活动,表现出来的作为和不作为。同时,法人的行为不限于其法人机关在职务范围内的行为,而应是其自身的活动和控制管领对象的活动,前者如生产、销售等,后者为对设备的管理和使用等。[①]

违法指行为在客观上违反了法律的规定。主要表现为违反法定义务、违反法律的禁止性规定的形式违法和故意违背善良风俗致人损害的实质违法。

(1) 违反法定义务。

从客观上看,只要行为人负有不得侵害他人合法权益的法定义务,那么其违反该义务而实施的作为就是违法的行为。只要此种违反法定义务的行为造成损害结果,并同时具备了其他侵权构成要件,就必须承担损害赔偿的民事责任。

---

① 参见杨立新:《侵权行为法专论》,高等教育出版社 2005 年版,第 93 页。

违反法定义务主要包括违反绝对权的不可侵犯义务;违反对合法债权的不可侵犯义务以及违反对合法利益的不可侵犯义务。①

(2) 违反法律的禁止性规定。

这里的法律指广义的法律,既包括立法机关制定的法律,也包括有行政机关制定的行政法规;既包括公法,也包括私法。

法律作为人们的行为规范之一,体现着对社会行为的导向,事实上表达着对人的行为的一种客观评价。法律持肯定态度的行为即合法行为,法律持否定态度的行为即违法行为。违法行为的本质就是违反了法律的禁止性规范。

(3) 故意违背善良风俗致人损害。

首先,凡违背公序良俗的民事行为都可被认定为无效。其次,任何行为规范只要附加了法律上的强制力就成了法律。特别是在法律尚不完备的情况下,为了规范人们的行为,就有必要依据社会公共生活规则,否定那些虽在法律上未作禁止性规定却违背"公序良俗"的行为的效力,将法无明文的欺诈、侵害他人权利地位和人格自由发展、滥用权利、营业上的不正当竞争、侵害婚姻关系等认定为具有违法性。

违法性是对侵权行为的非价值性判断,而与行为人是否存在主观过失无涉;侵权行为原则上为违法行为,且一般以权利的内容有法律明确界定为前提;只要有损害结果发生就直接推定行为人的行为具有违法性。而违背善良风俗的行为则通常可以作为证明行为人存在主观故意的依据。

(二) 违法行为的特征

1. 违法行为的本质是事实行为

事实行为应是由意识所控制的,由意愿所引导的,可以掌握的人的行动,而"被强制作出的身体的动作或者因外力影响而产生的不自觉的反应并不是这里所说的行为"。② 故不但可以排除一些无意识身体运动的可归责性,同时,因醉酒、滥用麻醉药品或精神药品的行为丧失意识或者失去控制的,也不能以其为理由而摆脱责任。③

《侵权责任法》第33条规定:"**完全民事行为能力人对自己的行为暂时没有意识或者失去控制造成他人损害有过错的,应当承担侵权责任;没有过错的,根据行为人的经济状况对受害人适当补偿。完全民事行为能力人因醉酒、滥用麻醉药品或者精神药品对自己的行为暂时没有意识或者失去控制造成他人损害**

---

① 参见杨立新:《侵权行为法专论》,高等教育出版社2005年版,第93页。
② 〔德〕马克西米利安·福克斯:《侵权行为法》(第5版),齐晓琨译,法律出版社2006年版,第79页。
③ 〔德〕克雷斯蒂安·冯·巴尔:《欧洲比较侵权行为法》(下卷),张新宝译,法律出版社2001年版,第245页。

的,应当承担侵权责任。"

2. 实施违法行为的主体须为有责任能力者

侵权法领域所谓的责任能力主要指未成年人或神智丧失等处于无意识状态中,或处于精神错乱而不能以自由意志决定的状态中的人,甚或可包括聋哑人,如若其不具备识别自己行为后果的知识和能力,即可以不对自己的行为负赔偿责任。

在这种情况下,那些对无行为能力或限制行为能力人负有监督义务的人,则应对无行为能力或限制行为能力人的侵权行为来承担赔偿责任,但监督人未怠于行使其监督义务的,不在此限。鉴于民事责任能力以意思能力为基础,故无意思能力即无责任能力。

传统民法理论否认责任能力的独立性,实际上是将其寄存于行为能力之中的。责任能力有其自己的独立价值。民事权利能力、民事行为能力和民事责任能力是从不同角度对人格进行考量,它们分别具有不同的价值:民事权利能力主要考察民事主体独立享有权利和承担义务的能力;民事行为能力主要考察民事主体独立实施行为的能力;民事责任能力则主要考察民事主体独立承担责任的能力。三者分别从不同方面决定着主体人格的程度,且不能互相替代或包容:权利能力决定主体人格的范围;行为能力决定主体人格的自由度;责任能力则决定主体人格的完整性。三者在目的、性质、效力上各有不同。①

典型案例

【案情】② 潘某雇佣冯某耕地浇水。在地头吃早饭时,冯某突然狂怒,猛地用左手抱住一同干活的缪某,用匕首刺缪某后脖颈,致其当场死亡。经鉴定,冯某患有"偏执型精神病",为无责任能力者。公安机关将冯某释放,责令其监护人加强监护。

杨某等共同向法院提起诉讼,要求冯某及其监护人承担赔偿责任。被告法定代理人答辩称:潘某为冯某的雇主,冯某系干活时发病致缪某死亡,雇主未予阻止亦有责任,应共同承担赔偿责任。

【审理】 一审法院经审理认为,被告冯某在患精神病期间,将缪某伤害致死,其监护人应该承担民事责任。缪某在受雇期间受害,非属劳务活动中的劳动安全措施未得到保障所致,雇主潘某无法预见,系意外事件。被告代理人称潘某在此事件中有过错应承担民事责任,无法律依据,不能成立。

---

① 参见张新宝:《侵权责任法原理》,中国人民大学出版社2005年版,第110页—111页。
② 《杨翠兰等诉冯兆忠在受雇期间发作精神病伤害致死人命赔偿案》,载最高人民法院中国应用法学研究所编:《人民法院案例选》1997年第4辑(总第22辑),人民法院出版社1998年版,第114页。

二审法院经审理认为,冯某被潘某雇佣从事浇水劳动,在吃饭、休息时,其偏执型精神病发作,将缪某伤害致死,其监护人应该承担赔偿责任。因冯某致缪某死亡的行为发生在吃饭、休息时间,并非是在为雇主潘某劳动时,故要求潘某承担被上诉人的经济损失的理由不能成立。

【法理】 本案一审法院与二审法院尽管均判决雇主不应该承担民事赔偿责任,但是两者的判决理由并不一致。一审法院认为是意外事件,二审法院认为是侵权行为发生在非工作时间。但是这并不是说无责任能力者的侵权责任不能转承给雇主。我国《侵权责任法》第35条规定:"**个人之间形成劳务关系,提供劳务一方因劳务造成他人损害的,由接受一方承担侵权责任……**"也就是,说如果不属于意外事件、不可抗力等违法阻却性事由,而是发生在雇佣劳动期间的劳务行为,雇主是应当承担其雇佣的无责任能力者的侵权责任的。

但由于民事责任能力应主要以财产的独立性而非主观意思为判断标准,事实上均以损害得以填补为其根本目的,而并非以侵权人是否应受惩罚为出发点。正因如此,当其为财产独立者时,自为完全民事责任能力人;当其财产不独立时,即为不完全民事责任能力人,即需由替代责任人来承担补充责任。民法就监护人承担被监护人的侵权责任时采过错推定方式。

3. 违法行为是具有违法性的否定性事实行为

违法行为主要违反了法律的禁止性规定,因此,违法行为就是一种具有"违法性"本质特征的否定性的法律事实。

(三) 违法行为的内涵

(1) 违法行为是一般侵权行为的构成要件。

损害事实是侵权责任请求权产生的前提。如果没有损害事实,行为人当然无须承担民事赔偿责任。但如果行为并不违法,即使产生了损害事实,行为人一般也不应承担损害赔偿责任。可见,违法行为是构成侵权损害赔偿民事责任的第二个必备要件。

(2) 在适用无过错责任原则时,违法行为就不是承担民事责任之构成要件。

二、违法行为的表现方式

以法律规定的法定义务为区分作为与不作为的标准。作为与不作为的分类其实是赔偿责任的原则与例外。

(一) 作为

作为指行为人负有不作为的义务却积极行为,故也称"积极的违法行为"。换言之,只要行为人实施了法律所禁止的行为,就构成了一种以作为的形式表现出来的违法行为。

人身权、物权、知识产权为绝对权,其他任何人都负有不得侵犯之法定义务,而第三人对于债权也不得侵犯。

(二) 不作为

1. 不作为的概念

不作为也称"消极的违法行为",指行为人消极的静止状态,但这并不意味着行为人要为自己的一切消极的静止状态承担不作为的法律责任,即负有作为义务的行为人没有作为,且作为义务是法律规定的具体的特定的义务。

不作为原则上不构成侵权行为,法律原则上不能强行要求行为人承担道德义务,使危难之中互相救助的善行成为法律上的义务。总之,不作为侵权责任的承担是以作为义务的存在为前提的。需要注意的是,由于不作为是一种消极、静止性的状态,而认定因果关系通常是从事物之间的积极和动态的联系予以考察的,故认定不作为的因果关系,不能直接套用作为时的因果关系的认定方法。只有行为人实施了作为即可防止损害结果的发生,因其不作为才导致他人合法权益受到侵害的情况下,此不作为与他人合法权益受侵害之间才被认为具有因果关系。

2. 不作为侵权行为的形态

依据法定义务的来源,不作为的形态可以分为:

(1) 违反法定义务的不作为侵权行为。

行为人违反法律规定的作为义务而不作为。例如,《民法通则》第73条第2款规定:"**国家财产神圣不可侵犯,禁止任何组织或者个人侵占、哄抢、私分、截留、破坏。**"

对象致人损害是所有或管领不当之物造成的损害,其本质上还是行为人违反法定的作为义务。

(2) 违反合同义务的不作为侵权行为。

指行为人违反合同约定的作为义务而没有作为。同时,合同当事人所负有附随义务也是作为义务的源泉。

典型案例

【案情】[①] 潘某等五人与唐某约定,包租唐某的汽车去调货。当凌晨3时到达某加油站附近时,唐某把车停在路旁进店去吃夜宵,离开时未叫醒已睡觉的潘某等人,也未把驾驶室车门关牢,未摇高车窗玻璃。唐某离开汽车后,盗贼打开驾驶室车门,乘潘某等熟睡之机,将提包盗走,骑摩托车逃走。潘某随即叫唐

---

① 《乘客潘大玉诉承运人唐小阶晚上停车时未关好车门窗及叫醒正在睡觉的乘客致其自带提包被盗贼打开车门盗走赔偿案》,载最高人民法院中国应用法研究所编:《人民法院案例选》2003年第1辑(总第43辑),人民法院出版社2003年版,第112页。

某开车到当地派出所,但此案一直未告破。

潘某遂诉至法院,要求唐某赔偿被盗的 8000 元损失。

【审理】 法院经审理认为,原告等人与被告口头约定形成的运输合同合法有效。被告对原告等人的人身和财产安全负有责任。原告此次提包被盗,乃是由于被告在途中停车离开时,明知原告等人已睡觉对自身物品无保护意识,却不叫醒原告等人,也未将车门、车窗关牢所致。如果被告尽到应尽义务,损失即不可能发生。因此,被告对原告的财物被盗具有过错,应负赔偿责任。

【法理】 我国《合同法》第 290 条规定:"**承运人应当在约定期间或者合理期间内将旅客、货物安全运输到约定地点**。"显然,本案中的被告违背了合同义务,理应承担违约责任。

从侵权责任的角度,被告负有保障原告人身、财产安全的法定义务,其不作为的行为违反了该义务,亦当承担赔偿责任。

(3) 违反先前行为所衍生出来的作为义务的不作为侵权行为。

行为人的先前行为给他人的人身和财产带来了某种危险,就当然地负有避免危险发生的作为义务。如果行为人不作为而导致损害结果发生,构成不作为侵权。其构成要件有:行为人原本无作为义务而作为;行为人的作为给他人的人身和财产带来了某种危险;行为人未履行因先前作为衍生的消除危险的作为义务。

(4) 违反业务、职务要求的不作为侵权行为。

例如,消防员有负责灭火的义务,救生员有救助落水者的义务等。

(5) 违反生存共同体成员相互扶助义务的不作为侵权行为。

违反生存共同体成员相互扶助义务的不作为也称同舟无害扶助理论,是指在处于同一闭锁空间而无获得其他救助可能的成员的人身遭受危险时,行为人能够实施却不实施无害于自己根本利益的救助行为。就生存共同体而言,其既可以基于法律规定,也可以基于事实状态而形成,前者如夫妻,后者如因地震被埋在一起的人。

确立生存共同体成员相互扶助义务在于生存共同体成员最有可能及时了解其他成员的生命、身体、健康等非财产性生活资源的重大变动。故出于人性关怀以及节省社会成本的需要,生存共同体成员之间的相互扶助就成了社会生活规范的基本要求。

违反生存共同体成员相互扶助义务的不作为,更多的还是侧重于道德规范,而未必都能成为一种法律规范上的义务。从法理上看,这种转化一方面可以避免法律规范孤立于社会规范之外,另一方面又可以提升法律规范价值的社会功能。其构成要件为:成员同处于闭锁而无其他救助的空间;关系他人人身非财产权利的重大利益;扶助的行为无害于行为人的生活资源。

三、违法阻却

作为法定的免责抗辩事由,违法阻却指行为人的行为虽然侵害了他人的合法民事权益,但由于该行为具有某种合法理由或其他事由而使其并不具备侵权行为构成要件的违法性,故其与正当理由抗辩是一体两面的关系。违法阻却具体包括:

（一）正当理由

正当理由指损害虽然是由被告的行为所致,但是其行为具有合法性,因此可以依法免除责任。其构成要件有:行为人实施了某种在客观上致人损害的行为;这种行为与损害结果之间存在因果联系;行为人所实施的行为应为法律所鼓励,至少不为法律所禁止;正当理由一般有法律的明确规定,至少可以从立法精神及对法律条文的解释中揭示出来。

通说认为,可以作为阻却违法的法定正当理由包括:依法执行公务、正当防卫、紧急避险、自助行为、受害人同意、自甘冒险等。

1. 依法执行公务

公务人员在依法行使权力与执行公务的过程中,只要其行为符合法律所要求的正义性和合法性,为了保护社会公共利益和公民的合法权益,法律允许公务人员在执行公务时给特定的他人人身或财产造成必要的损害,而不必承担民事赔偿责任。其构成要件有:须有合法的授权;执行公务的行为须合法;执行公务造成的损害须为必要。

2. 正当防卫

民法上的正当防卫指行为人为防止公共利益、他人或本人的人身或财产利益遭受不法侵害,在必要限度内对正在进行的不法侵害所采取的保护性措施。其构成要件有:(1) 防卫须以侵害行为的存在为前提;(2) 防卫须具有必要性和紧迫性;(3) 防卫须针对不法侵害者本人实行;(4) 防卫须具有保护合法权益的目的性;(5) 防卫须不得超过必要限度。

如果防卫行为不能满足正当防卫的所有要件,就构成不当防卫行为,行为人须承担相应的赔偿责任。不当防卫行为主要包括假想防卫、防卫过当、防卫行为误伤第三人等。

《侵权责任法》第30条规定:"**因正当防卫造成损害的,不承担责任。正当防卫超过必要的限度,造成不应有的损害的,正当防卫人应当承担适当的责任。**"

3. 紧急避险

紧急避险指行为人为了使公共利益、他人或本人的人身或财产利益免受现实和紧急的损害危险,在两种合法利益无法同时得以保全的情况下,不得已而被迫采取的损害他人人身或财产的合法行为。其构成要件有:(1)避险行为不得超过必要的限度,紧急避险行为所引起的损害应轻于所避免的损害。若避险行为不仅没有减少损害,反而使造成的损害大于或等于可能发生的损害,则该避险行为就超过了必要的限度。(2)须是在不得已的情况下采取避险措施。(3)须正在发生威胁着公共利益、本人或他人利益的危险。

紧急避险的本质是"丢车马、保将帅"。面对紧急危险,行为人在没有别的途径可以脱险的情况下,只有遵循"两利相权取其重,两害相权取其轻"的原则,被迫实施紧急避险行为。因此,只要避险行为没有超过必要的限度,行为人就不应承担责任。然而,就无辜的受害者而言,其没有任何过错却要承担损失,显然有失公平。

因此,对于因紧急避险造成的损害,应根据不同的情形确定民事责任:一般情况下,由引起险情发生的人(包括紧急避险人、受害人、第三人等)承担民事责任,其承担过错责任的范围应以紧急避险的必要限度或避险措施得当所造成的损失为标准。如果危险是由自然原因引起的,紧急避险人一般也可以不承担民事责任;但在特殊情况下,即当事人双方都没有过错的情况下,可以根据实际情况让他们分担民事责任,此即"公平原则"。倘若因采取措施不当或者超过必要限度而造成不应有的损害,紧急避险人应承担适当的民事责任。如果不存在第三人的过错,也不存在紧急避险人的过错,且受害人与受益人又不是同一人,那么受益人就应适当补偿受害人的损失,因为受益人的利益保全或损失减少是通过牺牲受害人的利益来实现的。

《侵权责任法》第31条规定:"**因紧急避险造成损害的,由引起险情发生的人承担责任。如果危险是由自然原因引起的,紧急避险人不承担责任或者给予适当补偿。紧急避险采取措施不当或者超过必要的限度,造成不应有的损害的,紧急避险人应当承担适当的责任。**"

4. 自助行为

自助行为指权利人在情况紧急而不能取得公力救济的情况下,为保护自身的合法权利而对他人的人身或财产所采取的必要措施。

自助行为虽然未解决当事人之间的纠纷,却可以为保障权利人的合法利益及时地提供某种担保,从而为纠纷的最终解决创造基本条件,故自助行为得到了有条件的肯定。

自助行为实施前,当事人间已存在某种债的关系,实施自助行为是为了保护行为人自己的权益。因此,自助行为不同于正当防卫和紧急避险,后两者所保护的利益还包括他人的权益。但从法律性质上看,自助行为与正当防卫、紧急避险类似,故除了本身的特殊规则外,自助行为一般可以适用正当防卫、紧急避险的规则。

自助行为的构成要件有：(1) 行为完全是为保护自己的合法权益而实施；(2) 情况紧迫而来不及请求有关国家机关的公力救济；(3) 自助方法须为保障自己的请求权所必需；(4) 行为须为法律及公共道德所允许；(5) 行为不得超过保护合法权益的必要限度；(6) 行为人在实施自助行为后，应立即请求公力救济。

行为人无正当理由迟延请求公力救济的，应承担由此造成的损失。当自助行为没有得到有关国家机关事后认可时，行为人应立即停止侵害，并承担损害赔偿责任。

5. 受害人同意

受害人同意也称受害人承诺，指受害人在损害发生前自愿作出的，免除行为人损害赔偿责任的单方意思表示。广义的受害人同意还包括受害人在损害发生后明确表示免除行为人的损害赔偿责任情形。但一般认为，免除行为人的损害赔偿责任是受害人放弃了损害赔偿请求权。在阻却违法的正当理由中，还存在"免责约定"这样一种情形，免责约定侧重于受害人和加害人双方达成了免责的合意。民法以"意思自治"为基本原则，既然受害人无意要求损害赔偿，法律制度也就无须强行介入。

需要注意的是，任何事先免责的约定的效力应不及于故意或重大过失情形，故受害人同意应以承诺不违反法律的强行规定为原则。因在过失侵权的情况下，受害人无法预知未来可能发生的侵权行为，同意无从谈起，故受害人同意主要涉及有意图的加害行为。

受害人同意的构成要件有：(1) 受害人须具备权利处分能力；(2) 须具备意思表示的生效要件；(3) 受害人须事先放弃损害赔偿请求权；(4) 狭义的受害人同意须由受害人通过明示的方式进行。

6. 自甘冒险

自甘冒险指行为人即受害人，本可预见某种行为可能造成损害，但为了追求某种特殊利益而甘冒发生损害的危险而实施此种行为。属于狭义的受害人同意。

其构成要件有：(1) 自甘冒险的行为人与相对人之间存在的某种基础法律关系。可以是单独行为关系，也可以是契约关系；可以是无偿的，也可以是有偿的；(2) 基础法律关系与行为人的自甘冒险是两个不同的法律关系。前者是后者的基础，即后一个法律关系是建立在前一个法律关系基础之上的，如在登山活动中，组织者应尽到培训和适当的安全保护义务，在此基础上发生的登山遇难即属自甘冒险；(3) 冒险行为活动须具有危险性，且行为人已预见到该危险性并明示或默示自行承担；(4) 损害的结果本可避免；(5) 主观须非故意且无重大过失;(6) 行为目的须为获取非常规报偿,且行为非为履行法律上或道德上的义务。非常规报偿指通过一般行为所不能获得的报偿,一般包括无偿、重赏和特殊期待。其中,无偿指希望不付出代价而获得利益,例如搭便车却因发生车祸而造成伤亡;重赏指希望通过参加高风险性的活动而获取巨大收益,如职业 F1 车手在比赛中受伤;特殊期待指希望得到通过常规手段所不能得到的利益,如身患绝症的人接受尚处于试验阶段的治疗方法以期得到现有医疗手段所不能得到的效果。

自甘冒险要求行为人的行为不是尽法律或道德上的义务。士兵在战争中伤亡,堤防管理人抢修濒于决口的大堤而被洪水卷走等尽法律上的义务和抢救落水者身亡等道德上的义务,均不构成自甘冒险。

(二) 外来原因

外来原因指损害不是由于行为人的行为所致,而是由外在于其行为的独立原因造成,因此行为与损害结果之间不具有因果关系。[①] 具体包括:不可抗力、意外事件、受害人过错、第三人过错等。

1. 不可抗力

《民法通则》第 153 条规定:"本法所称的'**不可抗力**',**是指不能预见、不能避免并不能克服的客观情况**。"包括地震、洪水、台风、火山爆发等自然现象;也包括战争、暴乱等社会现象,但并非一切自然力因素都可构成不可抗力。作为不可抗力的自然现象应具有强大的破坏力,足以产生一般人无法抵抗的损害后果,即使当事人尽到了一般善意之人乃至专业人员(于对当事人注意义务有特别要求之情形)应尽的各种努力,仍不能免于损害。[②]

关于"不可预见",一般以善良第三人的通常认识标准来判断,但对于负有特殊义务和责任的人,则应以具有专业知识和能力的人的认识标准来判断。需要注意的是,不可准确预见的事件(如台风、地震、已有预兆的战争等)也可以构成不可预见。而"不能避免并不能克服"是指行为人主观并无过错,其已经尽到最大努力和采取一切可以采取的措施仍不能避免某种损害事实的发生。但如果行为人可以采取措施避免或减轻自然灾害造成的损害的话,就不能主张不可抗力免责。

2. 意外事件

指当事人不能预见的偶然发生的事件。意外事件要成为免责事由,应具备三个条件:发生须具有不可预见性;须归因于行为人自身之外的原因;须为偶发

[①] 张新宝:《侵权责任法原理》,中国人民大学出版社 2005 年版,第 112 页。
[②] 张新宝:《中国侵权行为法》(第 2 版),中国社会科学出版社 1998 年版,第 599 页。

事件,且不包括第三人行为造成的损害。①

在意外事件同时构成不可抗力的情况下,行为人可以主张意外事件免责;在意外事件不构成不可抗力的情况下,行为人主张意外事件实际上是要排除自己的过错。而在无过错责任案件中,意外事件不能成为抗辩事由。其理由是,意外事件是外在于行为人意志和行为的事件,行为人对于损害结果的发生并无过错,且在无过错责任案件中,本来就不对行为人的过错进行考查,行为人的过错有无均不影响其责任的成立。因此,意外事件构成免责事由的前提应是在过错责任范围内。

3. 受害人过错

受害人过错又称对自己的过失,指受害人违反了对自己财产和人身安全的注意义务,即受害人对损害结果的发生或扩大存在过错,包括受害人的故意和重大过失。

需要注意的是,只有在受害人对损害结果的发生或扩大存在故意或重大过失的情况下,才可以作为免除或者减轻侵权人民事责任的条件。当受害人仅存在一般过失时,不得据此免除侵权人的责任。

就受害人过错而言,受害人应当能够预见并采取措施避免损害的发生,却因疏忽大意等原因而没有预见并采取措施,以致发生损害,当然应承担与自己过错相当的损害责任。它具体包括:受害人对最初损害的发生具有过错和受害人对加害人过错造成的损害的扩大具有过错。前者又包括受害人的过错与加害人的过错偶然结合造成了受害人的损失,双方的行为都是损害发生的直接原因;受害人的损害虽然不是由受害人和加害人的行为相结合直接造成的,但受害人在损害事件的产生过程中存在过错这两种情形。

《侵权责任法》第26条规定:"**被侵权人对于损害的发生也有过错的,可以减轻侵害人的民事责任。**"若损害结果的发生全部是基于受害人的过错的,侵害人应免予承担侵权责任;若受害人的过错与第三人的过错共同构成损害后果发生的原因,而加害人不存在过错,加害人可因此免责。

就受害人故意而言,受害人明知自己的行为会发生损害自己的结果,而希望或放任此种结果的发生。《侵权责任法》第27条规定:"**损害是因受害人故意造成的,行为人不承担责任。**"第70、71、72、73、78条均有对受害人故意的规定。

4. 第三人过错

第三人过错指受害人起诉加害人以后,加害人提出的该损害完全或者部分由于第三人的过错造成,从而提出免除或者减轻自己责任的抗辩事由。②《侵权责任法》第28条规定:"**损害是因第三人造成的,第三人应当承担侵权责任。**"

---

① 参见王利明主编:《民法·侵权行为法》,中国人民大学出版社1993年版,第208—209页。
② 王胜明主编:《中华人民共和国侵权责任法释义》,法律出版社2010年版,第143页。

在过错责任和过错推定责任领域,当事人只对自己过错造成的损害承担赔偿责任,而对他人过错造成的损害没有赔偿义务,故被告当然能够以第三人过错为由提出抗辩。若被告能证明第三人过错是损害发生或扩大的全部原因,则被告可以免除全部责任;若第三人过错是损害发生或扩大的部分原因,则被告可以相应免除部分责任。

而在无过错责任领域,根据危险程度的不同,对超常危险活动,即使受害人的损害完全由第三人的过错造成,法律明确规定必须由危险活动的行为人或高度危险物持有人承担责任;对于一般危险活动的行为人,如果其能够证明受害人所遭受的损害完全是由第三人的过错行为导致,则免除其责任。[1] 例如,《侵权责任法》第 83 条规定:"因第三人的过错致使动物造成他人损害的,被侵权人可以向动物饲养人或者管理人请求赔偿,也可以向第三人请求赔偿。动物饲养人或者管理人赔偿后,有权向第三人追偿。"

第四节 因 果 关 系

一、因果关系概述

(一) 因果关系概念

引起其他现象产生的现象叫原因,被其他现象所引起的现象叫结果,引起与被引起的关系即为事物的因果关系。现实世界中,任何现象的出现总是由另一现象引起的,侵权行为自然也不例外。在侵权责任构成要件之因果关系中,违法行为引起损害结果。损害结果被违法行为所引起,故侵权法上的因果关系指侵权人的违法行为或其所有或占有物的肇事事实,与损害结果之间存在引起与被引起的客观联系。

侵权行为中的因果关系所要解决的问题是,特定的损害事实是否是行为人的行为引起的必然结果。民事主体只能为自己实施行为的损害结果承担责任,没有因果关系的侵权责任是不成立的。因此,只有当加害行为与损害事实二者之间存在因果关系时,行为人才承担相应的民事责任。但作为侵权行为的构成要件的因果关系,其实就是指加害行为与损害结果之间客观的哲学上的因果联系。所以在民法研究中一个非常值得注意的现象是:法学领域对因果关系的研究不可或缺,而任何一国的成文法典却对其无法作出具体、明确的规范。[2]

(二) 因果关系的功能

(1) 因果关系是侵权责任中的重要构成要素之一,与其他构成要件相互

---

[1] 王胜明主编:《中华人民共和国侵权责任法释义》,法律出版社 2010 年版,第 143—144 页。
[2] 曾世雄:《损害赔偿法原理》,中国政法大学出版社 2001 年版,第 95 页。

渗透。

首先，无论是在过错责任中还是在无过错责任中，因果关系都是归责的重要的构成要件。

其次，因果关系是行为或物件与损害结果之间的客观联系，而非违法行为与损害事实间直接的因果关系。故因果关系只是确定责任的一个条件，查找因果关系的目的不在于考虑行为人的行为是否违法，而在于确定行为人的行为与结果之间的联系。[1] 同时，由受害人对侵权人的行为与损害事实间的因果关系承担举证责任。当然，在特殊侵权中，法律有特殊规定而实行举证责任倒置的除外。

再次，因果关系用以确定谁的行为造成了损害，以作为民事主体是否对损害后果负责的法律依据。而过错则须在确定了因果关系的基础上加以认定。一般来说，对于责任范围的分配既要根据当事人过错程度的大小，也要根据因果关系的紧密程度来综合判断。同时，在过错责任下，因果关系中的原因就不能再包括过错，故对过错责任应采取相当因果关系说，而在严格责任中，则只能采取直接因果关系说。

(2) 侵权行为民事责任的范围须借助因果关系予以解答。

世界各国的侵权责任事实上都是同时综合运用多种学说来确定损害赔偿的范围，它并非单纯依靠民法之规定，依我国《侵权责任法》，只要有法律上的因果关系，不但法律明文规定的权利受侵害须予赔偿，受法律保障的、合法利益亦在赔范围之内。

(3) 因果关系还决定着损害赔偿的范围。

只有与行为具有因果关系的损害，才是赔偿范围内的损害。故因果关系理论作为构成要件之功能，是其原本就具有的基本功能。

(三) 因果关系的样态

因果关系中原因与结果的数量可以有"一因一果"、"一因多果"、"多因一果"和"多因多果"等不同的组合方式。在多个原因中，既可能有主要原因，也可能有次要原因；既可能包括直接原因，也可能包括间接原因。原因不同，所要承担的责任就不同。因此，弄清主要原因和次要原因，直接原因和间接原因等十分必要。

1. 依据原因对损害结果作用的大小程度，分为主要原因和次要原因

主要原因指造成结果的本质的、必然的客观现象。在《侵权责任法》上，主要原因指的是对损害的发生起主要的、关键作用的原因。次要原因指造成结果的非本质的和偶然的客观现象。在《侵权责任法》上，次要原因是对损害的发生

---

[1] 王利明：《侵权行为法研究》(上卷)，中国人民大学出版社2004年版，第399页。

不起关键作用的一个条件而已。在确定责任承担时,加害人一般只对次要原因造成的损害承担较轻微的民事责任。

2. 依据行为与损害结果是否存在必然联系,分为直接原因和间接原因

直接原因指直接产生损害结果,与结果存在必然联系的原因。一般来说,行为人应为其作为直接原因的加害行为承担相应的侵权责任。间接原因指那些作为损害结果发生的偶然性条件的客观事实,它并不必然产生损害结果。对于作为间接原因的侵权行为,需要根据其在损害结果产生过程中的作用来确定行为人所应承担责任的范围,而并非要其承担全部的民事责任。

3. 责任成立的因果关系和责任范围的因果关系

责任成立的因果关系指加害行为和权利受到侵害之间的因果关系,以此为标准可以判定行为是否侵犯了权利以及是否构成了侵权行为。责任范围的因果关系指受侵害的权利与损害之间的因果关系,以此为标准可以判定侵权人应该负责赔偿哪些因权利受侵害而造成的损害。

典型案例

【案情】① 齐某和陈某是中学应届毕业生,同住一村。中考时,陈某成绩不理想,齐某则通过了委培分数线,省商业学校向其发出了录取通知书。但通知书却被陈某领走,在陈父的"运作"之下,以齐某的名义顺利完成了在商校的学习,后被分配到邻县的银行,成为国家干部。而齐某复读一年未考上理想的学校,通过购买农转非户口,在城里劳动技校就读,成为普通工人。齐某在得知陈某假冒她的姓名上学后,即以侵犯其姓名权、受教育权为由,提起诉讼,要求陈某等相关人员和单位赔偿其经济损失,其中包括陈某以齐某的名义领取的助学金、工资、住房福利;她本人支出的复读费用、农转非交纳的城市增容费、上技校交纳的学费等,以及精神损失费、律师费。

【审理】 省高院以侵犯姓名权和受教育权为由,判决陈某赔礼道歉并赔偿齐某精神损失费5万元、律师费825元、直接经济损失7,000元(包括齐小甲的复读费和城市增容费),以及间接损失41,045元(按陈某以齐某的名义冒领的工资减去当地最低生活保障费计算),驳回了齐某的其他诉讼请求。

【法理】 就本案而言,对于陈某的冒名顶替行为是否构成对齐某姓名权、受教育权的侵害,是第一个层次,即"责任成立因果关系"的问题;而对于齐某因此而支出的复读费用、上技校交纳的学费等与姓名权、受教育权受侵害之间究竟

---

① 《齐玉苓诉陈晓琪冒名顶替到录取其的中专学校就读侵犯姓名权、受教育的权利损害赔偿案》,最高人民法院中国应用法学研究所编:《人民法院案例选》2001年第4辑(总第38辑),人民法院出版社2002年版,第97页。

有无因果关系,是否应由陈某等赔偿,则是第二个层次,即"责任范围的因果关系"的问题。

4. 依据原因与结果的数量,分为一因一果、一因多果、多因一果和多因多果

一因一果即一个原因仅导致一个损害结果的发生。一因多果是一个原因导致了数个损害结果的发生。例如环境污染侵权中,一个工厂的排污造成了几个部门的损失,无疑是一个侵权的原因而导致了数个损害结果的发生。① 多因一果是侵权行为人有多个加害行为,对受害人产生单一损害后果,具体包括:

(1) 叠加因果关系。指每个原因都足以导致损害结果的发生,且在共同作用下导致了损害结果的发生。

(2) 共同因果关系。指多个原因共同结合,导致损害结果的发生。

(3) 择一因果关系。即每一个原因均可能造成损害结果的发生,但无法证明是哪个原因造成的。故共同危险行为的案例都是典型的择一因果关系。

多因多果即原因和结果均为多数,有时还可能形成所谓的"因果链",即一连串的原因导致了多个损害结果的发生。

二、因果关系理论

(一) 条件说

条件说认为,任何能够作为造成损害结果的条件,都是损害发生的原因,且任何能够引起损害结果发生的条件,都具有同等的重要地位,都是法律上的原因。

条件说直接套用哲学上的因果关系来认定法律上的因果关系,如受害人受伤住院,因医院着火而死亡。若依条件说,使受害人受伤住院的行为人就必须对受害人因失火而死亡的损害负赔偿责任。

条件说不承认事实上的原因和法律上的原因的区别,将逻辑上导致该结果出现的所有条件都视为法律上的原因,行为人都要承担责任,其公式为:没有前者,就没有后者。② 条件说不加区分的做法很容易导致不应承担责任的人受到制裁,还会导致责任分摊上的不公平。

---

① 选自中华人民共和国最高人民法院网站的典型案例:山西省运城市人民检察院以被告人杨某犯重大环境污染事故罪,向山西省运城市人民法院提起公诉。山西省运城地区尊村引黄灌溉管理局、山西省运城市安邑水库管理委员会和山西省运城市北城供水公司,同时提起附带民事诉讼。法院判决被告人杨某犯重大环境污染事故罪,并赔偿各附带民事诉讼原告人相关经济损失。http://www.court.gov.cn/popular/200304010035.htm,访问日期:2013 年 4 月 8 日。

② 李光灿等:《刑法因果关系论》,北京大学出版社 1986 年版,第 37 页。转引自杨立新:《侵权行为法专论》,高等教育出版社 2005 年版,第 102 页。

（二）必然因果关系说

必然因果关系说也被称为充分原因说、原因说和限制条件说，指只有行为人的行为与损害的结果之间具有内在的、本质的、必然的联系时，才具有法律上的因果联系，行为人才应该承担民事损害赔偿责任。

必然因果说主张严格区分原因和条件，重视行为对于损害结果的作用，否认条件与结果之间具有因果联系。加害人必须对那些作为"充分原因"的不法行为所造成的损害承担赔偿责任，对超出这一范围的损害就可以不负损害赔偿责任。而充分原因须是损害结果发生的必要条件，具有极大地增加损害结果发生的可能性。

必然因果说的缺陷是：将损害赔偿的原因限制在过于狭小的范围内，易使应该承担民事赔偿责任的侵权行为人逃脱其应当承担的责任，以致受害人难以获得赔偿，而有悖于侵权责任法的基本功能。

（三）相当因果关系说

1. 相当因果关系说的概念

相当因果关系说，也称为盖然因果关系说，指侵权行为的受害人只要证明了侵权行为与损害结果之间存在相当程度的因果联系的可能性，就达到了其证明责任的要求，然后由被告对此进行反证。只要被告不能证明不存在因果关系，就认定其存在因果关系；反之，如果被告能够证明不存在因果关系，就认定其不存在因果关系。①

相当因果关系说认为，被告须对以其不法行为为"充分原因"的损害负责赔偿，但是对超出这一范围的损害不负责任。后被民法学者运用到侵权法的领域中，逐步成为认定因果关系的一种权威学说。②

事实上，相当因果关系说就是在条件说的基础上引入"相当性"的理论，来对其进行必要的限制，以修正其过于宽泛以致显失公平的缺陷。故相当因果关系是由"条件关系"和"相当性"共同组成的。

典型案例

【案情】③ 天降暴雨，魏某驾车行至一立交桥时，因机动车道积水不能通行，遂驾车沿非机动车道行使。此时，由市公路总段负责养护维修的公路防护墙因雨水浸泡，突然倒塌，将该车砸毁，造成魏某当场死亡。

---

① 刘士国：《论侵权行为责任中的因果关系》，载《法学研究》1992年第2期。
② 王利明：《侵权行为法研究》，中国人民大学出版社2005年版，第417—418页。
③ 《偃师市总工会等诉洛阳市公路总段等管理的公路防护墙在暴雨中倒塌造成车毁人亡赔偿案》，最高人民法院中国应用法研究所编：《人民法院案例选》2000年第2辑（总第32辑），人民法院出版社2000年版，第132页。

因就赔偿问题达不成协议,魏某所在的单位总工会及魏某的父母和妻子将郊区公路段、市公路总段告上法庭。

【审理】 一审法院根据过错责任原则认为,市公路总段对公路的防护具有维修义务,对由此造成的损失承担主要责任;魏某违章行入非机动车道,应承担次要责任。

二审法院则认为,本案属特殊侵权民事案件,适用过错推定原则。该防护墙的倒塌是因管理人员养护不善所致,市公路总段应承担主要赔偿责任;魏某违章沿非机动车道行使,与公路防护墙倒塌之间没有因果关系,不应承担民事责任。

【法理】 本案中,二审法院之所以认定魏某行为与事故结果无因果联系,而不应承担责任,就是基于相当因果联系理论作出的判断。而一审法院认定魏某承担次要责任,则是基于"条件说",即任何能够作为造成损害结果的条件,都是损害发生的原因。魏某违章驶入非机动车道,从某种意义上说就成为事故发生的条件,故其应承担次要责任。但是,假设魏某并没有违章,而是骑自行车在非机动车道上行驶,恰逢防护墙倒塌而遇害,那么再要求魏某承担部分责任,不合常理。

"条件说"因失之宽泛而极易造成结果的不公平,而"相当因果关系说"则相对地可以弥补该不足。因此,本案二审法院的审理结果是相对合理的。

2. 相当因果关系说的适用

(1)过错责任中无过错自然没有必要再研究因果联系。

依据过错责任原则,只有在行为人对其实施的行为所产生的损害有过错时,才承担民事损害赔偿责任。故有过错时,才有必要研究因果联系。

(2)在危险责任中损害结果与肇事事实之间必然有因果联系。

就危险责任原则而言,行为人对于其行为所造成的损害,虽无过失,也应负责。

(3)损害扩大后还有无因果关系,只有通过赔偿范围予以限制。

不论是过失责任还是危险责任,被害人所受的损害均有扩大的可能。对于因原始损害的发生而引起的损害,作为侵权行为人是否还要继续承担民事赔偿责任?这无疑就产生了一个抉择标准问题。

3. 相当因果关系的界定

判断相当因果关系之"相当"有三种学说:

(1)主观说。

该说主张以行为人行为时所认识或所应当认识的事实为标准,来确定行为与结果之间是否存在因果关系。

(2)客观说。

该说主张以社会一般人对行为时及行为后可能造成的损害结果是否可预见

为标准,对行为与结果之间是否存在因果关系作出客观的判断。

(3) 折中说。

该说主张以行为时一般人预见或应当预见的事实,或者行为人因其特殊技能或环境所认识或所应当认识的特别事实为标准,来判断是否存在因果关系。

虽然相当因果关系说尚未成为通说,但是在我国理论和司法实践中,已被越来越多的人所承认。由于这种理论更注重案件具体事实本身和行为与已发生的损害结果之间的客观联系,视其为个别而作特殊考察。在受害人证明了这种客观联系后,往往就可以认定侵权行为成立,这对受害人是很有利的。

4. 相当因果关系说的缺陷

(1) 相当因果关系说利用已经发生的事实来说明结果存在的办法,被认为是一种"倒因为果"的推论过程。

(2) 司法实践中会因同情受害人而对因果关系加以肯定。

(3) 相当因果关系的推论易脱离损害赔偿构成要件。

在相当因果关系理论中,第一层次的问题是依据构成要件理论来确定侵权行为与其直接触发的损害之间是否具有相当因果关系;第二层次的问题则是依据损害赔偿范围理论来确定侵权行为与其直接触发的损害以外的损害是否具有相当因果关系。

(4) 相当因果关系说使受害人所受损害的扩大难以控制。

德国和法国的判例认为,当一个因车祸而受伤的人不堪忍受痛苦或厌世而自杀时,有过失的驾车人对受害人的自杀结果应承担侵权损害赔偿责任。

(5) "违法牵连"问题难以适用相当因果关系说来解决。

依相当因果关系说的违法必有责任,行为人在行为之时虽然违反了法律法令,但就对他人所造成的损害而言,其原本不应承担损害赔偿的民事责任。难以自圆其说。

(6) 适用相当因果关系确定诸如"反射损害"的赔偿范围也存在缺陷。

反射损害指受害人所受到的损害牵连到他人蒙受损害的情形,如因工程施工损害电线或变压设备而造成医院停电的结果,从而使正在手术的病人遭受难以预见的损害。① 若依相当因果关系说来判断和确定损害赔偿的范围,反射损害肯定有因果联系。因为没有电线或变压设备等损害,就没有病人死亡等反射损害可言;反之,有了这些损害,各种反射损害就必然发生或很可能发生。但在司法实践中,反射损害原则上是不能获得赔偿的,只有在例外的情况下才能获得赔偿。

---

① 《西安交大第二医院秉烛手术 16 小时后患者死亡》,来源:燕赵晚报,载搜狐网,http://news.sohu.com/20040810/n221449755.shtml,2004 年 8 月 10 日访问。

(四) 法律规范目的说

针对相当因果关系说过于抽象等缺陷,学者提出法律规范目的说。此说又称为规则范围说,其认为,行为人对其行为造成的损害应否承担责任,应以相关的法规(或契约)的目的和意义为标准来作出判断;如果损害超出了行为人违反的规则所保护的目的范围,行为人就不负民事赔偿责任。

法律规范目的说认为,行为和损害之间具有因果关系应具备以下条件:行为违反了相关的法律法规;该行为所侵犯的权益正是该法律法规的意旨和目的所在的条件,故不再将因果关系作为侵权行为的构成要件,而径直以行为人是否违反法规及其目的来加以认定。

我国台湾地区著名民法学家王泽鉴先生指出,损害应否赔偿,首先须认定其有无相当因果关系,其次再探究其是否符合规定目的。[①] 换言之,我们可以将法律规范目的说作为排除性规定处理,即若某行为与损害之间符合了相当因果关系说所规定的认定标准,但不符合法律规范目的说的规定,则仍认为不成立因果关系,不成立侵权责任。

违法牵连只能依法律规范目的说得以解释。当违反法律而牵连引发其他损害时,行为人对于违反法律部分当然负有不可推卸的民事损害赔偿责任,而对于因此而牵连引发的其他损害,其所应承担的民事损害赔偿责任仍须以行为人对该部分损害的引发有过失为限。同时,反射损害案件也只能依法律规范目的说确定责任。而在解决车祸受害人自杀案件的赔偿问题时,法律规范目的说可以避免相当因果关系说的缺陷。按照法律规范目的说,驾车肇事人对于自杀部分的损害赔偿仅以其伤害的必然结果为限;若仅一部分是其必然结果,则驾驶人只承担一部分的民事损害赔偿责任;若全部是其必然结果,则驾驶人就应承担全部民事损害赔偿责任。故该说似乎有替代"相当因果关系说"的趋势。

但是,法律规范目的说亦有自身缺陷:因"法律规范目的"的判断缺乏统一的标准,导致法官自由裁量权较大,且对权利之外的法益的保护难以周延。同时,将"法律的目的"作为唯一的决定性因素,而无视因果关系所包含的客观的内在联系,使因果关系成了一个纯粹的"法律上的因果关系",而不再包括"事实上的因果关系"。

三、因果关系的认定

因果联系的作用是依据损害结果,去找寻肇事的原因,确定加害行为的作用,最终确定民事责任的承担者及其责任范围。认定因果关系的方法主要有以下两种。

[①] 王泽鉴:《侵权行为法》(第一册),中国政法大学出版社2001年版,第221页。

（一）时间上的顺序性

原因和结果之间存在一种顺序性,即原因在前,结果在后。但先后发生的事件之间并不必然具有因果关系,原因和结果之间应是一种引起与被引起的关系。从客观上看,在任何一个具体的因果联系中,作为原因的现象总是发生在作为结果的现象之前的。但从主观认识的角度看,人们是先看到结果,然后才去探询原因。

（二）原因现象的客观性

只有外化的加害人的具体行为,才能构成侵权责任法上的原因。

典型案例

【案情】① 王某之母夏某长期患"肝硬变腹水"。王某与其姐商定,将其母送市传染病医院住院治疗。王某要求大夫蒲某给其母注射复方冬眠灵,让其母早点咽气,免受痛苦。蒲大夫经原告再三请求予以同意。夏某于6月29日凌晨5时死亡。

经鉴定:夏某的主要死因为肝性脑病,冬眠灵仅仅加深了患者的昏迷程度,促进了死亡,并非其死亡的直接原因。

【审理】 法院经审理认为,王某虽属故意剥夺其母生命权的行为,但情节显著轻微,危害不大,不构成犯罪。蒲某其行为也属故意剥夺他人的生命权,但其用量属正常范围,不是造成夏某死亡的直接原因,情节显著轻微,危害不大,不构成犯罪。

【法理】 在本案中,公诉人认定被告是促进了患者死亡,而对"夏某病程及死亡经过"的鉴定结论为:夏某的主要死因为肝性脑病,严重感染也不能排除。既然不给病人注射冬眠灵病人也会死亡,那就说明,注射冬眠灵并非引起死亡的真正原因。本案的律师在辩护过程中,即采用了以下"反正法"、"剔除法"和"替代法"。

（三）逻辑检验的方法

检验方法包括反证检验法、剔除法和替代法。

（1）反证法。

假如没有被告的过错行为,原告的损害就不会发生的话,那么被告的过错行为就是损害发生的一个原因。当然这并不排除还存在其他相关的原因。②

（2）剔除法。

在思维上重建一个拟制的模式,排列各种可能的原因现象,然后一个接一个

---

① 《蒲连升应垂危病人家属王明成的要求为病人注射药物促进其死亡案》,最高人民法院中国应用法研究所编:《人民法院案例选》1992年第2辑(总第2辑),人民法院出版社1993年版,第7页。

② Michael A. Jones: *Textbook on Torts*, Blackstone Press Limited, third edition, 1991, p.126.

地剔除这些现象,观察结果是否还会发生。如果某一拟制的现象被剔除以后结果现象依然发生,那么被剔除的那个现象就不是原因。

(3) 替代法。

将加害行为用一合法的行为加以取代,如果在取代后,损害依然发生,则被告的行为就不是引起损害的原因;反之,被告的行为就是引起损害的原因。

(四) 实质要素的补充检验

如果加害行为实际上足以引起损害结果的发生,那么它就是引起损害结果的原因。在具体适用的过程中,人们总是优先适用必要条件的几种检验方法,而只有在必要时才适用这种实质要素的检验方法。

第五节 过 错

一、过错的概述

(一) 过错的概念

民法中有关过错的学说,基本都是从刑法解释学的理论中移植而来,在演化过程中逐渐自成一体。过错是一般侵权行为构成要件中最重要的要件和最终构成要件,即使在过错推定的特殊侵权行为中,过错也是承担侵权责任的最终依据。而在无过错责任的特殊侵权行为中,过错亦是减轻、免除侵权责任的依据之一。[①] 作为侵权行为构成要件的主观因素,反映行为人实施侵权行为的心理状态。但评价过错的标准是客观的行为标准。

过错指决定行为人在造成损害结果的行为时的心理状态,故而也被称为"责任意思"。《侵权责任法》第 6 条第 1 款规定:"**行为人因过错侵害他人民事权益,应当承担侵权责任。**"过错包括故意和过失。

在判断一般侵权时,在损害事实、违法行为、因果关系、主观过错这四个要件中,首先要有损害事实,没有损害事实就没有诉权;其次是看行为是否违法,有损害事实,但行为不违法,也不能令其赔偿;再次,要看因果关系,由损害事实之果查违法行为之因,看损害事实是不是由违法行为造成的。这三点都齐备了,最后才看主观过错,以最终地确定赔偿责任的有无。这种排列顺序反映了损害赔偿责任的构成。主观过错排列在最后的位置并不是任意所为,而是反映了它对民事责任的最终决定作用。同时,主观过错程度虽然在一般情况下,对责任范围的大小不起决定作用,但在特定情况下,如在混合过错中,却起着决定性的作用。

[①] 参见刘新熙、尹志强、胡安潮:《债法·侵权责任》,高等教育出版社2012年版,第151页。

区分过错与非过错,主要是要把行为人的故意、过失与出于行为人意志以外的原因而造成的损害区分开来。行为人的故意与过失,在主观上都是有过错的;而意外事件则是行为人或者是因为不可抗力的原因,或者是因为不能预见的原因,因而在主观上是没有过错的。因此区分过错与非过错,与确定归责原则有关。

(二) 过错的本质

就判断过错的本质而言,可以分为主观过错说和客观过错说。

1. 主观过错说

主观过错说认为,过错是行为人的主观方面,即一种故意或过失的心理状况,故应把过错与行为的不法性区别开来。简言之,主观过错以一定的心理状态作为衡量过错的标准。① 多数大陆法系国家和我国的大多数学者赞成此说。

主观说确立了"自己责任"的原则基础,维护了个人意志自由和行为自由。根据主观过错说,如果一个人没有认识和控制能力,其在致使他人损害的行为中没有过错,就不应该承担责任。② 但是,主观过错说也存在加重受害人的举证责任等缺陷。

2. 客观过错说

客观过错说认为,过错和不法是不可分离的,故而将二者合并为一个损害赔偿的构成要件。因此,损害赔偿的构成要件是过错、损害和因果关系,过错包含了行为的违法性。这里的"过错"是客观的,即过错不仅是或者主要不是损害人的主观心理状态,而是加害人的行为的违法性质。③ 英美法的过错概念接近于此说。近年来,我国也有学者主张这种学说。

客观过错说则使现代工业社会中的受害人得到救济的可能大大增加,但是由于该说将主观上的过错与客观上的违法行为混同,割裂了意志与行为的关系,以不同的人适用同一客观标准来判断其过错,可能不适当地扩大责任的范围。

3. 过错的本质属性

(1) 过错在本质上是主观的东西。

侵权行为受行为人思想的控制,损害结果本可避免,却由于加害人主观上的过错,使损害结果发生。

侵权法的功能除了恢复原状外,还有预防、惩罚等功能,因此行为人主观心

---

① 王利明主编:《人格权法新论》,吉林人民出版社1994年版,第90、92页。转引自杨立新:《侵权行为法专论》,高等教育出版社2005年版,第110页。
② 王利明:《侵权行为法研究》(上卷),中国人民大学出版社2004年版,第460页。
③ 张新宝:《侵权责任法原理》,中国人民大学出版社2005年版,第68页。

理十分重要,否则《侵权责任法》将失去其应有的价值。

(2) 加害行为是过错的外化表现形式。

过错兼具法律问题与事实问题两个方面,行为人的过错都是通过具体的行为反映出来的。也就是说,行为人的过错只有外化为违法行为,才具有法律上的意义。

因此,人的过错既然是通过违法行为表现出来的,判断其是否具有过错就有了客观标准。检验过错标准的客观化,是民法理论发展的必然。

综上所述,首先,侵权案件不论其过错归责原则如何,即使是无过错原则,也并不是说该侵权行为人主观上就没有过错,而是当事人无须就过错进行举证而已。其次,对过错的判断,必须要借助客观标准,对于过失的判断而言,相应的"注意义务"就是此种客观的判断标准。

(三) 过错的判断标准

司法实务中,确定行为人是否有过错,首先应区分行为的性质。行为性质不同,应当注意和能够注意的程度就各有不同。其次,应区分实施某种行为时的具体的客观情况。由于时间、地点、条件的不同,客观环境不断发展变化,所以应当注意和能够注意的标准,也应当以当时的具体客观情况来确定。最后,还要区分加害人的个人的注意能力、加害人的年龄、教育程度、专业知识、工作经验、技术水平等情况,就当事人而言虽然是主观因素,但无疑是客观存在的。这些情形不同,个人的注意能力即不同,因此要求他们应当注意和能够注意的标准也不同。可见,判断加害人是否有过错,其标准是客观的而并非主观的,而且是多元的。

二、过错的表现形式

区分故意与过失,有助于划清刑事责任与民事责任的界限,防止混淆罪与非罪的界限。此外,有时当事人仅在故意时才承担侵权责任,例如小说作品侵犯名誉权的案件中,审查稿件的出版者,仅在其有故意时,才能构成侵权责任。

(一) 故意

故意指行为人预见到了自己的行为可能产生的损害结果,仍希望或放任其发生的心理状态。故意是过错类型中最重的一种。就故意而言,成立只需就法律所规定的事实有认识,而无须认识到该事实的违法性。

通说认为,侵权法上认定有无故意,应包括两个方面:一是在观念上的认识或预见;二是在意思上的希望或放任。

(1) 直接故意。

指行为人预见到自己的行为可能导致损害后果的发生,仍然追求该损害结果发生的心理状况。

(2) 间接故意。

指行为人预见到损害结果的发生,但是放任这种结果发生的主观心理状况。

(二) 过失

过失指行为人对其行为结果应当预见或能够预见而因疏忽未预见,或虽已预见,但因轻信能够避免,以致造成损害后果的心理状态。简言之,民法上的过失是行为人对受害人应负注意义务的疏忽或懈怠。①

"应当注意"即在客观上对实施这种行为要求什么样的注意,行为人在行为时没有尽到这种注意义务,即为有过失;而判断是否能够注意是以行为人是否可以预见行为的发生,以及是否可以避免损害的发生,来作为能否注意之标准的,要求这两个要素必须同时具备。

过失的核心不在于行为人出于疏忽或懈怠而使其对行为后果未能预见或未加注意,关键在于行为人违反对他人的注意义务并造成对他人的损害。② 既然行为人违反注意义务是过失责任的基础,那么确定过失的标准,就是注意义务。

1. 注意义务的标准③

过失是不注意的心理状态,是对自己注意义务的违反。那么,注意义务应当是客观标准。

(1) 普通人的注意义务。

以一般正常人在通常情况下能够注意到的义务作为标准,若一般人也难以注意到,那么不能认定行为人对损害结果具有过失;若一般多数能够注意到而行为人没有注意到,那么成立过失。

(2) 应与处理自己事务为同一注意。

应以行为人平日处理自己利益范围内的事务所用的注意为标准,若行为人证明自己在主观上已尽到注意义务,应认定无过失;反之,则为过失。

(3) 善良管理人的注意。

此种注意义务同于罗马法上的"善良家父之注意"和德国法上的"交易上必要之注意",认为具有相当知识经验的人,对于一定事件的所用注意作为标准,客观地予以认定。而行为人有无尽此注意的知识和经验,以及他向来对于事务所用的注意义务,均不考虑。只有依其职业斟酌,所用的注意程度,应必普通人的注意和处理自己事务为同一注意,要求更高。

上述三种注意义务,以普通人的注意为最低;以善良管理人的注意为最高。

---

① 杨立新:《侵权行为法专论》,高等教育出版社2005年版,第111页。
② 王利明:《侵权行为法研究》(上卷),中国人民大学出版社2004年版,第483页。
③ 本部分主要参考杨立新:《侵权行为法专论》,高等教育出版社2005年版,第111—112页。

典型案例

【案情】① 甲药厂通过电信局的电脑记录发现有人通过乙印刷社报装使用的电话机,使用甲的密码,先后打出国际长途22次,造成经济损失3650.10元,于是甲诉至法院,请求乙印刷社赔偿损失。

【审理】 法院经审理认为,由于被告对其报装使用的电话机管理不善,以致他人利用其电话机,窃用原告密码拨打国际长途电话,给原告造成了经济损失,被告既然对此有过错,应承担民事损害赔偿责任。

【法理】 就本案而言,被告对其报装使用的电话机负有专业的管理义务,却"没有注意",应认定为其有善良管理人之过错,须承担赔偿原告经济损失的法律责任。

2. 过失的类型②

与上述三种注意义务相对应的,有三种过失:

(1) 重大过失。是指违反普通人注意义务的,构成重大过失。

(2) 一般过失(具体轻过失)。是指违反应与处理自己事务为同一注意的义务,且不能举证证明自己主观无过失的,成立具体轻过失。

(3) 轻微过失(抽象轻过失)。以客观上一定时间所应有的注意义务为标准,当行为人违反善良管理人的注意义务时,即构成所谓的抽象轻过失。例如《侵权责任法》第32条第1款规定:"**无民事行为能力人、限制民事行为能力人造成他人损害的,由监护人承担侵权责任。监护人尽到监护责任的,可以减轻其侵权责任。**"

3. 过失的类阶

根据过错的程度,将能够注意的程度分为五个类阶,详见下表:

能注意之程度	不注意之结果
一般人所不能注意	不可抗力
一般人所能注意之极限	意外事件
善良管理人之注意	抽象轻过失
自己处理事务同一之注意	具体轻过失
一般人所能注意之起点	重大过失

表1

---

① 《广州敬修堂药厂诉广州市东山区黄花印刷社擅用其电话密码打国际长途造成电话费损失赔偿纠纷案》,最高人民法院中国应用法学研究所编:《人民法院案例选》1994年第3辑(总第9辑),人民法院出版社1994年版,第96页。

② 本部分主要参考杨立新:《侵权行为法专论》,高等教育出版社2005年版,第112页。

无论行为人是故意还是过失,是一般过失还是重大过失,都应承担赔偿责任,其赔偿的范围由损害结果决定,不会因过错程度较轻而减轻其赔偿责任。

三、受害人过错

(一) 受害人过错的概念

狭义的受害人过错指受害人一方未尽其合理注意或采取适当的措施来保护自己的人身及其他利益,且是致使自己遭受损害的唯一原因。此时,受害人当然应对自己的损害承担"自己责任"。

广义的受害人过错是受害人一方未能尽其合理注意或采取适当的措施来保护自己的人身及其他利益,与加害人可归责的行为竞合而致使受害人损害,即混合过错。一般所谓的"受害人过错"仅指狭义的受害人过错。

受害人过错的性质是:受害人过错是受害人对其自身注意义务的违反,并且在客观上促成或扩大了加害人造成的损害,理应承担损害的部分责任。受害人过错给加害人带来了造成损害、承担责任的危险。正是在这层含义上,使受害人过错具有法律上的效果。

(二) 受害人过错的表现形式

1. 受害人对损害发生的过错

即最初损害的产生过程中,受害人就具有过错,一般又包括:

(1) 受害人的间接过错。

受害人的损害虽然不是受害人和加害人的行为结合所直接造成的,但受害人在损害事件的过程中具有过错。

如果没有受害人的过错行为,就很难发生加害人的致害行为,因而受害人的过错构成加害人责任减轻的一个条件。尽管从因果关系的角度来讲,受害人过错行为只是损害发生的一个条件,但仍然是损害发生的原因。

(2) 受害人的直接过错。

受害人的过错与加害人的过错偶然结合,造成了受害人的损失,双方的行为都是损害发生的直接原因。

2. 受害人对损害扩大的过错

指受害人因加害人的过错遭受损害以后,未及时采取措施,使其损害扩大。判断受害人对损害的扩大是否有过错时,主要看受害人是否及时、合理地采取了措施防止损失的扩大。需要注意的是,受害人对损害的扩大有过错,仅构成加害人对扩大部分损害责任的免责条件,而非全部损害。

(三) 受害人过错的责任承担

受害人应对"受害人过错"承担全部损失,即"受害人自己责任"。其构成要件是:

1. 受害人具有故意或者重大过失

在实践中,受害人基于一般过失也会造成自身的损害。但是,在受害人自己承担责任的情况下,通常都会涉及加害人的行为,因而只有在受害人具有故意或者重大过失的时候,才能够要求受害人自己负责。

2. 受害人的行为是损害发生的唯一原因

从因果关系的角度看,受害人的行为是导致损害发生的唯一原因,加害人的行为与损害结果之间无因果关系。此种唯一原因即意味着,即使没有加害人的行为,损害结果同样会发生;或者加害人虽实施了一定的过失行为,但因受害人基于故意实施了造成自己损害的行为,从而使因果关系发生中断。

3. 加害人无过错

即加害人的行为在法律上或者道德上不具有应受非难性。若加害人的行为有过失,则构成混合过错。

四、混合过错

(一)混合过错的概念

混合过错指对侵权行为所造成的损害结果的发生或扩大,不仅加害人有过错,受害人也有过错。

其法律特征有:

1. 损害的特定性

即双方当事人的不当行为是导致任何一方当事人遭受特定损害之原因,而不论对方当事人是否具有损害,特定的一方当事人之损害是由于当事人之间的特定的混合过错而造成的。

2. 加害人与受害人过错的并存性

这是混合过错的本质特征。双方过错是双方行为的偶然结合,双方行为既具有独立性又具有关联性。双方基于自身的意志造成的损害,各自对自己行为负责;尽管双方的过错行为在程度上不同,但离开任何一方的行为都不会发生混合过错的结果。

典型案例

【案情】① 张某乘列车回家。该次列车到达丙村停车后,列车员打开面向站台的车厢正向车门让旅客下车,反向车门在此时也被铁道通勤职工打开。张某认为从反向车门下车距家较近,即从拥挤的车厢内反向下车。但因开车时间

---

① 《张寿松从反向车门下车时列车启动致其摔伤诉大连铁道有限公司赔偿案》,最高人民法院应用法学研究所编:《人民法院案例选》1999 年第 3 辑(总第 29 辑),时事出版社 2000 年版,第 258 页。

已到,列车已发出开车信号。张某匆忙下车时,因列车启动,摔倒受伤。

张某诉至铁路法院,要求赔偿5000元,并承担其今后继续治疗的费用。

【审理】 铁路法院经审理认为,被告乘务员在铁路通勤人员打开反向车门后未及时关闭,致使原告也从该门下车,因列车启动而摔伤,被告负有过错责任。

原告持票乘车,应遵守乘车的有关规定,按列车乘务员的指引上下车。但其为图方便,擅自从反向车门下车被摔伤,原告自己也负有责任。

【法理】 此事故中,被告违反铁路安全规定,负有过错责任。同时,作为原告的旅客在下车时不按照铁路运输规章的规定,从正向车门下车,致使自己摔伤,旅客自己也负有一定的过错责任。

鉴于本案损害的发生缺少了任何一方的过错都是不会发生的,故其是一种比较复杂的主观过错状态,是由旅客和铁路企业的共同过错所致,属于法理上的"混合过错",本案中的旅客和铁路企业应各自根据过错程度分别承担民事责任。

(二) 混合过错的法律后果

混合过错的法律后果是过错相抵,其指在确定损害赔偿责任的具体数额时,受害人对损害的发生也有过错的,应按照过错的程度相应地减少赔偿义务人的所应赔偿的数额。① 因为受害人负有使自己权利免受损害的不真正义务,不能将因为自己的过错所导致的损害转嫁给他人。

过错相抵主要适用于过错责任,但在危险责任和无过错责任中也有适用的可能。因为危险责任和无过错责任是保护那些没有过错的受害人,故而因自己过错所受到的损害仍应由其自己负责,无转嫁他人的理由。比如《侵权责任法》第71条规定:"民用航空器造成他人损害的,民用航空器的经营者应当承担侵权责任,但能够证明损害是因受害人故意造成的,不承担责任。"

比较过错对于加害人而言,其表现为责任的减轻和免除;对于法院而言,表现为法官应当依特定的标准来公平确定责任并分配损害。

混合过错的适用标准应采"比较双方过错为主,以比较双方行为的原因力为辅,兼顾公平正义"的原则,最终使相应责任的确定客观化、定量化。

五、违法牵连问题

(一) 违法牵连概述

违法牵连是指行为违法并造成损害的事实,可以成为认定过错的表见证据。实践中,对行为违法性的判断很难与过错相区别,而过错概念的客观化,使得这

---

① 曾世雄:《损害赔偿法原理》,中国政法大学出版社2001年版,第259页。

种区分更为困难,实际上二者经常是重合的。因此,我们在认定过错的时候,也可以依行为是否违法来判断。其法律特征有:

(1) 行为违法。

(2) 造成损害。造成损害在违法牵连的概念中虽非构成要件,但却是存在的。

(3) 违法一旦出现,牵连论及过错。就人们的心理状态而言,一个人的行为违法而且又造成了他人的损害,其他人必然先入为主地产生否定性的心理状态,而此种心理状态很容易误导造成对存在过错的肯定。

典型案例

【案情】[①] 医院对李甲做胃切除手术时,输血1000毫升,该血源系乙县献血队员丁某所献。丁某献此份血时,乙县医院未按照卫生部规定的献血操作规程对其进行肝功能等各项健康项目检查。丁某献血后下落不明。李甲出院后发现身体不适,经诊断查明系输血导致感染丙肝。

李甲诉至法院,要求乙县医院支付其为治疗丙肝所支付的各项费用。

【审理】 法院经审理认为,乙县医院违反了国家卫生部关于医院在献血者献血前须作各项目(包括丙肝在内)的血液检查的规定,未对供血者进行健康项目的检查,造成李甲输血后感染丙肝的严重后果,依法应承担民事赔偿责任,应支付李甲因治疗丙肝所花的医药费以及误工费。

【法理】 本案根据医务人员违反卫生部规定的检查程序以致造成患者感染病毒的事实,就可以初步认定其存有过错,即所谓"违法牵连"。

就法律规定的要件来看,损害赔偿的构成要件包括损害、行为、违法、因果关系及过错等诸要件;行为违法而造成损害的事实,至少已符合三要件,甚至因包括因果关系在内而符合四个要件。即使在五要件理论中,业已符合其中四个要件,再加上对过错的认定在本质上其实是个带有相当主观色彩的事情,自然很容易造成对具有过错的肯定。

而就证据法则来看,被害人如主张并能证明加害人行为违法及被害人受损的事实,就过错的事实仅须陈述一般的人不会有此行为,就足以迫使加害人举证证明其无过错以免责,这即产生了对过错的举证责任转换的效果。

(4) 表见过失。此种违法牵连的微妙作用,无疑容易错误地认定过失的存在。其实,违法并非一定牵连出对过失的认定;确切地说,违法牵连仅可发生认

---

① 《李红安诉武昌县人民医院输血感染丙肝赔偿案》,最高人民法院中国应用法学研究所编:《人民法院案例选》1997年第1辑(总第19辑),人民法院出版社1997年版,第110页。

定过失的表见证据的效果。

(二) 违法牵连与推定过失的关系

由于侵害权利的行为,不问故意或过失,在法律上均有获得救济的途径;而侵害法益的行为,当其为过失所造成时,基于法律逻辑推理三段论的要求,据以作为民事判决的明文规定,就只能援引违反保护他人法律的规定,除此以外,别无其他救济途径。

所以,侵权行为违反了保护他人的法律,一方面此种行为必须具有违法性,而另一方面在相关的法律条款中尚须有推定过失的明文规定。如果从违法性的角度来予以考察,这就产生了违法牵连的问题,而从相关条款的角度看,必须有推定过失的规定。

这两种情况都可以产生举证责任倒置的结果,但二者并非一回事,"违法牵连"是证据法则的运用,其主要适用于侵害权利的各种情形,而其法律效力是成为过错的表见证据;"推定过失"的法律依据是法律规定,主要适用于侵害"法益"的情况,而其法律效力则是"过错"举证责任的倒置。

典型案例

【媒体】① 根据广告高价购买的《共和国珍邮》却为再版,消费者姜先生将中国集邮总公司以及北京中美时代收藏品中心告上法院,要求登报道歉并双倍赔偿损失。

【法理】 在民法理论中,违反保护他人的法律规定,推定具有过失。在这里"违法牵连"无疑是证据法则的运用,就侵害权利的各种情形而言,其法律效力即为过错的表见证据。

我国《消费者权益保护法》第 8 条明文规定:"**消费者享有知悉其购买、使用的商品或者接受的服务的真实情况的权利。消费者有权根据商品或者服务的不同情况,要求经营者提供商品的价格、产地、生产者、用途、性能、规格、等级、主要成份、生产日期、有效期限、检验合格证明、使用方法说明书、售后服务,或者服务的内容、规格、费用等有关情况。**"可见,告知义务是合同附随义务的一种,其要求债务人在履行给付义务的同时,应及时告知有关债权人利益的重要事项。告知义务是诚实信用原则在合同履行过程中一种具体体现,根本目的在于让消费者一方能够最大限度地发挥产品的有效价值,或延长其使用寿命,或增强其使用效率。违反了这一义务,自可认定该行为具有主观过失。

---

① 《中国集邮总公司被指作假 顾客高价购珍邮却为再版》,载《北京晨报》2011 年 02 月 15 日。

【拓展链接】①

国外经典案例

一、关于无法用差额衡量的利益的案例

（一）污水使毗邻房屋跌价案

一家工厂违法将污水排入一条水渠之中，致使沿该水渠的毗邻房屋因水污染了环境而价格大跌。房屋所有人请求停止排放污水未果，就诉至法院请求赔偿因房子跌价所遭受的损害。开庭后，被告工厂即停止了排污，原告的房屋价格因此又回升到了原来的价格。

依"利益说"，此时两种财产状况的差额并不存在，故法院驳回了原告的诉讼请求。

（二）擅自取用事实上不用的椅子案

甲某家中有椅子数把，却习惯于仅使用其中某一把特定的椅子，乙某未经甲某同意就擅自取用甲某事实上总不使用的那一把椅子。

依"利益说"，即使这种状态延续了很长时间，甲某也是不能请求损害赔偿的。因为甲某事实上并未使用过这把椅子，这把椅子即使被他人擅自取用，甲某的财产也并未减少，其受到侵害前的财产状况与受到侵害后的财产状况并无差额存在，即利益损失为零。

（三）小面包卖原价案

甲面包店与乙烤面包工厂订有加工面包的合同。依据合同，甲店每天将一定数量的面粉交给乙厂而委托其烤制一定数目的面包。乙厂每天交付的面包数目与约定的数量一样，但私自扣下了一些面粉，即其所承制的面包比约定得略为小了一些。原告在不知情的情况下，仍将这些小面包按原价卖出，而且每天均能售完。

依"利益说"，即使事后原告发现了这一偷工减料的实情，也不能请求损害赔偿。因为原告的财产状况并未因被告的侵占而有所减少，不存在受到侵害前的财产状况与受到侵害后的财产状况的差额，当然也就无损害可言了。

（四）影剧票案例

受害人花钱买来的影剧票被盗。但即使影剧票未被盗，受害人也将不使用该票去观看影剧，却在影剧放映过后才请求赔偿损害。

依"利益说"，影剧票所有人受到侵害前的财产状况与受到侵害后的财产状况不存在事实上的差额，即从结果看，不论影剧票是否被盗，其所有人的财产状况都不会因此而发生变动，故受害人不能得到损害赔偿。

---

① 参见曾世雄：《损害赔偿法原理》，中国政法大学出版社2001年版，第120—123、142—144页。

二、关于非有形财产损害的判例

（一）观赏漫游用的马因受伤而不能使用案

有一匹供观赏和漫游用的马因受伤而不能使用，其所有人在马伤愈前自然无法使用该马，故其骑马观赏漫游的乐趣也就因此而被剥夺。

若依"差额说"，则所有人财产的状况似乎并不会因其嗜好暂时不能满足而有减少；但若依"构成说"，则就其生活上的享受而言，似乎又有某种物质性的东西缺失。

（二）暖气瑕疵影响别墅使用案

某别墅所有人甲需安装暖气，但由于乙为其提供的暖气装置出现了瑕疵，致使该别墅因缺乏完善的暖气设备而无法享用。

若依"差额说"，则所有人某甲未能使用别墅，并不足以使其财产价值减少，顶多只是因此而欠缺了生活上的情调；但若依"构成说"，则此种使用权的被剥夺，同样是损害的一种构成要素。

（三）海上旅行享受案

一对夫妇计划假期在海上旅行，运送人因疏忽大意未将托运的衣服行李依约送达目的地，结果因天气寒冷而使该夫妇不能如约旅行。

就这对夫妇的财产状况而言，并未因此事故而有所减少；但就其海上旅行所获得的愉悦而言，衣服行李使用权的被剥夺似乎也构成了一种物质性损害。

德国联邦法院认为，此种损失也是财产上损害，故赔偿义务人应予赔偿。其理由是：若一种享受业已商业化（即取得该享受须为相当的财产上给付），则妨害或剥夺此种享受就构成了一种财产上的损害。

（四）汽车使用可能性的被剥夺案

汽车相撞受损后，有过错的一方无疑应负有修复对方汽车所受损害的民事责任。但在修理期间，享有赔偿请求权的汽车所有人就无法使用自己的汽车了。

根据德国联邦法院的观点，赔偿权利人可以基于汽车使用可能性被剥夺而请求损害赔偿。

【推荐阅读】

1. 刘新熙、尹志强、胡安潮：《债法·侵权责任》，高等教育出版社2012年版。
2. 胡岩：《中国侵权责任法案例教程》，知识产权出版社2011年版。
3. 奚晓明主编：《〈中华人民共和国侵权责任法〉条文解释与适用》，人民法院出版社2010年版。
4. 姚辉主编：《中国侵权行为法理论与实务》，人民法院出版社2009年版。
5. 刘信平：《侵权法因果关系理论之研究》，法律出版社2008年版。
6. 程啸：《侵权行为法总论》，中国人民大学出版社2008年版。

7. 张新宝:《侵权责任构成要件研究》,法律出版社 2007 年版。
8. 蔡唱:《不作为侵权行为研究》,法律出版社 2007 年版。
9. 杨立新:《侵权行为法专论》,高等教育出版社 2005 年版。
10. 王利明:《侵权行为法研究》(上卷),中国人民大学出版社 2004 年版。
11. 曾世雄:《损害赔偿法原理》,中国政法大学出版社 2001 年版。

第三章 侵权责任归责原则

第一节 归责原则概述

一、侵权责任法归责原则的内涵

(一) 归责之定义

归责指行为人因其行为和物件致人损害的事实发生以后,应依照何种根据使其负责,此种根据体现了法律的价值判断,即法律应以行为人的过错还是应以已经发生的损害结果作为价值判断标准,抑或以公平考虑等作为价值判断标准,而使行为人承担侵权责任。[1]

依据德国学者拉伦次所言,归责决定依据何种标准确定何人对损害结果承担赔偿责任,即归责解决责任归属之标准的问题。我国台湾学者邱聪智认为,归责意义的核心是:在法律规范原理上,使遭受损害之权益与促使损害发生之原因者结合,将损害因而转嫁由原因者承担之法律价值判断因素。

从侵权事实发生时起,通过事实判断与法律价值判断,确认侵权行为人是否承担责任,是归责的全过程。倘若缺少归责,则受害人之损害无从得以救济。法律所确认的法律价值判断因素为侵权责任归属之标准。在立法者看来,过错、损害结果和公平为法律价值的判断因素。[2]

归责不同于责任。归责是一个复杂的责任判断过程,而责任是侵害他人合法权益或违反民事义务的法律后果,亦是归责的结果。换言之,归责为责任是否成立寻求根据,但不以责任的成立为唯一目的。

典型案例

【案情】[3] 董甲接儿子时,经叶乙同意,将叶乙的儿子一起带回家中玩耍。下午,董甲携两个小孩到邻居董丙家串门,让俩小孩和其他小朋友一起玩游戏。打算回家时,董甲发现叶乙之子不在,便与他人一起寻找,后在董丙家新挖的水

---

[1] 王利明:《侵权行为法归责原则研究》,中国政法大学出版社1992年版,第17—18页。转引自杨立新:《侵权行为法专论》,高等教育出版社2005年版,第69页。

[2] 参见杨立新:《侵权行为法专论》,高等教育出版社2005年版,第69—70页。

[3] 《张建松等诉董群英带其子去邻居家串门时其子在玩耍中跌入邻居在自家院落内新开挖的水井中死亡赔偿案》,最高人民法院中国应用法学研究所编:《人民法院案例选》2002年第3辑(总第41辑),人民法院出版社2003年版,第147页。

井中发现了孩子的尸体。经查,董丙在其院中新挖水井一口,未砌防护围栏,也未加固封盖,仅以杂物遮掩井口。叶乙和其夫张某向法院提起诉讼,要求董甲和董丙共同赔偿其相关的损失。

【审理】 法院经审理认为,《民法通则》第125条关于"在公共场所、道旁或者通道上挖坑、修缮安装地下设施等,没有设置明显标志和采取安全措施造成他人损害的,施工人应当承担民事赔偿责任"的规定,是一种特殊的侵权损害赔偿责任,条文明确规定了特定的侵权场所。鉴于本案受害人的受害场所是董丙家院内,而非"在公共场所、道旁或者通道上",故不适用该规定。

董丙在自家半封闭的院落内开挖水井,应注意到他人有可能进入,故应设置一定的标志或防护措施,但由于董丙疏忽大意,未尽注意义务,其行为与叶乙之子的死亡结果之间有一定的因果关系,应承担相应的民事赔偿责任。董甲携带未满四周岁的幼儿去邻居家串门,理应承担看管和保护其人身安全的义务,其未尽此义务而致使幼儿跌入水井中死亡,存在明显的主观过错,应承担主要的民事赔偿责任。叶乙未尽监护职责,同意将年幼儿子交由他人,且未明确告知监护职责的转移,致其子长时间脱离其监护,对其子的死亡也有一定的责任。

【法理】 本案审理时,《侵权责任法》尚未出台,本案的分歧主要在是否适用《民法通则》第125条,现在已换为《侵权责任法》第91条:"**在公共场所或者道路上挖坑、修缮安装地下设施等,没有设置明显标志和采取安全措施造成他人损害的,施工人应当承担侵权责任。窨井等地下设施造成他人损害,管理人不能证明尽到管理职责的,应当承担侵权责任。**"即本案对董丙究竟是应适用普通侵权行为的过错责任原则,还是应适用特殊侵权行为的过错推定归责原则来让其承担责任。

通过本案的分析可以看出,归责原则决定着侵权行为的具体分类、构成要件以及举证责任的分担。所以采用不同的归责原则,对当事人责任的认定以及最后的责任承担,都有直接的影响。

(二) 归责原则之法律属性

1. 归责原则的概念

侵权行为的归责原则是指在行为人的行为和物件致人损害时,根据什么样的标准和以什么依据,来确定行为人是否应承担侵权行为的民事责任。

2. 归责原则与确定损害赔偿范围的原则的区别

归责原则解决责任归属问题,是侵权责任法的灵魂和核心规则。主要包括过错责任原则、过错推定责任原则、无过错责任原则、公平责任原则以及混合归责原则。

而确定损害赔偿范围的原则是在确定侵权行为人承担赔偿责任后,解决赔偿方式、赔偿数额等问题。因在确定赔偿责任之基础上确定赔偿范围,故该原则受归责原则制约。主要包括全部赔偿原则、损益相抵原则、过失相抵原则、衡平原则等。

3. 归责原则的本质属性

(1) 归责原则是民法基本原则之具体体现。

侵权法的各项归责原则都是民法的平等、自愿、等价、有偿、公平、保护民事主体的合法权利等原则的具体体现。①

首先,以法典化为特征的大陆法系国家对归责原则均有深入的探讨。大陆法系的归责原则是一种确定责任归属的标准。虽然也被称之为"原则",但仅被认为是确定行为人的侵权民事责任的根据和标准。

其次,英美法系国家虽然一般并不认为存在普遍适用的"归责原则",但英美侵权法也以"责任的标准"来表达"归责原则",并使用"过错责任"或"无过错责任"的表述。

(2) 归责原则会随着社会生活的发展而不断变化。

不同的历史时期有不同的归责原则,包括结果责任、过错责任、严格责任、无过错责任等。当代形成了责任的多轨制,基本的格局是"以过失要件为原则,以弱化过失要件为例外"。②

(3) 归责原则被认为是侵权责任法的灵魂和核心规则。

整个侵权行为法就是要解决侵权行为责任的问题。因此,侵权行为法律规范基本围绕责任而确定,而归责原则又是责任的核心问题,故侵权行为法律规范奠定在归责原则之上。确定合理的归责原则,建立统一的归责原则体系,实际上是构建整个侵权行为法的内容和体系。③

在司法实践中,对不同的归责原则须依法律之规定来严格适用和掌握。既要保护受害人的利益,又要保护和鼓励为经济发展和提高科学技术而合法经营的行为。在适用归责原则的时候,应体现归责原所应具有的对行为人予以制裁和教育的功能,以达到对事故加强预防、减少损害的发生。

二、侵权责任之归责原则的演进

罗马法以来侵权责任之归责原则演进的基本脉络为:加害责任原则——过失责任原则——无过错责任和过错责任原则。④

---

① 王利明:《侵权行为法研究》,中国人民大学出版社 2004 年版,第 195 页。
② 张俊浩主编:《民法学原理》,中国政法大学出版社 2000 年版,第 906 页。
③ 王利明:《侵权行为法研究》(上卷),中国人民大学出版社 2004 年版,第 195 页。
④ 米健:《论侵权行为归责原则的两元制定式》,载《月旦民商法》2005 年第 9 期。

（一）近代以前侵权责任法的归责原则

（1）从"自由报复"到"同态复仇"。

在人类社会的早期，对侵权行为及其造成的损害并没有专门的法律予以调整，而是采取自力救济即自由报复的方式。最早的自由报复方式是没有限制的，后来逐渐采用同类型主义。

（2）从直接复仇到"赎罪金"赔偿。

随着私有财产的形成，人们日益重视经济利益，于是，直接复仇逐渐被类似于今天的侵权损害赔偿的"赎罪金"所替代。

（3）"自力救济"向"公力救济"的转化——客观归责的加害责任。

国家产生后，开始逐渐出现成文法，对侵权行为的自力救济方式也逐渐为法律规定的公力救济方式所取代。但早期古代侵权责任实行的是"有加害就有责任"的客观归责原则。

（4）罗马法已规定"须有过错才承担责任"。

《十二铜表法》《阿奎利亚法》均对侵权行为人的过错责任作了明确规定，使得过错责任成为罗马社会普遍适用的唯一归责原则。

（二）近代过错责任原则的勃兴

（1）犯罪与侵权行为之分离对严苛的结果责任进行了批判。

12、13世纪，资本主义经济在欧洲萌芽并广泛发展，反对封建束缚、强调个人权利的精神得到了弘扬，犯罪与侵权行为逐渐区分开来。罗马法复兴运动开始后，在侵权责任领域，法学家们批判严苛的结果责任原则，并确立过错责任为侵权责任的归责原则。

（2）罗马法的过失责任原则对法国法产生了重大影响。

17世纪，法国法学家让·多马提出应将"过失"作为赔偿责任的标准，对《法国民法典》规定过错责任原则起了重大作用。

（3）抽象的过错责任原则成为私法的三大理论基石之一。

18、19世纪，过错责任被奉为资本主义私法的三大基本原则之一，形成了具有普遍意义的抽象的过错责任原则。

（4）英美法系侵权行为法的归责原则也经历了一个渐次演变的发展过程。

从12世纪开始，犯罪与侵权行为逐渐区分开来：在刑法方面，以行为人的主观犯意作为刑事责任的基础；在侵权行为法方面，则仍然遵循绝对责任原则。从15世纪开始，判例确认：旅店主、马车运输者等对他人造成损害时，可通过证明损害不是自己故意或过失造成的而免除赔偿责任。英国的过错责任原则形成于16世纪，而盛行于19世纪资本主义上升时期。

(三) 现代侵权责任中归责原则的多元化

(1) 独统天下的过错责任原则面临全新的挑战。

19 世纪后期,工业革命的发展把人们带进了一个全新的时代,新环境对人们的人身、财产权利造成了极大的威胁,侵权责任也面临着全新的挑战。加强对受害人的保护以实现实质上的平等,成为法律追求的目标。"过错责任原则"在实践中有诸多不足之处,以举证责任上的问题为例,原告需证明被告有主观上的故意和过失,但过错的认定受受害人举证能力和司法机关认定证据能力的限制。在某些情况下,若坚持过错责任原则,反而不利于保护受害人的利益。仅以过错责任原则为唯一责任承担标准的侵权责任法陷入了困境。

(2) 时代的发展要求对侵权行为的归责原则予以调整。

侵权法所规范的对象呈现出多层次性,这就要求必须对侵权责任的归责原则作出相应的调整:过错归责中,客观过错理论逐渐取代了主观过错理论;采取过错推定方式减轻受害人的举证责任;在特定领域确立无过错责任归责原则。现代侵权责任法已由单一归责原则向多元归责原则发展,并呈现出归责原则多元化的趋势。

三、侵权责任法归责原则的功能

(一) 归责原则是确定侵权民事责任的根据和根本标准

侵权责任法中的归责即损害赔偿责任应该由何人承担?归责原则就是在当事人之间进行损害分配时所要遵循的准则。[①] 过错责任原则以侵权行为人主观过错的可责难性为基础,阐释对自己行为负责的理念,追求矫正正义的实现;无过错责任以行为危险性和物的内在危险的实现为基础,阐释现代社会对不幸损害的公平分配或合理分担,追求分配正义的实现。[②]

归责事由基于具体个人与法律秩序之间的关系,将违法、违法效果及违法的行为与发动该事由的具体人加以结合,是法律责任构成要件中最重要的要件。

(二) 归责原则决定着侵权行为的分类并影响着侵权责任的构成要件以及举证责任的负担

在各种归责原则下,损害和因果关系是基本构成要件。过错作为过错责任的构成要件,在无过错责任中由法律直接推定,自无须受害人对加害人的过错进行举证;在公平责任下侵权行为人是否具有过错,不予考虑。

(三) 归责原则确定了不同的免责事由

不同的归责原则有不同的免责事由。过错责任的免责事由最为宽泛,侵权

[①] 王利明:《违约责任伦》,中国政法大学出版社 1996 年版,第 45 页。
[②] 刘新熙、尹志强、胡安潮:《债法·侵权责任》,高等教育出版社 2012 年版,第 44—45 页。

行为人只要证明自己主观上不存在过错即可。《侵权责任法》第三章规定的过失相抵、受害人故意、第三人原因、不可抗力、正当防卫、紧急避险均适用于侵权行为人对过错的抗辩。

过错推定责任中,由于举证责任倒置,故受害人须证明其未违反法定义务或已妥当尽到法定义务时,方能免责。例如《侵权责任法》第58条规定:"**患者有损害,因下列情形之一的,推定医疗机构有过错:(一)违反法律、行政法规、规章以及其他有关诊疗规范的规定;(二)隐匿或者拒绝提供与纠纷有关的病历资料;(三)伪造、篡改或者销毁病历资料。**"而无过错责任的免责事由最为严格,均为法律明文规定,例如《侵权责任法》第八章、第九章均适用无过错责任;公平责任下,受害人具有过错或侵权行为人之行为与损害后果不存在因果关系的,侵权行为人可以免除责任。

(四)归责原则是将侵权责任法与其所依赖的社会经济及伦理联系起来的桥梁

归责作为一个复杂的判断过程,随着社会生活的发展而不断变化,不同的历史时期有其不同的归责原则,从结果责任到过错责任,再到严格责任,以至形成无过错责任,到今天已形成了责任的多规制,所谓"以过失要件为原则、以弱化过失要件为例外。"①

典型案例

【媒体报道】② 这样的工作机会乍一看好得让人简直无法相信:工作最长一个小时,基本无须培训,报酬数千美金。但是若完整看完工作介绍,你的态度会有180度转变。因为这一工作必须在高度危险的核辐射环境下进行。为控制福岛核电站险情,运营方东京电力公司正全力寻找愿意冒险的工人以进一步靠近核电站辐射源进行抢险。

据报道,工人如果愿意赴受损核反应堆工作,报酬每天可达5,000美元,且每天只需工作一小段时间,因为反应堆辐射问题迫使工人值班时间短之又短。东京电力一名官员本周称,公司急需"身先士卒"的勇士来深入辐射险境,在最短时间内完成工作,且以最快速度出来。如果累积辐射水平还在可接受范围内,勇士们可以多次冒险进入反应堆。只是对于"可接受范围",仁者见仁。但如果核泄漏情况严重,辐射强度太大,勇士们一生也就只能有一次这样的机会,否则会受到危及健康的严重辐射。

---

① 张俊浩主编:《民法学原理》,中国政法大学出版社2000年版,第906页。
② 《东电开出五千美金日薪招募勇士抢险》,路透东京4月1日电(记者Terril Yue Jones)。

四、我国侵权责任法归责原则的体系

分析《侵权责任法》,从侵权责任法归责原则的体系上来看,我国采纳了二元论,即归责原则体系包括过错责任和无错责任。在第6条规定:"**行为人因过错侵害他人民事权益,应当承担侵权责任。根据法律规定推定行为人有过错,行为人不能证明自己没有过错的,应当承担侵权责任。**"其第7条规定:"**行为人损害他人民事权益,不论行为人有无过错,法律规定应当承担侵权责任的,依照其规定。**"但我国民法学界对侵权法的归责原则有如下不同看法:

(一)坚持唯一的过错责任原则

否认其他归责原则的存在,主张通过扩大过错责任的适用范围来适应侵权法领域出现的新问题。

(二)两分说

主张归责原则包括过错责任和无过错责任原则。

(三)三分说

认为归责原则包括过错责任、无过错责任和公平责任原则。

就于公平责任而言,相当多的学者都认为应该保留公平责任的地位,但是不应将其作为一项归责原则。《侵权责任法》第24条规定:"**受害人和行为人对损害的发生都没有过错的,可以根据实际情况,由双方分担损失。**"将《民法通则》中的"分担民事责任"改为了"分担损失"。

(四)四分说

认为除了上述三项原则外,还包括过错推定责任原则。但多数学者认为我国侵权法的归责原则仅包括过错责任原则、无过错责任原则和公平责任原则。

第二节 过 错 责 任

一、过错责任概述

(一)过错责任的概念

过错责任萌芽于罗马法时代,《十二铜表法》有关私犯的条文中多处使用"过失"的概念。过错责任原则第一次正式出现是在《法国民法典》中,第1382条规定:"任何行为造成他人损害的,因其过错致使行为人发生的人,应当对他人承担赔偿责任。"而后为《德国民法典》所沿用。所谓过错责任,是指以过错作为归责的构成要件和归责的最终要件,同时也以过错作为确定行为人责任范围的重要依据。《侵权责任法》第6条第1款规定:"**行为人因过错侵害他人民事权益,应当承担侵权责任。**"此处仅指严格的过错责任,而非第2款规定的推定

的过错责任。

过错责任的理论基础是个人主义哲学,即个人有权在不违背法律的情形下自由行事,相应地,个人必须对自己的行为结果负责。若尽到合理注意义务,就没有过错,不承担侵权责任。[①]

(二) 过错责任的特点

(1) 过错责任是主观归责原则。

依据侵权行为人的主观状态而非客观行为确定侵权行为人的责任,是过错责任原则的特点。若侵权行为人主观不具备可非难性,就不能要求其承担赔偿责任。[②]

(2) 以过错为侵权责任的必要条件和责任构成的最终要件。

在适用过错责任的情形下,侵权行为人主观不具有过错,其行为就因缺少必要条件而不构成侵权责任。

德国学者耶林指出:"使人负损害赔偿的,不是因为有损害,而是因为有过失,其道理就如同化学上之原则,使蜡烛燃烧的,不是光,而是氧,一般的浅显明白。"[③]换言之,以过错作为责任归属之标准时,过错除为侵权责任的必要条件外,还应是决定侵权责任是否构成的终局条件,所谓"无过错即无责任"。

(3) 过错责任以保护民事主体之合法人身和财产权益不受侵犯为根本目的。

(4) 过错责任集中体现了侵权法补偿、教育、制裁与预防等多重功能。

过错责任广泛使用,无疑有利于解决加害人和受害人,个人自由与社会安全之间的矛盾。[④]

(三) 过错责任的功能

1. 确定侵权责任的承担者

过错归责原则的基本功能在于将侵权责任归属于有过错的主体。

2. 确定人们的行为标准

"过错责任"是"意思自治"原则在民事责任领域的具体化,可以引导人们实施合乎理性的行为。首先,作为一种主观责任,过错责任原则会对人们产生警示作用,具有引导人们进行正常活动的作用。其次,过错责任原则将预防损害发生的注意义务分配给可以以较低成本预防损害的人,鼓励行为人将行为给他人带来的风险降至最低。

---

① 王胜明主编:《中华人民共和国侵权责任法释义》,法律出版社2010年版,第39页。
② 杨立新:《侵权行为法专论》,高等教育出版社2005年版,第75页。
③ 同上书,第76页。转引自王泽鉴:《民法学说与判例研究》(第2册),中国政法大学出版社1998年版,第144—145页。
④ 刘新熙、尹志强、胡安潮:《债法:侵权责任》,高等教育出版社2012年版,第56页。

3. 从损害转移到损害分散

过错责任原则的确立实现了侵权法从损害转移到损害分散理念的转变,损失的分散不再仅仅是对某个人的惩罚,而在于对受害人进行必要的补偿。

4. 体现道德的要求

(1) 道德要求人们就自己的过失行为造成的损害承担赔偿责任。

将过错视为不法加害行为的主观要素。在本质上显然就是将其看作是社会对个人行为的非道德性、反社会性的价值评断。过错既是行为人决定其行动的一种故意或过失的心理状态,在主观上具有可非难性或应受谴责性。基于主观性过错的理念,加害人行为是否为过错行为的重要标准自在于其道德性之评价。

(2) 侵权责任是以道义责任为其前提的。

行为人应为他在实施行为时对社会利益和他人利益的侵犯,以及对义务和公共行为准则的漠视而受到谴责和惩罚。对加害人的过错行为苛以强制责任,实际上是对行为人道德过错的惩罚。

(3) 调整社会关系的道德标准与相关的法律标准应当一致。

但凡法律认为应当承担责任的过错行为,都是社会道德所谴责的行为。同时,社会道德观念也必然会对法官判决产生一定的影响。

5. 鼓励创新以促进社会发展

(1) 过错责任最能平衡"个人自由"与"社会秩序"。

法律必须调和"个人自由"与"社会秩序"这两个基本价值,而过错责任是最能达成此项任务的制度设计。"意思自治"在侵权法中体现了保护公民权利的同时,充分尊重行为人的行动自由。个人如果已经尽到了注意义务,就应当免除侵权责任,这样才能保障个人的自由的同时,避免损害,整个社会秩序也就得到了维护。

(2) 过错责任尊重和强调个人意志和行为自由。

"无过错即无责任"的观念在客观上体现了"意思自治"的理念,保护了人们的创造精神。行为人只要在法律规定的范围内进行活动,主观上没有过错,就不必为自己的行为后果承担责任,亦在客观上自保护了自由竞争。

(四) 侵权责任中的过错与违约责任中的过错

首先,违约中的过错原则之适用是例外,而一般均为所谓严格责任;而侵权责任中,过错责任为一般原则。

其次,依据合同相对性原则,第三人的过错不影响违约方责任的承担(《合同法》第121条);而侵权责任以自己责任为原则,故行为人不对第三人的过错所造成的损害结果承担赔偿责任。

最后,在违约责任中,《合同法》第131条规定,违约方仅对订立合同时主观可以预见到的损失承担赔偿责任;而侵权中,加害人的过错程度要影响到赔偿范围的确定。

二、过错责任的构成

(一) 有过错即有责任,而无过错即无责任

现代侵权法理论认为,即便在过错责任条件下,客观上看,也要在行为人负有法律上的注意义务时,才能对自己所实施的有过错的行为承担相应的法律责任。"资本主义商品生产的社会性,是通过竞争的压力,通过各种偏离的相互抵消来维系的,这就要求法律承认致人损害在一定范围内的合理性和可容性,因此,至少在资本主义发展时期,过错责任原则的精神不是'有过错即有责任',而是'无过错即无责任。'"①

(1) 过错责任是在法律没有特别规定时适用的一种归责标准。

(2) 以过错为责任构成要件。

只有在行为人主观上存有过错的情况下,才能让其承担民事责任。受害人的过错不是归责原则上的内容,但在确定侵权行为人的责任大小时才具有法律意义。此外,若损害完全是由受害人本身的过错造成的,则行为人可能被免除责任。②

(3) 无过错即无责任。

过错归责原则的另一重含义是,倘若行为人对损害后果没有主观过错,则不能将损害的后果归咎于行为人。同时,现代侵权法理论认为,即便是在过错责任条件下,行为人对受害人负有某种法律上的注意义务时才对其实施的不谨慎(有过失)行为承担责任。

(二) 在适用过程中受害人负有举证责任

在过错责任原则中,受害人在要求行为人承担赔偿责任时,负有证明行为人在实施该行为时主观上具有过错的举证责任。

(三) 过错大责任就大,而过错小责任就小

这是指以过错作为确定责任大小的依据,这意味着过错程度与责任程度存在一致性。(1) 在侵权人和受害人都有过错的情况下,双方均须依各自的过错程度分别承担民事责任。(2) 在共同侵权行为中,各当事人的责任范围应该以其过错程度为依据。如是,过错的大小即成为决定行为人民事责任大小的一个法律依据。

三、过错责任的适用

过错责任作为一般性条款,适用于一般侵权行为。在个案裁判时,若无法律

---

① 王卫国:《过错责任原则:第三次勃兴》,中国法制出版社2000年版,第225页。
② 王利明:《侵权行为法归责原则研究》,中国政法大学出版社2004年版,第306页、第49页。

的特别规定作为裁判之依据,则可适用过错责任原则作出裁决,但须为侵权行为人自己的过错。

过错程度对侵权责任的范围具有如下影响:第一,确定精神损害赔偿责任时,过错程度对责任大小有影响;第二,在双方当事人均有过错时,对受害人与加害人的过错程度进行比较,按照各自的过错比例承担相应的责任;第三,在共同侵权中,共同加害人对外共同承担连带赔偿责任,对内则按各自的过错程度分担责任。在确定共同加害人的内部责任份额的时候,过错程度的轻重对每个人的责任范围都有影响。①

一般认为,故意或过失侵害人身的侵权行为,故意或过失侵害人格的侵权行为,妨害家庭关系的侵权行为,侵害物权、债权、知识产权的侵权行为,媒体侵权行为、商业侵权行为以及恶意诉讼和恶意告发的侵权行为,均适用过错责任原则。②

第三节 过错推定责任

过错推定责任原则仍然是以过错作为承担责任的基础,其与过错责任原则并无本质区别,而是过错责任原则的一种特殊例外形式,故不能成为与过错归责原则相并列的独立归责原则。③ 但鉴于该原则的重要性,本章特将其独列为一节予以专门阐述。

一、过错推定的概述

(一) 过错推定的概念

在《法国民法典》第 1349 条规定:"推定是法律或法官从已知的事实推论未知事实而得出的结果。"罗马法虽没有过错推定的原则性规定,但在具体法律条文中可以探寻到。《法国民法典》1384 条首次确定过错推定原则。而在过错推定,又称为过失推定,指法律有特别规定的场合,从损害事实本身推定加害人有过错,加害人须证明自己没有过错,否则,应承担侵权责任。我国《侵权责任法》第 6 条第 2 款规定:"**根据法律的规定推定行为人有过错,行为人不能证明自己没有过错的,应当承担侵权责任。**"下面从英美法系和大陆法系的有关规定中去认识过错推定。

---

① 参见杨立新:《侵权行为法专论》,高等教育出版社 2005 年版,第 78 页。
② 同上书,第 8 章。
③ 亦有学者认为,过错推定原则时独立的归责原则。详见杨立新:《侵权行为法专论》,高等教育出版社 2005 年版,第 80 页;刘新熙、尹志强、胡安潮:《债法:侵权责任》,高等教育出版社 2012 年版,第 59 页。

1. 英美法中的"事实自证"

在英美法过失侵权行为的认定归责中,有一个"事实本身证明"或"让事实说话"原则,其内容与"过错推定"相当。根据该规则,在被告较容易接触到构成过失的事实的情况下,有时就将本由原告承担的举证责任转移给被告。只要原告没有过失,就可以推断被告有过失并使其承担责任。

需要说明的是,在适用"事实本身证明"原则时,原告仍需要证明三点:一是若无过失,则这种事故一般不可能发生;二是过失很可能是被告的;三是原告本身没有过错。

典型案例

【媒体报道】① 湖北仙桃市发生了医院对一左侧腹股沟疝气患者在右侧腹股沟做了手术的事件。受害患者胡某是仙桃某镇村民,住进医院,被诊断左侧腹股沟有疝气,协议进行手术治疗。医生对胡某进行了疝气手术,因麻醉药的关系,手术当天胡某未觉异常。次日早上,被主刀医生告知,其右侧腹股沟也有疝气,这次手术做的不是左侧而是右侧。事后,医院确认患者右侧腹股沟并无疝气,是主刀医生误将左侧手术做成了右侧手术。与此同时,主刀医生还曾涂改病历,将多处"左"侧改成了"右"侧。目前,主刀医生因责任心欠缺已被停职检查,医院承诺承担全部责任。

【法理】 《侵权责任法》第58条规定:"患者有损害,因下列情形之一的,推定医疗机构有过错:(一)违反法律、行政法规、规章以及其他有关诊疗规范的规定;(二)隐匿或者拒绝提供与纠纷有关的病历资料;(三)伪造、篡改或者销毁病历资料"。本条即是过错推定原则的规定。

举证责任倒置逼着医生在医疗行为中为了保护自己,避免在医患纠纷中输官司,开大量检查,悉心保留好各种证据,为提高安全系数而不积极施治,把风险留给病人,带来了诸多问题,最明显的就是过度检查。医学本身是一门实践科学,存在诸多需要探索的领域,实行过错推定限制了医务人员主观能动性的发挥,限制了医疗事业的发展,与医学的价值取向相背离,一定情况下也加重了患者负担,亦导致了医患之间互信的削弱。所以《侵权责任法》没有采用医疗侵权举证责任倒置的责任分配方式,这符合国际通行的规则。但考虑到医患双方医疗信息不对称这一事实及为强调依法行医,《侵权责任法》又规定了三种例外情形,只要出现这三种情形,即推定医疗机构有过错。

---

① 《湖北仙桃又发"左右不分"医疗事故》,载于《新闻晚报》2009年12月1日。

2. 大陆法系过错推定原则的提出

(1) 过错推定责任是在过错责任的基础上发展起来的。

"过错"的认定具有相当的复杂性,所谓推定,就是利用已知的事实对未知的事实所进行的推断和确定。既为"推定",则此推定的事实就具有表见性、权宜性和假设性,与真正之事实、终局之认定未必相符,假设倘若不实,则认定将随之更改。

(2) "过错推定"之定义。

过错推定是指利用已知的事实对行为人的主观心理状态进行推断,如果受害人能够证明其所受的损害是由行为人或行为人的物件所致,而行为人不能证明自己主观上不存在过错的话,那么,就推定该行为人主观上有过错,应承担相应的民事责任。

(3) 过错推定是过错责任原则的一种特殊适用形式。

过错推定仍然以行为人有过错为承担责任的基础,完全符合"有过错有责任,无过错即无责任"的过错责任原则,其特殊性仅在于受害人不必举证证明加害人有过错。

(二) 过错推定的特点

(1) 过错推定责任原则以行为人不存在过错为抗辩事由。

过错推定只是对行为人主观上存在过错的一种推定,而这一推定结果具有或然性,即可能存在也可能不存在。若不存在主观过错,则行为人就无须承担民事责任。

(2) 过错推定采取法定的举证责任倒置的方式。

过错推定由被告举证证明自己没有过错,这种方式旨在加强被告的责任,增加被告免责的困难和受害人获得赔偿的可能性。

虽然,过错责任适用举证责任倒置,但其以过错为归责基础的事实未改变,其归责依据在本质上同于过错责任。

(3) 过错推定责任原则不区分过错的程度。

在过错推定责任原则中,行为人的主观过错是被推定出来的。既然这一过错具有或然性,当然也就很难确定其大小。

(4) 过错推定责任原则适用的范围比较窄。

过错推定责任原则主要适用于建筑物致人损害责任以及共同危险行为致人损害的责任承担和医疗事故责任等。我国《民法通则》只在第 126 条对此作出了规定,但有学者主张国家机关工作人员的侵权责任、用人者的责任、法定代理人的责任、专家责任以及违反安全保障义务的责任、物件致人损害、事故责任等都适用推定过错制度。①需要说明的是,过错推定的适用以及所依据的事实必须由法律明文规定,任何人不得随意适用。

(三) 过错推定的意义

20世纪19世纪末,大工业迅速发展,工业事故和交通事故、医疗事故大幅度增加,受害人的举证难度也大大增加。在很多案件中,由于现有技术水平和知识水平的限制,很难确定行为人是否存在过错,于是产生了适用于这类特殊侵权案件的过错推定责任原则。侵权行为人因承担举证责任而加重了责任,有利于保护受害人的合法权益。

二、过错推定与举证责任的转换

(一) 行为人被推定为有过错是前提

实施了侵害合法权益行为的事实本身就说明行为人有过错,这种过错不仅是就行为本身的出现而言,还是对损害后果的发生而言的。

(二) 在此前提下形成侵害就应承担侵权责任

有鉴于此,按照侵害形成者应该承担侵权责任的原则,行为人就应当对其侵权行为负责。

(三) 规制有关社会关系是侵权法规范功能的要求

侵权法要发挥规范的引导功能让行为人承担责任,体现了法律对其行为的否定态度,可以引导人们谨慎、合理地行为。

(四) 具体体现在了证明责任的转换之上

实行举证责任倒置,又允许行为人通过证明某种事实的存在而推翻对其过错的推定,反映了法律在"无辜的受害者"与"'无辜'的被告"之间优先保护受害者利益的立场。

三、过错推定的适用

《侵权责任法》中适用过错推定原则的侵权行为有:第38条关于对无民事行为能力人在幼儿园、学校或者其他教育机构内受到损害的责任;第58条关于医疗机构在法定情形下的医疗损害责任;第81条关于动物园对于其饲养动物的侵权责任;第11章除86条以外的物件损害责任。

---

① 参见杨立新:《侵权法论》,人民法院出版社2004年版,第283页。

第四节 无过错责任

一、无过错责任概述

（一）无过错责任的概念

无过错责任，又称为客观责任，指无论行为人有无过错，法律规定应当承担民事责任的，行为人应当对其行为或物件所造成的损害承担民事责任。换言之，确定是否承担责任，只考虑损害后果和侵权行为之间是否具有因果关系，以及是否存在免责事由，而不论行为人主观状态。《侵权责任法》第7条规定："**行为人损害他人民事权益，不论行为人有无过错，法律规定应当承担侵权责任的，依照其规定。**"

无过错责任出现之前，侵权责任法领域一直实行过错责任。随着社会的进步及工业生产的发展，需要一种比传统过错责任原则更为严格的法律原则以对受害人提供更为充分的救济。在坚持过错责任的前提下，部分西方国家开始在交通肇事、矿山事故等纠纷中实行无过错责任。

在我国，《民法通则》第106条第3款首次承认无过错责任，并在123条的高度危险作业致人损害的民事责任中适用无过错责任作为判断依据。

（二）无过错责任的意义

无过错责任以已经发生的损害结果为价值判断标准。它并非仅仅没有过错才予以赔偿的责任，而是不考虑过错的责任。侵权行为人承担侵权责任，但并不一定具有过错。

设立无过错责任原则，是为了切实保护无辜的民事主体的人身、财产的安全，更好地保护民事主体的合法权益，促使从事高度危险业务和危险行为的人；产品制造者和销售者；环境污染者；动物的饲养人、管理人等，尽力保障周围人员、环境的安全。① 无过错责任通过整个社会利益的均衡、不同社会群体力量的强弱对比，以补偿息事宁人，体现了民法的公平原则。

同时，无过错责任原则还有程序法上的意义。法庭不必对有关加害人的过错进行认证，减轻了原告方的举证责任，也简化了诉讼程序，有利于保护处于弱者地位的受害人。

无过错责任原则对于个别案件的适用可能有失公允，但它体现了整体的公平和正义。为弥补其局限性，法律通常设有一些补救措施，包括适用范围的限制、最高赔偿限额、受害人不得主张惩罚性赔偿等。

（三）无过错责任的构成要件

同时具备行为、受害人具有损害，侵权行为与损害后果之间有因果关系，不

---

① 杨立新：《侵权行为法专论》，高等教育出版社2005年版，第84页。

存在法定免责事由这四个要件,且属于法律明确规定适用无过错责任原则的,侵权行为人就应当承担侵权责任,而不问其是否有过错。加害人举证证明其主观无过错毫无意义,受害人亦无须证明加害人主观有过错。

(四) 无过错责任的分类

(1) 绝对无过错责任。

即严格责任,指即使受害人具有故意、重大过失,侵权行为人也不得免除其侵权责任。

《侵权责任法》第79条规定:"违反管理规定,未对动物采取安全措施造成他人损害的,动物饲养人或者管理人应当承担侵权责任。"第80条规定:"**禁止饲养的烈性犬等危险动物造成他人损害的,动物饲养人或者管理人应当承担侵权责任。**"

(2) 相对无过错责任。

即侵权行为人在符合受害人故意等法定情形下,可以免除侵权责任。例如,高度危险责任、环境污染责任等。

典型案例

【案情】 甲公司所属鱼塘与乙公司的围墙相邻。乙公司的废水曾造成鱼塘污染。乙公司废水排放改道后,曾委托环境监测站调查,结果表明:鱼塘周围土壤为酸性红壤,在正常值范围。据此,乙公司拒绝了甲公司的赔偿要求。原告诉至法院。审理期间,环境专家认为,环境有一个动态变化的过程,一次测试结果不能说明整个环境现状。经重新鉴定的结论为多数鱼塘的水都不符合渔业标准。

【审理】 经法院主持调解,由被告承担对原告的损失赔偿责任。

【法理】 环境污染致害责任作为一种特殊侵权责任,是指民事主体的造成自然因素不良变化的作为或者不作为导致他人人身或者财产损害,而应承担的民事责任。《侵权责任法》第65条规定:"**因污染环境造成损害的,污染者应当承担侵权责任。**"本条规定确定了环境污染致害案件在我国适用无过错责任的归责原则。

适用无过错责任的归责原则,首先加重了环境污染致害者的法律责任,有利于促进其履行保护环境的法律义务,从而保护环境;其次减轻了受害人的举证责任,从而有利于更好地保护其合法权益。

二、无过错责任原则的归责理由

法律之所以规定那些对周围环境有高度危险性的行业适用无过错责任原

则,主要是出于以下几点考虑:

(一) 行业的潜在危险性

某些行业、行为或物件即使尚未对他人造成损害,也包含着产生损害的极大危险,如各类高度危险责任。而且在某种程度上,也只有该所有人或持有人能够控制这些危险。

(二) 一方的优势地位

无论从对该行业的了解程度,还是从经济条件下比较,加害人都处于优势地位,并且受害人也很难就加害人的主观过错予以举证。

(三) 获得利益者应负担责任系正义的要求

根据"谁获取利益谁就承担风险"的原则,法律规定对这些特殊行业适用无过错责任原则,有利于加害人增强责任心和提高注意程度。

二、无过错责任原则的适用

(一) 无过错责任原则的适用范围由法律专门规定

这里所指的"法律"既包括《侵权责任法》,也包括某些单行法规。具体而言,无过错责任原则的适用范围包括国家机关及其工作人员职务侵权、产品责任、高度危险作业致人损害、环境污染致人损害、饲养动物致人损害等。此外,法人对其法定代表人和其他工作人员的经营活动包括执行职务给他人造成的损害,应依无过错责任原则承担责任。

(二) 适用方法

就适用方法而言,无过错责任原则主要是免除原告对加害人过错的举证责任。但是,原告仍需证明违法行为、损害后果以及因果关系。

同时,还需注意的,适用无过错责任时,只是不考虑侵权行为人主观之过错,并非不考虑受害人过错。如果受害人对损害的发生有过错的,在符合减轻、免除侵权行为人侵权责任的条件时,侵权行为人的侵权责任可以减轻、免除。[①]

(三) 责任范围有限

《侵权责任法》第 77 条规定:"**承担高度危险责任的,法律规定赔偿限额的,依照其规定。**"社会发展需要很多适用无过错责任的行业,因此法律通过对事故赔偿数额的限制,防止过分加重侵权行为人的负担,以维持经济的发展。例如,航空事故赔偿限额为 40 万元。

(四) 《侵权责任法》中的无过错责任

《侵权责任法》中的无过错责任,在以下法律条文中体现:第 32 条的监护人就被监护人侵权承担的责任;第 34 条第 1 款的用人单位就工作人员职务侵权承

[①] 王胜明主编:《中华人民共和国侵权责任法释义》,法律出版社 2010 年版,第 49 页。

担的责任;第34条第2款和第35条关于接受个人劳务方就提供劳务方的劳务侵权承担的责任;第41条至43条关于生产者、销售者对受害人的产品责任以及生产者的最终责任;第48条和《道路交通安全法》第76条关于机动车侵害非机动车的交通事故责任;第8章的环境污染责任;第9章的高度危险责任;除第81条以外的第10章关于饲养动物的损害责任;第86条第1款的物件倒塌损害责任。

（五）免责条件

法律规定的免责条件一般包括:不可抗力、受害人故意或重大过失、第三人的过错等。

无过错责任原则与绝对责任原则不同,为其设置某些免责条件,对于弥补该原则的不足是必要的。但是,无过错责任产生的目的是为弥补过错责任的不足,进而对受害人进行充分的救济。如果免责理由过于宽泛,无过错责任原则也就失去了其存在的意义。因此,有必要对无过错责任原则的免责条件(抗辩事由)予以严格的限制。

第五节 公平责任

一、公平责任概述

（一）公平责任的概念

公平责任是指双方当事人对于损害的发生均无过错,而依据过错责任原则救济的结果显失公平时,由法官根据公平观念,斟酌双方当事人的财产状况及案件的实际情况,责令行为人对于受害人的财产损失予以适当补偿。[①]《侵权责任法》第24条规定:"**受害人和行为人对损害的发生都没有过错的,可以根据实际情况,由双方分担损失。**"

公平责任理论最初是受自然法的影响而产生的。但从根本上说,公平责任之所以能够作为一项独立的归责原则产生,是因为随着现代社会市场经济和科学技术的发展,民法所调整的商品经济关系等社会关系的内容日益复杂,"过错责任原则"和"无过错责任原则"都不能很好地适应社会发展的要求。因此,为寻求新的平衡双方利益的解决方式使公平责任应运而生。同时,以侵权法作为救助遭受不幸、经济状况恶化的不幸者的工具,也是现代人类社会应当追求的价值。

（二）公平责任的特点

(1) 公平责任是以公平观念为判断标准的法律责任。公平责任要求法院根

---

① 刘新熙、尹志强、胡安潮:《债法:侵权责任》,高等教育出版社2012年版,第69页。

据当事人双方的具体情况、受损害的程度等来确定双方具体责任的分担。

（2）公平责任主要适用于当事人没有过错的情形。

（3）公平责任原则主要适用于侵害财产权案件。

（4）须依"无过错即无责任"显失公平时才适用公平责任原则。

只有在法律没有特别规定适用无过错责任原则，而按照"无过错即无责任"的过错责任原则又显失公平的情况下，才能适用公平责任原则。

典型案例

【案情】① 朱某的儿子受雇于由吴某与廖某合伙经营的甲饭店做厨工。朱子虽已辞工，但仍住在该饭店。一日凌晨，一伙歹徒抢劫甲饭店，正在饭店睡觉的朱子听到声音后就手拿打气筒下楼，在与歹徒的搏斗中被刺中胸部，虽送往医院抢救，终因伤势过重，抢救无效死亡。

事后，朱某向法院起诉，要求吴某与廖某赔偿2万元。

【审理】 法院经审理认为，在饭店遭歹徒抢劫时，朱子为制止歹徒对饭店财产的侵害挺身而出，遇刺身亡，这种见义勇为、敢于同违法犯罪行为作斗争的精神是值得提倡的。作为受益人，吴某和廖某事后虽对朱某的善后处理在经济上给予了一定的补偿，但现在朱某家庭因儿子的死亡而造成了生活困难，吴某和廖某仍应给予一定的生活困难补助。

【法理】 《侵权责任法》第23条规定："因防止、制止他人民事权益被侵害而使自己受到损害的，由侵权人承担责任。侵权人逃逸或者无力承担责任，被侵权人请求补偿的，受益人应当给予适当补偿。"本条是对见义勇为时的侵权责任和补偿责任的规定。该条与《民法通则》第109条规定不同的是将"可以"给予适当补偿，改为"应当"给予适当补偿。《侵权责任法》第23条的规定，确立了受益人对见义勇为者的补偿责任属于"公平责任"的一种。这样规定有利于鼓励见义勇为，弘扬社会正气。

（三）公平责任的合理性

1. 公平观的不同是争议产生的原因

对公平责任产生分歧的根源在于双方公平观的不同，以及侵权法或者进一步说民法应该贯穿哪一种公平观的不同。

---

① 《朱木杨因其子制止他人财产遭受侵害被刺身亡致家庭生活困难诉受益人吴春秀等补偿案》，最高人民法院中国应用法学研究所编：《人民法院案例选》1996年第3辑（总第17辑），人民法院出版社1996年版，第90页。

(1) 公平是在初次分配领域的公平。

这一意义上的公平强调贡献与收益的正比关系,即所谓"按劳分配";这种意义上的公平,是效率意义上的公平,所谓"过失责任即体现着公平",就是这种意义上的公平。

(2) 再分配领域的公平。

这一意义上的公平是结果意义上的公平。依据这种公平观念,社会财富的差距不能过大,不幸者理应得到怜悯,强者应该救助弱者;这种意义上的公平应该通过国家干预,通过财富的再分配来实现。肯定公平责任原则的学者所指的"公平",显然是第二种意义上的公平。

2. 公平责任与侵权法所追求的效率价值之冲突

从法经济学分析的角度看,公平责任有不符合侵权法所追求的效率价值之嫌。

(1) 公平责任是在过失责任原则的适用领域排除过失责任的适用,削弱了过失责任在实现侵权法效率价值上所发挥的作用。如果认为公平责任并非一种单独的归责原则,则仅能适用于过失责任领域。过失责任是一种富有效率的损害分配机制,在该领域排斥过失责任的适用,无疑将会影响其效率功能的发挥。

(2) 在双方均无过错的情况下,基于"公平"的考虑在当事人之间进行损害分配,是与风险自担原则相悖的。同样,既然认为风险自负原则也是符合侵权法的效率价值的,在双方均无过错的情况下,对风险自担原则的否定自然也就不符合侵权法所追求的效率价值。

(四) 公平责任的法律地位

公平责任在《侵权责任法》中不是一项独立的归责原则。但是因出于道义上的考虑,可根据公平原则对损失进行分担,故其在侵权法中具有不可替代的重要作用。其在适用过错责任的案件中,通过确认有过错的行为人承担民事责任而得以体现。无过错即无责任,即使行为人的行为损害了他人的合法权益,只要主观不存在过错,就不承担侵权责任,是传统公平观在《侵权责任法》中的体现;在适用无过错责任的案件中,只要侵权行为与损害后果有因果关系,就应承担相应的侵权责任,是传统的公平观通过无错责任,从全新的角度探寻受害人利益与加害人利益的平衡点以寻求公平、正义。同时,公平责任还体现在对损害结果的分担,例如《民通意见》第157条。[①]

因此,公平责任的制度价值在于通过权衡双方当事人的财产状况、受害人财产损失的程度,对该损失在当事人之间进行公平合理的分配[②]。此种责任性质

---

① 张新宝著:《侵权责任法原理》,中国人民大学出版社2005年版,第45—46页。
② 刘新熙、尹志强、胡安潮著:《债法·侵权责任》,高等教育出版社2012年版,第72页。

即为补偿。

(五) 公平责任与其他归责原则的区别

1. 公平责任与过错责任的区别

(1) 对侵权行为人主观的要求不同。过错责任以行为人具有主观过错为承担侵权责任的必要条件;公平分担时行为人并没有过错。

(2) 责任形式不同。过错责任的责任形式多种多样,如损害赔偿、消除影响、恢复原状、赔礼道歉等,而公平责任仅限于损害赔偿。

(3) 目的不同。过错责任以填补受害人全部损失为原则;公平分担只根据实际情况给予受害人以适当的补偿。[①]

2. 公平责任与无过错责任的区别

(1) 适用的前提不同。从适用的前提条件上看,无过错责任原则只有在法律有特别规定的情况下才能适用,而行为人的主观可能有过错,也可能没有过错;公平责任适用的前提则是当事人没有过错,且无法定的承担无过错责任的情形存在。

(2) 赔偿的范围不同。无过错责任原则是一种强制赔偿制度,而且一般都有最高补偿额的限制;公平原则完全是法官自由裁量权的正确应用,由法官根据个案的具体情况包括损害的事实与各方当事人的经济能力来综合衡量。

(3) 赔偿的基础不同。就赔偿的方式而言,无过错责任原则最终是通过社会保险或其他保险来解决赔偿的;而公平责任原则适用的关键在于原、被告双方的经济条件。

二、公平责任的适用

(一) 公平责任的适用条件

"公平责任"的适用须具备下列条件:

(1) 损害的发生必须属于《侵权责任法》调整的范围,即损害须因绝对权受侵害造成。

(2) 损害的发生必须属于法律既没有特别规定适用无过错责任,也没有规定行为人没有过错可以不承担民事责任的场合。即既不能适用过错责任,亦不能适用无过错责任时,方可考虑公平责任。

(3) 损害须是比较严重的。

(4) 对于损害的发生须是当事人双方都没有过错。

(5) 第一次归责的结果显失公平。

(6) 限于对财产损失的救济。

[①] 王胜明主编:《中华人民共和国侵权责任法释义》,法律出版社 2010 年版,第 116—117 页。

(二)"公平责任"原则的适用范围

1. "公平责任"的一般性规定情形

《民法通则》第132条规定:"当事人对造成损害都没有过错的,可以根据实际情况,由当事人分担民事责任。"《民通意见》第157条规定:"当事人对造成损害均无过错,但一方是在为对方的利益或者共同的利益进行活动的过程中受到损害的,可以责令对方或者受益人给予一定的经济补偿。"《侵权责任法》公布以后,应适用第24条规定:"**受害人和行为人对损害的发生都没有过错的,可以根据实际情况,由双方分担损失。**"本条规定应该成为今后法院审理案件时,涉及"公平责任"时应适用的法条。需要注意的是这里是"分担损失",司法实践中应注意用语。

2. 暂无民事行为能力人的补偿责任

《侵权责任法》第33条第1款规定:"**完全民事行为能力人对自己的行为暂时没有意识或者失去控制造成他人损害有过错的,应当承担侵权责任;没有过错的,根据行为人的经济状况对受害人适当补偿。**"

3. 无行为能力人、限制行为能力人致人损害的情形

对于无行为能力人和限制行为能力人,监护人有监护的义务。但若规定只要监护人已经尽到了注意义务,就可以完全免除损害赔偿责任的话,则对无辜的受害人是极不公平的。《侵权责任法》第32条第1款规定:"**无民事行为能力人、限制民事行为能力人造成他人损害的,由监护人承担侵权责任。监护人尽到监护责任的,可以减轻其侵权责任。**"简言之,基于公平的考虑,即使监护人尽到监护责任,也只是减轻责任而非免除责任。

4. 具体加害人不明时由可能加害的人分担损失

《侵权责任法》第87条规定:"**从建筑物中抛掷物品或者从建筑物上坠落的物品造成他人损害,难以确定具体侵权人的,除能够证明自己不是侵权人的外,由可能加害的建筑物使用人给予补偿。**"例如,深圳好来居"楼上掉玻璃砸死小学生,73户业主每户补偿原告4000元"案的判决①,其法律依据即在于此。

5. 为对方利益或共同利益进行活动致人损害的情形

这种情况是指纯粹为他人利益而使自己受到损害的,在没有侵权行为人,不能确定侵权行为人,以及侵权行为人没有足够赔偿能力时,可以由受益人给予适当补偿,包括为他人利益实施正当防卫、紧急避险、见义勇为等而受到侵害的情形。

《民法通则》第109条规定:"因防止、制止国家的、集体的财产或者他人的财产、人身遭受侵害而使自己受到损害的,由侵害人承担赔偿责任,受益人也可

---

① 程伟:《深圳高楼掉玻璃砸死小学生续:每户业主赔4千元》,载于《羊城晚报》2010年6月11日。

以给予适当的补偿。"《民通意见》第 142 条规定:"为了维护国家、集体或者他人合法权益而使自己受到损害,在侵害人无力赔偿或者没有侵害人的情况下,如果受害人提出请求的,人民法院可以根据受益人受益的多少及其经济状况,责令受益人给予适当补偿。"《最高人民法院关于审理人身损害赔偿案件适用法律若干问题的解释》第 15 条规定:"为维护国家、集体或者他人的合法权益而使自己受到人身损害,因没有侵权人、不能确定侵权人或者侵权人没有赔偿能力,赔偿权利人请求受益人在受益范围内予以适当补偿的,人民法院应予支持。"《侵权责任法》第 23 条规定:"因防止、制止他人民事权益被侵害而使自己受到损害的,由侵权人承担责任。侵权人逃逸或者无力承担责任,被侵权人请求补偿的,受益人应当给予适当补偿。"第 31 条规定:"因紧急避险造成损害的,由引起险情发生的人承担责任。如果危险是由自然原因引起的,紧急避险人不承担责任或者给予适当补偿。紧急避险采取措施不当或者超过必要的限度,造成不应有的损害的,紧急避险人应当承担适当的责任。"

第六节　其他归责原则

在世界范围内,侵权责任法的归责原则还包括所谓的"严格责任"、"危险责任"等。这些概念在其所属的法律体系中都具有特定的含义,我们有必要将其与我们熟悉的过错责任、无过错责任和公平责任等概念之间的联系和区别加以厘清。同时,在司法实践中,一些比较复杂的案件往往不只涉及一个归责原则的适用,这里就涉及归责原则混合适用的问题。

一、严格责任

严格责任是一种比没有尽到合理的注意义务而应承担的一般责任标准更加严格的一种责任标准。即使行为人尽了任何其他人可能尽到的一切努力避免事故的发生,也应对其行为所引起的事故损失承担责任。行为人只能通过证明存在受害人的过错、第三人的行为以及不可抗力等法律规定的事由主张免责。严格责任是英美法系国家侵权行为法上产生、发展并使用的概念。大陆法系国家以及我国侵权责任法中并不直接使用"严格责任"这一表述。

严格责任的特点是:首先,是比过错责任更为严格的一种责任。其次,严格责任不同于英美法中的绝对责任。绝对责任指由法律特别规定的,只要行为人的行为造成他人损失就须承担民事责任的责任形式。绝对责任比严格责任更严格,行为人不能行使任何抗辩理由。最后,严格责任加大了被告提出抗辩以免于承担责任的难度。其严格性来自于多个方面:原告不必证明被告具有过错,也不必证明构成特定的侵权形式;被告能够证明自己没有过错也不能免除责任等。

张新宝教授认为,严格责任应当成为一项重要的归责原则。其理由是:首先,严格责任不仅符合现代侵权法发展的趋势,而且也适用未来侵权法的发展趋势。其次,从适用范围上看,严格责任的范围不仅仅限于某一类侵权行为。事实上,可以适用于多种特殊性侵权行为。再次,严格责任作为独立的归责原则的必要性还在于其协调各方利益之功能是过错责任所不可替代的。最后,严格责任在功能上兼容了传统额过错责任和无过错责任的特点,介于过错责任和无过错责任之间的中间责任,有助于使各类特殊侵权行为责任系统化。[①]

二、危险责任

危险责任是指持有或经营某特定具有危险的物品、设施或活动之人,于该物品、设施或活动所具危险的实现,致损害他人利益时,应就所生损害负赔偿责任,赔偿义务人对该事故的发生是否具有故意或过失,在所不问。

虽然危险责任能"凸显"无过失责任的归责原因,但无过失责任包括的范围是过错责任之外应承担的损害赔偿责任,危险责任并不能"凸显"非危险性活动也得适用该责任的归责原因。故危险责任是无过错责任的一种。[②] 此外,严格责任与危险责任也并不完全一致。

三、混合责任

关于侵权责任的归责理论,可分为"统一说"和"混合说"两大类,而"统一说"又可分为"过错责任说"和"危险责任说"两种。

(一) 过错责任说

过错责任说认为,任何人对自己人身或财产的损害,原则上必须由自己来承受;只有在他人有可非难之处时,才可能自他人之处获得补偿。而"可非难"是指行为人对损害的发生存在主观上的故意或过失。

(二) 危险责任说

侵权责任的基础并不在于过错,而在于其造成了某种危险。"危险责任说"的兴盛,很大程度上是因为现代工业革命以来,机器逐渐代替人力,许多高度危险作业在给人类社会带来文明和进步的同时,也对周围环境造成了相当的威胁。

(三) 混合说

"过错责任说"与"危险责任说"的观点因其坚持侵权责任基础的单一性而

[①] 参见王利明:《侵权行为法研究》(上卷),中国人民大学出版社 2004 年版,253—254 页。
[②] 〔德〕卡尔·拉伦茨:《德国法上损害赔偿之归责原则》,载王泽鉴:《民法学说与判例研究(第五册)》,中国政治大学出版社 1998 年版。

被称为"统一说"。随着社会的变迁,又衍生出了"混合说"。该说认为,随着现代社会安全及保险制度的不断发展,必须将"过错责任说"和"危险责任说"予以综合地考虑。侵权责任的基础不是单一的,而应是综合的。在综合性的侵权责任基础中,仍以过失责任为原则。只有在例外的情形下,才承担建立在危险基础上的责任。

典型案例

【案情】① 陈甲、宋某之子宋小某与辛某同属某小学三年级学生。某日,三人相约去游泳,当他们来到陈乙经营的砂石厂内,看见有一水坑,辛某便下水游泳。辛某游到水坑中央时,发现水较深,便喊宋小某来拉他,宋小某听见后,下水将辛某拉起,自己却滑到深水处,被水淹死。经协商,陈乙赔偿宋某12,000元。

宋某向法院起诉,要求陈乙和辛某赔偿死亡补偿费、丧葬费、误工费、交通费、精神损失费。

【审理】 法院经审理认为,原告之子宋小某为挽救他人生命而死亡,其行为已由相关部门确定为见义勇为行为,应当获得一定赔偿。

被告陈乙作为砂石厂业主,对其经营的场所负有管理和防范安全事故发生的义务,对采砂形成的水坑应当及时回填或采取相应警示标志以防止事故的发生。由于陈乙的过错,导致本案损害事实的发生,故其应承担主要民事责任。

原告作为监护人,在被监护人脱离监护的情况下,导致事故的发生,其本身存在一定过错,也应承担民事责任。被告辛某作为限制民事行为能力人,本身不具有过错,但其作为受益人可以给予一定补偿。

【法理】 关于归责原则问题,应当认为,在一个案件中,可以针对不同的主体,适用不同的责任。本案中,被告陈乙作为砂石厂的业主,没有尽到注意和防范义务,应当承担过错责任。同时原告作为监护人存在一定管理的过错,令其子在学校正常放学后到河边游泳,是造成其死亡的一个原因。因此原告也应为其过错承担一定的责任。辛某虽无过错,但作为见义勇为的受益人,应按照公平责任对宋某承担一定的补偿责任。

综上,本案对归责原则进行了混合适用,实现了公平和正义。

---

① 《宋祖明、杨泽香诉陈邦建、辛明轩见义勇为损害赔偿纠纷案》,载最高人民法院中国应用法研究所编:《人民法院案例选》2004年民事专辑(总第48辑),人民法院出版社2004年版,第145页。

【拓展链接】①

过错责任的未来

一、过错责任是意思自治的边界

　　过错责任原则不仅在责任承担的判定方面有重要的意义，而且在整个民法中都有着非常重要的意义。"过错责任原则"和"契约自由原则"、"意思自治原则"共同构成资产阶级民法的三大法则。之所以把它们共同列为资产阶级民法的三大原则，是因为民法最重要的精神是要在身份平等的基础上体现自治和自由，而"意思自治"又是以个人为本位的，这样每个人在实施"意思自治"时不可避免地要与他人打交道，而他人同样也是"意思自治"的主体，因而每个人在进行意思自治时必须照顾到他人的利益，必须理性且谨慎地行事，如果在行事的过程中不慎给他人造成了损害，当然就应承担法律上的责任。

二、以行为人的主观过错作为判断侵权责任的标准可增强社会成员的责任心从而有利于社会正义的实现

　　民法三大法则之间的关系可以这么说："过错责任"是"意思自治"的题中应有之义；"契约自由"则是"意思自治"的利器。这实际上就意味着，民事主体在追求自己的合法权益时，只要没有损害他人合法权益的主观过错，即使造成了损害也不必承担民事责任。这样，民事主体就可以大胆地利用民法的三大法则，通过"合同自由"的形式，按"意思自治"的原则，去追求自己的合法利益。只要没有主观上的过错，每个民事主体追求自己合法权益的行为肯定会促进整个社会共同利益的实现。

　　可以说，过错责任原则体现了崇高的人文主义思想，它不苛求行为人对自己意志以外的损害承担责任。

三、过错责任是否会第三次勃兴

　　王卫国教授在其《过错责任原则：第三次勃兴》一书中指出，由于罗马经济和文化的发展，古典文明时期过错责任原则出现了"第一次勃兴"；由于近代资本主义的发展，近代文明时期过错责任原则出现了"第二次勃兴"；而由于改革开放，势必促进整个人类的文明成果和中华民族的优秀文化传统的结合，未来中国将出现第三次文明高峰，过错责任原则也将随之出现"第三次勃兴"。

　　应当认为，过错责任原则在罗马法中的确立，是针对古代法中野蛮、粗陋的结果责任原则而言的。而其"第二次勃兴"则是罗马法复兴的结果，其内容已有所变化，即重视的不再是"有过错即有责任"而是"无过错即无责任"，由家族责

---

① 参见李显冬主编：《民法学——卷四侵权责任法》，中国政法大学出版社2005年版，第126—127页。

任转向个人责任。而随着人类文明的发展、社会连带主义观念的盛行和无过错责任原则适用范围的逐渐扩大,在很多领域,责任的承担并不注重行为人的主观状态,法律更关注的是受害人能否获得救济。更何况随着责任保险和社会保障制度的发展,过错责任原则也受到了前所未有的冲击。在现代社会,侵权责任法虽不会消失,但其最重要的归责原则——过错责任原则恐难再次"勃兴"。

四、过错责任是否会消亡

过错责任是侵权责任法的基本归责原则。过错责任应以何种标准来认定,对过错责任的规范功能有很大的影响。现代各国和地区侵权法大都采用客观化的标准:德国学者强调类型化的过错标准;英美法系确立了拟制的"理性人(Reasonable man)"标准;我国台湾地区实务上则认为"因过失不法侵害他人之权利者,固应负损害赔偿责任。但过失之有无,应以是否怠于善良管理人之注意为断者,苟非怠于此种注意,即不得谓之有过失"。法律的标准是一般适用的标准,构成某特定行为内在性质的情绪、智能、教育等情状,层出不穷,因人而异,法律实难顾及。个人生活于社会,须为一定平均的行为,而在某种程度上牺牲自己的特色,此对公益而言,实属必要。

除了呈现上述过错责任客观化的发展趋势外,无过失责任和责任保险以及社会保障制度在现代社会也得到了充分的发展,以致有人认为过错责任将逐渐退出侵权法领域。

还有人提出侵权法归责原则"从过失责任到危险责任(无过失责任)"的观点,该观点有失偏颇。无过错责任虽然是针对过错责任的不足产生的,但并不排除过错责任的适用。过错责任作为一般侵权行为的归责原则,不同于仅适用于特殊侵权行为的无过错责任。从社会功能角度看,即便是在适用无过错责任的场合下,过错责任仍具有一定程度的预防作用。这对于非财产上的损害赔偿以及财产上的损害赔偿数额的限制具有特别的意义。因为无过错责任不但在原则上不赔偿非财产上损失,而且对财产上的损害赔偿数额也有一定的限制;而在有保险的情况下,即便利用保险分散损害,为防止道德风险并将损害正确分散到其所应归属者,保险人在对受害人理赔后,原则上就可以对存有主观故意或重大过失的加害人行使代位求偿权。也就是说,过错责任所具有的一定意义上的预防功能并不会因无过错责任的出现而完全丧失。

【推荐阅读】

1. 刘新熙、尹志强、胡安潮:《债法·侵权责任》,高等教育出版社2012年版。
2. 奚晓明主编:《〈中华人民共和国侵权责任法〉条文解释与适用》,人民法院出版社2010年版。
3. 胡安潮:《特殊侵权归责原则研究》,知识产权出版社2009年版。

4. 王军:《侵权法上严格责任的原理与实践》,法律出版社2006年版。
5. 陈聪富:《侵权归责原则与损害赔偿》,北京大学出版社2005年版。
6. 张新宝:《侵权责任法原理》,中国人民大学出版社2005年版。
7. 杨立新:《侵权行为法专论》,高等教育出版社2005年版。
8. 王利明:《侵权行为法研究》(上卷),中国人民大学出版社2004年版。
9. 胡雪梅:《"过错"的死亡》,中国政法大学出版社2004年版。
10. 王利明:《侵权行为归责原则研究》,中国政法大学出版社2003年版。
11. 张民安:《过错侵权责任制度研究》,中国政法大学出版社2002年版。
12. 邱聪智:《民法研究(一)》,中国人民大学出版社2002年版。
13. 王泽鉴:《侵权行为法》(第一册),中国政法大学出版社2001年版。
14. 王卫国:《过错责任原则:第三次勃兴》,中国法制出版社2000年版。

第四章 多数人侵权

第一节 共同侵权

多数人侵权与单独侵权相比较,其主要区别除加害主体的复数性外,还在于行为的共同性及责任的连带性,且连带责任的成立与否,取决于行为的共同性。[①] 多数人侵权根据不同的分类标准,可以分为共同侵权行为和共同危险行为;承担连带责任的数人侵权和承担按份责任的数人侵权。鉴于多数人侵权时加害人为一人以上,且侵权行为的因果关系、举证责任、责任分担等方面均复杂于单独侵权,故各国侵权法上都对共同侵权的相关制度进行了规定。

一、共同侵权行为

(一) 共同侵权行为的概念

《民法通则》第130条规定:"二人以上共同侵权造成他人损害的,应当承担连带责任。"确立了共同侵权行为人承担连带责任的基本规则;《民通意见》第148条补充规定:"教唆、帮助他人实施侵权行为的人,为共同侵权人,应当承担连带民事责任。教唆、帮助无民事行为能力人实施侵权行为的人,为侵权人,应当承担民事责任。教唆、帮助限制民事行为能力人实施侵权行为的人,为共同侵权人,应当承担主要民事责任。"

《最高人民法院关于审理人身损害赔偿案件适用法律若干问题的解释》第3条关于"二人以上共同故意或者共同过失致人损害,或者虽无共同故意、共同过失,但其侵害行为直接结合发生同一损害后果的,构成共同侵权,应当依照民法通则第一百三十条规定承担连带责任。二人以上没有共同故意或者共同过失,但其分别实施的数个行为间接结合发生同一损害后果的,应当根据过失大小或者原因力比例各自承担相应的赔偿责任"的规定,确立了数个侵权行为人实施的侵权行为相互直接结合发生同一损害后果,其行为具有关联性,即构成共同侵权的客观认定标准。同时在第2款确立了"多因一果"的侵权行为属于原因力的结合,属于"无意思联络"之共同侵权行为,应承担按份责任之原则,由此我国初步建立起了包括狭义上的共同侵权行为、共同危险行为和教唆帮助行为在内的共同侵权行为制度。

[①] 刘新熙、尹志强、胡安潮:《债法·侵权责任》,高等教育出版社2012年版,第195页。

2010年施行的《侵权责任法》进一步完善了我国民法中的多人侵权责任体系:第8条规定了狭义的共同侵权行为;第9条规定了教唆侵权行为和帮助侵权行为,并对《民通意见》第148条进行了修正;第10条规定了共同危险行为;第11条和第12条在《最高人民法院关于审理人身损害赔偿案件适用法律若干问题的解释》第3条的基础上,分别对无意思联络的数人侵权造成同一侵害、原因力不可分的连带责任和无意思联络的数人侵权造成同一侵害、原因力可分的按份责任进行了规定。

1. 广义的共同侵权行为

广义的共同侵权行为,也即多数人之侵权行为,是指两个以上加害人共同或者分别实施侵权行为,造成他人同一损害的情况。

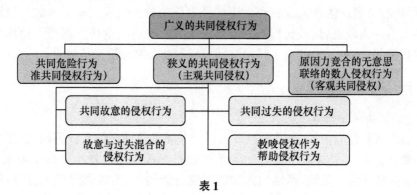

表1

2. 狭义的共同侵权行为

《侵权责任法》第8条规定:"**二人以上共同实施侵权行为,造成他人损害的,应当承担连带责任。**"狭义的共同侵权行为即我们通常所说的"共同侵权行为",又称主观共同侵权,指两个或两个以上的侵权人在致人损害时,主观上具有共同的故意或过失,应承担连带赔偿责任的行为。

《侵权责任法》继承了《民法通则》的谨慎立场,未对共同侵权之"共同"予以明示,学者们对"共同"之理解主要有如下观点:

(1) 意思联络说

指为将数个加害人的行为统一成一个共同行为,必须要有他们的愿望和动机,即共同的意思联络,或称为共同的故意。有了意思联络,主体间便形成两方面的统一:主体意志的统一和主体行为的统一[①],故意思联络乃共同侵权的必要条件。

---

① 参见王胜明主编:《中华人民共和国侵权责任法释义》,法律出版社2010年版,第55页。

（2）共同过错说

指数个加害人对其行为或结果具有共同的认识或对某种结果的发生应该共同尽到合理的注意义务而没有注意的情形时成立共同侵权,包括共同故意和共同过失。① 意思联络说和共同过错说统称为主观说。

（3）客观说

借用王泽鉴先生的观点,客观说是指共同侵权行为之成立以加害人间有共同行为为已足,于此行为之外,有无共同之认识,在所不问。各加害行为在客观上造成同一损害,即可构成共同侵权行为,应负连带损害赔偿责任。②

（4）折中说

作为主观说和客观说的平衡,折中说认为认定共同侵权行为时应从主观和客观两方面进行考量,即从主观方面而言,各加害人应均有过错,或为故意或为过失,但不要求共同的故意或者意思上的联络;从客观方面而言,各加害人的行为应具有关联性,构成不可分割的统一整体,且都是损害发生不可或缺的共同原因。③

综上,狭义的共同侵权行为可分为共同故意的侵权行为;共同过失的侵权行为;故意与过失混合的侵权行为以及教唆、帮助的共同侵权作为。

典型案例

【案情】④　甲公司司机李某驾驶大客车由东向西停在丙车站上下乘客,王某骑电动自行车由东向西行驶时,因其车把右侧与大客车左侧后部接触致王某向左侧倒地,适有乙公司司机杨某驾驶大货车由东向西驶来,大货车右侧中后轮将王某碾压致死。丁市公安交通管理局戊交通支队因不能确认是任何一方当事人的违章行为导致交通事故的发生,故对此事故责任不予认定。

王某之妻陈某,父母王大某、梅某,女儿王小某以甲公司、乙公司为被告,诉至法院,请求侵权损害赔偿。

【审理】　法院经审理认为,本案中,事故发生的直接当事人王某、杨某、李某在此事故中均未无违章行为,该事故的发生系由各种偶发因素竞合所致。对因王某在此事故中死亡给其家人带来的经济损失,应依据民法的公平原则,在当

---

① 参见王胜明主编:《中华人民共和国侵权责任法释义》,法律出版社2010年版,第55页。
② 王泽鉴:《民法学说与判例研究》(第三册),中国政法大学出版社1998年版,第309页。转引自刘新熙、尹志强、胡安潮:《债法·侵权责任》,高等教育出版社2012年版,第196页。
③ 王利明:《侵权行为法研究》(上卷),中国人民大学出版社2004年版,第693页。
④ 《王大方、梅祖英、陈晓琳、王渝骞诉北京瑞宏机械施工有限公司、北京市运通客运有限责任公司路交通事故人身损害赔偿纠纷案》,信息来源:http://www.chinalawedu.com/news/1900/20/2006/9/zh5027365936111960020-0.htm,2012年11月30日访问。

事人对造成损害都没有过错的情况下,根据实际情况由当事人分担民事责任。又因李某、杨某分别系履行甲公司、乙公司的职务行为,故应由甲公司、乙公司承担赔偿责任。

【法理】 本案中,虽然甲公司、乙公司的行为与被害人的行为紧密结合,符合《最高人民法院关于审理人身损害赔偿案件适用法律若干问题的解释》第3条关于"直接结合"的规定,但任何一方对此事的发生都不存在故意或过失,王某的死是各种因素的偶然巧合,不能按照狭义的共同侵权行为处理,而作为意外事件,只能认定为无意思联络之共同侵权行为,所以,两个公司自然也就无需承担连带责任。

(二) 共同侵权行为的特征

相较于单独侵权行为而言,共同侵权行为具有如下特征:

1. 主体的多数性

共同侵权行为的主体须由二人或二人以上构成,行为人可以是自然人,也可以是法人,且均为独立承担民事责任的主体,但不存在雇主与雇员之间的关系或者其他替代责任关系。

2. 过错内容的共同性

过错的共同性是共同侵权行为的最大特征,指数个行为人对加害行为存在"必要的共谋",如事先策划、分工等,使数个行为人的行为连结为共同行为。

传统民法上的共同过错仅指行为人具有共同故意的情形,即上文所述的"意思联络说",随着共同侵权行为范围的进一步扩大,结合加强对受害人的保护的理念[1],现代各国法律大多认为共同侵权包括共同故意和共同过失。

(1) 共同故意。

不是指每个行为人对结果的发生都有故意,而是强调数个侵权人具有共同的意思联络。对故意的判断不能仅从主观心理判断,还应从外部的行为特征和表现来确定其是否具有共同故意。[2]

(2) 共同过失。

共同过失具体包括:数个侵权人对其行为可能造成的损害后果应该预见,但因为疏忽大意而没有预见或者对损害结果已经预见,但因为过于自信而轻信能够避免,最终导致损害后果的发生;数人共同实施某种行为造成他人的损害,虽不能确定行为人对损害结果的发生具有共同故意,但可根据案件情况确定。例如有一起交通事故:一名3岁的男孩被大人扔在车内玩耍,因为停车前,司机乔

---

[1] 参见王利明:《侵权行为法研究》(上卷),中国人民大学出版社2004年版,第686页。
[2] 同上书,第698页。

某将车熄火后没有摘挡,也忘记拔钥匙。车内男孩不慎将车启动,撞死路过车前的5岁男孩。乔某下车时忘记拔下汽车钥匙,亦忘记拉手制动;而孩子母亲周某,放任3岁的男孩一人留在车内自己玩耍,结果酿成大祸,因此司机与3岁孩子的监护人有共同的过错,从而认定行为人具有共同的过失。

3. 结果的统一性

指共同侵权行为所导致的损害后果是一个同一(统一)的不可分割的整体。也就是说,受害人为同一主体,受到侵害的民事权益是同一类别或者相似类别的,损害后果在事实上或法理上不具有独立性。

4. 责任的连带性

共同侵权人的连带责任是指共同加害人作为一个整体对损害共同承担责任;共同加害人中的任何一个人对全部损害承担责任;在共同加害人之一人或者部分人对全部损害承担了责任之后,他有权向其他未承担责任的共同加害人追偿,请求偿付其应当承担的赔偿份额。

共同侵权人之间的追偿,一般依据如下原则:

(1) "比较原因力原则"。

即对数个共同加害人在实施共同侵权行为时各自所起的作用进行比较,所起作用重要的,分担较大的赔偿额;所起作用较小的,分担较少的赔偿额;如果每个加害人的作用不相上下,原则上平均分担。

(2) "比较过错原则"。

即对数个共同加害人在实施共同侵权行为时的过错进行比较,由过错较大的分担较大份额的赔偿金额;过错较小的分担较小份额的赔偿金额;过错不相上下难以比较大小的,原则上平均分担。

(3) "衡平考量原则"。

也称为公平考量原则或者司法政策考量原则,指在共同加害人之间最终分担赔偿份额时,适当考虑各加害人的经济状况和其他相关因素。

需要指出的是,加害人之间的追偿在程序上不能与共同加害人对受害人承担连带责任相混淆。共同加害人对受害人承担连带责任不以共同加害人之间进行追偿是否有困难作为考虑的前提。就实务而言,在涉及连带责任的案件中,法院判决数个加害人承担连带责任时,原则上不得在判决书中分割各加害人的赔偿份额,只需判决共同侵权行为人或共同危险行为人承担连带责任即可。在执行判决时,可以全部执行一个或者几个加害人的财产,而在其财产不足时也可以执行其他加害人的财产,直到判决确定的赔偿义务强制执行完毕为止。

连带责任大多基于当事人的约定产生,但共同侵权行为的连带责任的产生是基于法律的规定。因此,各国传统理论均认为:除非行为人有主观上的意思联络,否则不能让其承担连带责任。因为连带责任较按份责任而言,对债务人更苛刻。①

典型案例

【案情】② 董某在甲图片社拍了一张彩色照片。乙邮政局《邮电杂志》刊登了《最先进的彩扩设备落户我市》的报道,介绍了甲图片社先进的彩扩设备和精湛的摄影技术,并配发了董某的照片和广告语。该文系邮电局记者朱某撰写,其要求甲图片社提供较好的照片一并配发时,甲图片社交付了董某的上述照片及另一幅照片,并称已征得董某同意。

《邮电杂志》虽在系统内发行,但也对外赠阅。内刊发出后,董某因遭到"靠做广告挣钱"、"在报纸上出风头"等议论而倍感压力,在与甲图片社和邮政局协商未果后,向法院提起诉讼,请求判令甲图片社和乙邮政局承担侵权责任。

【审理】 法院经审理认为,二被告未经原告同意,将其肖像照片与文配发使用,且该文能够起到广告作用,应认定具有营利目的,二被告侵犯了原告的肖像权。判决二被告在判决生效后一个月内,在《邮电杂志》上公开赔礼道歉;图片社赔偿原告经济损失367.14元,支付精神损害赔偿费1200元;邮电局赔偿原告经济损失赔偿费244.76元,支付精神损害赔偿费800元;两被告相互承担连带责任。

【法理】 本案中,对于造成董某肖像权损害之结果的发生,二被告既存在共同过错,即构成了共同侵权,应当承担连带责任。董某可以向任一责任人请求承担全部赔偿责任,实际承担责任的一方在承担责任后,可以就超出自己份额的部分向另一方求偿。

5. 数个共同加害人的行为与损害结果之间具有因果关系

在共同侵权行为中,尽管各个行为人的行为对共同的损害结果发生的原因力有所不同,但须与损害结果之间存在因果关系。共同侵权行为与作为一个整体的损害后果之间也具有因果关系。

二、教唆侵权行为和帮助侵权行为

教唆侵权行为和帮助侵权行为的规定较为普遍,例如《德国民法典》第830条第2款规定:"教唆人和帮助人视为共同行为人。"《瑞士债务法》第50条规

---

① 王利明:《侵权行为法研究》(上卷),中国人民大学出版社2004年版,第687—688页。
② 《董云诉虹光图片社、南阳市邮政局肖像权纠纷案》,信息来源:http://manage.eblcu.cn/spects/cls/999051/Content/Xgal/Ch5/xgal7.htm,访问日期:2012年12月3日。

定:"如果数人共同造成损害,则不管是教唆者、主要侵权行为人或者辅助侵权行为人,均应当对受害人承担连带责任和单独责任。"我国台湾地区"民法"第185条第2款规定:"造意人及帮助人,视为共同行为人。"

我国《侵权责任法》第9条规定:"**教唆、帮助他人实施侵权行为的,应当与行为人承担连带责任。教唆、帮助无民事行为能力人、限制民事行为能力人实施侵权行为的,应当承担侵权责任;该无民事行为能力人、限制民事行为能力人的监护人未尽到监护责任的,应当承担相应的责任。**"

(一) 教唆侵权行为和帮助侵权行为概述

1. 教唆侵权行为

教唆侵权行为指教唆者利用诱导、说服、怂恿等方式,促使本没有加害意图的被教唆者接受其意图,实施损害他人人身、财产权益的行为。

首先,教唆可以是书面的、口头的;直接的教唆或通过第三人转达的方式教唆;单独教唆或多人共同教唆;秘密教唆或公开教唆等,但是教唆行为必以积极作为的方式实施,消极的不作为不成立教唆。

其次,教唆人的主观既包括直接故意,亦包括间接故意。过失导致他人产生加害意图的,不构成教唆。例如,甲无意中向小偷乙描绘了丙家的奢华,乙产生了盗窃丙家的意图并于次日盗窃既遂。因甲无诱使乙盗窃之意图,其过失不构成教唆侵权行为。

再次,仅有教唆行为,被教唆人未实施侵权行为,抑或被教唆人实施的行为尚不构成犯罪的,教唆人均不承担侵权责任。而在刑法中,被教唆人未实施加害行为,仅为教唆犯的量刑情节。①

2. 帮助侵权行为

帮助侵权行为指为实施侵权行为的人提供工具或提供其他配合,促进侵权行为实施的行为。此与教唆侵权行为的区别是:被帮助人接受帮助前,已经具备加害意图,帮助行为对侵权行为不产生决定作用;而教唆行为对侵权行为的实施具有决定作用。

需要注意的是,帮助行为通常也以积极的作为方式实施,但具备积极的作为义务,却消极地不作为亦构成帮助行为。其次,即使被帮助人不知道帮助人提供了帮助,也不影响帮助侵权行为的成立,只要帮助人有帮助之故意即可②。

3. 教唆侵权行为、帮助侵权行为与共同侵权行为的关系

关于教唆行为、帮助行为之间的关系,学界的争议很大。有的学者认为,共同侵权人可分为实施行为人、教唆行为人和帮助行为人,故教唆侵权行为、帮助

---

① 参见刘新熙、尹志强、胡安潮:《债法:侵权责任》,高等教育出版社2012年版,第205页。
② 参见同上书,第206页。

侵权行为都是典型的共同侵权行为;有的学者认为,教唆人或帮助人未直接从事侵权行为,原则上不应承担侵权责任,但若不令教唆人、帮助人承担侵权责任将违背社会正义,不利于遏制此等行为的发生,故应将教唆人和帮助人与直接从事侵权行为的人同等对待,视其为共同侵权人;还有学者认为,在数人侵权的情况下,法律因特别目的,特别规定数人承担连带责任的,属于法定的共同侵权。只要法律有明文规定,符合法定特别要件,不论其是否符合共同侵权的构成要件,均按照共同侵权责任处理,故教唆侵权行为和帮助侵权行为是法定的共同侵权行为。①

《民法通则》未规定教唆、帮助侵权行为;《民通意见》第148条第1款认定教唆、帮助侵权行为为共同侵权行为;《侵权责任法》第9条第1款未采用"是共同侵权人"和"视为共同侵权人"的观点,而是在界定教唆、帮助侵权行为为狭义的共同侵权行为的同时,对教唆人、帮助人的角色、法律责任等作出了专门规定。具体而言,《侵权责任法》第9条规定教唆、帮助无民事行为能力人、限制民事行为能力人实施侵权行为,原则上不成立共同侵权,且将《民通意见》第148条规定的教唆人、帮助人教唆、帮助无民事行为能力人实施侵权责任时应承担的单独责任,以及教唆人、帮助人教唆、帮助限制民事行为能力人实施侵权责任时应承担的连带责任(在内部责任分担上教唆人、帮助人承担主要责任),改变为"单独责任为原则,按份责任为例外"。

(二)教唆、帮助完全民事行为能力人实施侵权行为

根据《侵权责任法》第9条第1款的规定,"教唆、帮助他人实施侵权行为"的"他人"应为完全民事行为能力人。实施侵权行为的法律后果是教唆人、帮助人与行为人构成共同侵权,承担连带责任,受害人可以向教唆人、帮助人和行为人中的一人或数人主张侵权损害赔偿。

(三)教唆、帮助无民事行为能力人、限制民事行为能力人实施侵权行为

《侵权责任法》第9条第2款未区分教唆行为、帮助行为的责任承担,亦未区分教唆、帮助无民事行为能力人和教唆、帮助限制民事行为能力人的责任承担。但是,需要注意的是,即便教唆人、帮助人不知道被教唆人、被帮助人为无民事行为能力人或限制民事行为能力人,也应由教唆人、帮助人承担侵权责任,以体现法律对教唆、帮助行为的否定性评价。②

1. 对"监护人未尽到监护责任"的理解

我国设立监护制度的目的在于保护无民事行为能力人和限制民事行为能力人的人身、财产合法权益不受侵犯,防止无民事行为能力人和限制民事行为能力

---

① 参见王胜明主编:《中华人民共和国侵权责任法释义》,法律出版社2010年版,第60页。
② 参见同上书,第62页。

人侵犯他人合法权益,而维护社会秩序的稳定。如果监护人未尽到教育、照顾的责任,未适当履行监护人义务,则对于被监护人侵害他人的人身、财产之合法权益,却又无正当理由时,我们则认为监护人消极不作为的行为属于未尽到监护责任。

对"监护人未尽到监护责任"的主张,由主张监护人未尽到监护责任者承担举证责任,即推定监护人已经尽到监护责任,由受害人、教唆人、帮助人证明监护人未尽到监护责任。需要注意的是,此处的举证责任分配不同于《侵权责任法》第 32 条。第 32 条规定:"**无民事行为能力人、限制民事行为能力人造成他人损害的,由监护人承担侵权责任。监护人尽到监护责任的,可以减轻其侵权责任**"即推定监护人未尽到监护责任,由监护人自己证明其已尽到监护责任。[①]

2. 对"监护人未尽到监护责任,应当承担相应的责任"的理解

首先,监护人应承担的责任应与其过错程度相适应。其次,监护人因与教唆人、帮助人间无共同过错,亦无关联行为,故不成立连带责任。再次,监护人应承担的责任非补充责任,其理由是,监护人对侵权行为多不知情,若其承担补充责任,那么在教唆人、帮助人下落不明或无力赔偿时,监护人应就受害人未获偿部分承担赔偿责任。若受害人是全部未获赔偿,监护人也要承担赔偿责任。此时,加重了监护人之义务,有违法律精神。最后,监护人承担的责任应为按份责任,份额由监护人的过错程度,对损害结果的原因力大小等因素决定。

第二节 无意思联络的共同侵权

一、无意思联络的数人侵权

无意思联络的数人侵权是指数人行为事前并无共同的意思联络,而致同一受害人共同损害。无意思联络的数人侵权不等于共同侵权。《最高人民法院关于审理人身损害赔偿案件适用法律若干问题的解释》第 3 条依据无意思联络的数人的侵权行为与同一损害结果间的结合方式,将无意思联络的数人分别侵权的责任形态分为:因直接结合,成立共同侵权,而产生的连带责任和因间接结合,成立多因一果侵权行为,而产生的按份责任。但是,实践中很难区分某一行为是否为损害结果的原因,即该行为可能只是为另一行为创造条件,而不必然导致损害结果的发生。

《侵权责任法》对于无意思联络的数人侵权,依据数人侵权行为对损害结果的原因力结合方式的不同而分为:

[①] 参加刘新熙、尹志强、胡安潮:《债法:侵权责任》,高等教育出版社 2012 年版,第 211 页。

（一）原因力竞合的无意思联络的数人侵权

《侵权责任法》第 11 条规定："二人以上分别实施侵权行为造成同一损害，每个人的侵权行为都足以造成全部损害的，行为人承担连带责任。"

原因力竞合（也称为累积因果关系）的无意思联络的共同侵权，又称为客观共同侵权，指数人在行为前并无共同的意思联络，而其行为偶然结合，共同导致了同一受害人受到损害。例如，甲工厂和乙工厂分别向丙鱼塘排污，且任何一家的污水量都足以导致鱼塘里的鱼死亡，那么对鱼死亡的损害结果。甲、乙成立无意思联络的共同侵权。

无意思联络的共同侵权因各行为人之间并无意思联络，既无共同故意，也无共同的过失，因此不是一般的共同侵权。但由于是数人的行为致同一受害人某种损害，涉及数人的责任问题，又与共同侵权行为相类似。

（二）原因力结合的无意思联络的数人侵权

《侵权责任法》第 12 条规定："二人以上分别实施侵权行为造成同一损害，能够确定责任大小的，各自承担相应的责任；难以确定责任大小的，平均承担赔偿责任。"

原因力结合（也称为部分因果关系）的无意思联络的数人侵权，指数个行为人的侵权行为必须结合在一起共同发挥作用，方能造成该损害结果的发生，或者数个侵权行为分别导致不同损害结果的发生。"多因一果"是原因力结合的无意思联络的数人侵权的本质特征

原因力结合的无意思联络的数人侵权有两个以上的行为主体；各行为人分别实施了不同的行为；数个行为单独不能导致损害结果的发生；数个行为作为原因，结合在一起共同造成损害后果的发生或数行为均为损害后果发生的条件之一；损害发生前各行为人无共同的意思联络。

值得注意的是，根据《最高人民法院关于审理人身损害赔偿案件适用法律若干问题的解释》第 3 条，各个行为人的主观过错仅限于过失。若某一行为人故意实施侵权行为，则与该行为间接结合的过失行为的违法性被阻却，仅由该故意侵权行为人承担单独侵权责任，其他行为人无须承担按份责任。

原因力结合的无意思联络的数人侵权不是共同侵权，行为人承担按份责任。若是能够确定各行为人责任大小的，根据各侵权行为人的过错程度、因果关系的紧密承担等，能够判断出每个人责任大小的，应根据各行为人的责任大小各自承担责任；若是难以确定各行为人责任大小的，由于很难分清楚各人对损害结果的作用有多大，可以让各行为人平均分配责任。

《侵权责任法》第 12 条与第 8 条形成互补关系，前者是对数个行为人分别实施侵权行为的规范，后者规定了数个行为人共同实施侵权行为。在个案中，处理数人侵权行为时应首先看是否满足第 8 条关于共同侵权的构成要件；不符合

的,看是否满足第 11 条关于无意思联络的共同侵权的构成要件;仍不符合的,再看是否适用第 12 条原因力结合的无意思联络的数人侵权的规定。①

二、原因力竞合的无意思联络的数人侵权

原因力竞合的无意思联络的数人侵权虽不是一般的共同侵权,但因与共同侵权行为类似,故又称为无意思联络的共同侵权。

(一) 无意思联络的共同侵权的构成要件

(1) 两个以上的行为主体。

(2) 分别实施的侵权行为。即损害发生前各行为人无共同的意思联络。若有共同的意思联络,则属于第 8 条的共同侵权行为。

(3) 给受害人造成了同一损害结果。即损害性质是相同的,且内容具有关联性。例如,甲的行为造成乙的左眼受伤,丙的行为导致乙的右眼视力受损,那么,甲、丙的侵权行为未造成同一损害。

(4) 每一个侵权行为都足以单独造成该结果的发生。"足以"不是指每个侵权行为都实际上造成了全部损害,而是指即便没有其他侵权行为的共同作用,独立的单个侵权行为也有可能造成全部损害。②

(二) 无意思联络的共同侵权与共同侵权的区别

(1) 有无共同过错不同。

共同侵权行为要求数个侵权行为人共同实施侵权行为,各行为人能预见自己的行为必然会与他人的行为结合,并造成对受害人的同一损害。而无意思联络的数人侵权责任要求数个行为人分别实施侵权行为,各行为人主观上没有意思联络,也没有共同过失。

(2) 行为结合的必然性不同。

共同侵权中,各行为人的行为结合在一起是数个行为人故意为之的,是必然结合的。而无意思联系的数人侵权中,各行为人的行为结合在一起是偶然的,当事人并未预见到。

(3) 责任承担不同。

共同侵权中,各加害人承担连带责任,而在无意思联络数人侵权的情况下,行为人的责任要依不同情况而定。分别实施侵权行为造成同一损害,每个人的侵权行为都足以造成全部损害的,行为人承担连带责任。如果只是分别实施侵权行为却造成同一损害,能够确定责任大小的,各自承担相应的责任;难以确定责任大小的,平均承担赔偿责任。

---

① 王胜明主编:《中华人民共和国侵权责任法释义》,法律出版社 2010 年版,第 71 页。
② 同上书,第 68 页。

典型案例

【案情】① 曹某骑车路经张某经营的洗车场时,因洗车场前的污水结冰,路面湿滑,致曹某摔倒受伤。张某经营的洗车场按时向乙县市政管理处交纳排水设施有偿使用费。因此,曹某诉至法院,要求张某和市政管理处共同承担赔偿责任。

【审理】 法院经审理认为,被告张某在县城内主要交通路段经营洗车场,因排放的污水流至路面结冰导致路过的行人摔伤的事实,有在场目击证人、医生的诊断证明等相互印证,足以认定。被告乙县市政管理处作为环境卫生行政主管部门,对被告张某经营的洗车场负有监督管理责任。另外,原告在上下班时间路面较滑的地段骑车疏忽大意造成伤害,自己也应负有一定的责任。故判令张某与乙县市政管理处对彼此的债务承担连带清偿责任。

【法理】 对于法院判决"张某和市政管理处承担连带清偿责任"的做法,应当认为并不妥当。

很明显,由于张某洗车场的排污和市政管理处没有尽到其应尽的管理责任而造成损害后果是一种偶然性的结合,他们之间的侵权应该属于无意思联络的共同侵权行为,其应只对自己的侵权行为承担责任,而不是连带清偿责任,且市政管理处作为市容环境卫生行政主管部门,其承担的应是行政法律责任。由于行政不作为而承担民事赔偿责任,并且要与民事赔偿主体负连带赔偿义务,显然欠缺法律上的依据。

(三) 无意思联络的共同侵权的连带责任

很多人都认为,只有共同侵权才应承担连带责任。然根据《侵权责任法》第11条的规定,法定的连带责任不等同于共同侵权行为,除共同侵权外,还存在其他承担法定连带责任的情形。

承担连带责任的情形,除了满足一般构成要件外,还需要每个行为人的侵权行为都足以造成全部损害。这里指存在聚合的因果关系,也称"累积的因果关系",其实称"叠加"更为确切。

依据原因类型不同,叠加的因果关系可以分为并存的积极原因与并存的消极原因。

并存的积极原因是指两个或两个以上的行为人的作为造成了损害结果的发生。并存的消极原因是指两个或两个以上行为人的过失不作为,造成了损害结

---

① 《曹新莲因在结冰的路面上摔倒诉洗车场经营者张玉刚、博兴县市政管理处人身损害赔偿案》,载最高人民法院中国应用法研究所编:《人民法院案例选》2004年民事专辑(总第48辑),人民法院出版社2004年版,第178页。

果,而必须各主体都尽到注意义务,损害结果才不能发生。

典型案例

【案情】① 蒋某之子驾驶归其所有的中巴客车,与甲汽车厂驾驶员游某驾驶的为该厂所有的半挂货车相撞,造成乘坐中巴车的邵某之女当场死亡。交通警察大队认定蒋某之子和游某在事故中负同等责任,死者在此事故中不负责任。双方当事人在事故处理部门调解下达成了赔偿协议书,约定:死者人身损害赔偿费由肇事双方各承担50%。协议签订后,甲汽车厂已将50%的赔偿款给付了邵某,而蒋某在给付原告部分赔偿款后,以经济困难为由,未履行其余赔偿义务。

为此,邵某向法院起诉,要求蒋某给付剩余赔偿款;并以蒋某和甲汽车厂为共同侵权人为由,要求甲汽车厂对蒋某应赔偿的部分承担连带赔偿责任。

【审理】 法院判决:被告蒋某将尚欠原告的赔偿款于判决生效后15日内给付。鉴于本案中两驾驶员主观上并无共同故意,各行为人的侵权行为具有相对独立性,并非共同故意侵权。故对原告要求甲汽车厂对蒋某应赔偿而未赔偿的款项承担连带责任于法无据,不予支持。

【法理】 本案中,两司机对死者造成的伤害应属于无意思联络的数人侵权的直接结合。《侵权责任法》第11条规定:"二人以上分别实施侵权行为造成同一损害,每个人的侵权行为都足以造成全部损害的,行为人承担连带责任。"因此,原告要求甲汽车厂承担连带赔偿责任,应当认为是有其法理基础的。

第三节 共同危险行为

一、共同危险行为的概念和构成要件

共同危险行为制度起源于德国民法,后来被各国立法所承认。《德国民法典》第830条第1款规定:"数人因共同实施侵权行为造成损害的,各人对损害均负责任。不能查明数关系人中谁的行为造成的损害的,亦同。"德国关于共同危险行为有一个经典案例,即"猎人案件":多个猎人同时向一个方向开枪,路过的行人被射中,但无法查明,究竟是哪个猎人射出的子弹击中了该行人。② 《日本民法典》第719条第1款规定:"由于多人共同的不法行为而对他人造成了损

---

① 《邵长宏等诉蒋学玉给付欠付交通事故赔偿款并应由已全部履行了自己义务的另一责任人青岛汽车厂》,载最高人民法院中国应用法研究所编:《人民法院案例选》2003年第1辑(总第43辑),人民法院出版社2003年版,第132页。

② 王胜明主编:《中华人民共和国侵权责任法释义》,法律出版社2010年版,第63页。

害时,各人对于该损害负有连带赔偿责任。无法得知共同行为人中的某一人是否施加了该损害时亦同样。"《荷兰民法典》第6：99条规定："在损害可能产生于两个或者两个以上的人各自应当承担责任的事件时,如果能够认定损害至少产生于此事件之一,这些人中的每一个人都对赔偿承担责任,除非他能证明损害不是由于他所负有责任的事件造成的。"

在我国,《民法通则》第130条仅规定了共同侵权行为,而未对共同危险行为作出明示。《最高人民法院关于民事诉讼证据的若干规定》第4条第1款第7项第一次对共同危险行为作出了规定：**"因共同危险行为致人损害的侵权诉讼,由实施危险行为的人就其行为与损害结果之间不存在因果关系承担举证责任。"** 但该规定属于程序法规则中的共同危险行为。

直至《最高人民法院关于审理人身损害赔偿案件适用法律若干问题的解释》的实施,我国方从实体规则的角度确立了共同危险性行为,以司法解释的形式将共同危险行为与狭义的共同侵权行为予以了区分。该《解释》第4条规定：**"二人以上共同实施危及他人人身安全的行为并造成损害后果,不能确定实际侵害行为人的,应当依照民法通则第130条规定承担连带责任。共同危险行为人能够证明损害后果不是由其行为造成的,不承担赔偿责任。"**

《侵权责任法》第10条规定：**"二人以上实施危及他人人身、财产安全的行为,其中一人或者数人的行为造成他人损害,能够确定具体侵权人的,由侵权人承担责任;不能确定具体侵权人的,行为人承担连带责任。"**

(一) 共同危险行为的概念

共同危险行为,又称为"准共同侵权行为",指数人的危险行为有可能造成对他人的损害,但不知数人中何人的行为造成了实际损害,法律推定数人均实施了造成损害的加害行为,准用共同侵权行为的规定。共同危险行为在立法体例上,有以下几种模式：

(1) 不区分共同危险行为与共同侵权行为。

英美侵权行为法中,不存在独立的共同危险行为,而是将其纳入共同侵权行为,作为共同侵权行为的表现形式之一。

(2) 在民法典中对共同危险行为作出规定。

《希腊民法典》第926条第2款规定："如果数人同时或者相继实施一行为,而不能确认谁的行为造成损害,则所有的与此相关的人承担连带责任。"

(3) 仅在司法实践中将共同侵权行为的规则适用于共同危险行为。

我国《侵权责任法》第10条明确规定共同危险行为之前,就是通过司法解释等其他法律渊源,来确定在实际造成了损害,又无法查明是危险行为中的何人所为的情况下,要谁承担责任,以更好地保护了被侵权人的利益。

典型案例

【案情】① 7岁的尚某和涛某二人在本村玩打纸三角游戏,而龙某、张某,刘某三个孩子在附近拿着向日葵秆互相乱打,两伙儿童相距约3米左右。当尚某扭身看龙某等三人拼打时,被迎面飞来的向日葵秆的碎刺刺入右眼。此时,龙某手中的向日葵秆半截掉在地上,半截握在手中。之后,尚某被确诊为右眼角膜穿通伤,伴事物不见,为外伤性白内障。

尚某及其监护人向法院提起诉讼,要求龙某等三被告承担致伤尚某的民事责任。

【审理】 法院经审理认为,原告右眼被刺伤,系三被告拿向日葵秆乱打所致,其损害结果与行为人的行为有直接因果关系,应承担民事责任。双方当事人均为未成年人,其监护人都应承担未尽到监护责任的相应责任,且责任均等。

【法理】 在本案的责任认定问题上,法院的审理结果并不完全合适。

本案中,龙某等三被告是无民事行为能力人,由其各自的监护人承担民事责任是没有问题的。但是,尚某的受伤,并不能明确是龙某等三人中的哪一个人的行为造成了损害,三个小孩的家长都否认是自己家小孩造成的,这正符合共同危险行为的构成要件。应判令三被告承担连带赔偿责任。

(二) 共同危险行为的构成要件

1. 共同危险行为是由数人实施的

这是共同危险行为的数量特征,也是共同危险行为成立的前提。行为人一般由自然人构成,但在某些情况下,行为人也可以由法人或者其他组织构成。加害人一方为二人以上,这一特征与共同侵权行为相同。

行为主体可以是完全民事行为能力人,亦可为限制民事行为能力人和无民事行为能力人。

2. 共同危险行为在性质上具有危险性

这是共同危险行为的本质特征。这种危险性指侵害他人合法权利的可能性。这种危险性主要表现为"虽无意,有可能,无定向"。

首先,从主观上看,行为人应没有致人损害的共同故意,只存在疏于注意的共同过失。共同危险行为人中的非致害人与致害人一样具有过错(但主要是过失),致害人与非致害人之间没有意思联络;在客观方面,共同危险行为不注重行为的一体性,而注重致害人的不能确定。

---

① 《尚景伟诉刘龙龙等三人玩耍中突然发生的损害共同侵权赔偿纠纷案》,载最高人民法院中国应用法学研究所编:《人民法院案例选(民事卷)》(1992—1999年合订本),中国法制出版社2000年版,第1561页。

其次,从客观上看,数人实施的行为有致人损害的可能性。对这种可能性的分析,可以从行为本身、周围环境以及行为人对致害可能性的控制条件上加以判断。

最后,从行为的动机看,其没有特定的指向,即没有人为的侵害方向。这一特征与构成共同侵权行为所要求的行为具有共同性相区别。

需要注意的是,共同危险行为中的"共同"指数个行为人的行为必须是在同一时间、同一场所的行为,即"时空上的共同性"。若数个行为在时间上、空间上发生分离,就不属于共同危险行为。① 共同危险行为之"共同",不同于《侵权责任法》第8条规定的狭义共同侵权行为之"共同"。

3. 具有危险性的共同行为是致人损害的原因

就具有危险性的共同行为本身看,它的危险性虽然是一种可能性,但就共同危险行为的构成看,这种危险性已经转化为现实的、客观的损害,具有危险性的共同行为与损害事实之间具有相当的因果关系。

4. 损害结果虽非全体行为人所致但不能判明谁是加害人

在共同危险行为中,损害结果的发生,不是全体共同危险行为人的行为所致,如果是全体共同危险行为人所致,即为共同侵权行为人;但是在全体共同危险行为人之中,又不能判明谁是真正的加害人,如果已经判明谁是加害人,即应由已经判明的加害人来承担责任。这一特征与共同侵权行为所要求的共同加害人必须具体明确有明显的区别。

对于是否允许部分被告提出证据证明其不是共同危险行为人,学界有肯定说和否定说。张新宝教授认为,既然"共同加害人"为推定,就应当允许其中的人证明自己没有实施侵权行为或者自己的行为与受害人的损害不具备因果关系,进而免除责任。进行这种反证,无须证明谁是加害人,亦无须解决其他加害人不确定的问题。不能进行反证的其他加害人被认定为共同危险行为人,承担相应连带责任。②

法律创设共同危险行为制度的目的在于减轻受害人的证明责任,以使受害人更易获得法律救济。因而,法律并不要求受害人穷尽一切证明手段之后,仍不能查明实际加害人时才构成"加害人不明",受害人不负责证明谁是加害人,法院亦无须主动查明谁是实际加害人。只有在危险行为人证明自己并非实际致害人时,才能免除责任。③

---

① 王胜明主编:《中华人民共和国侵权责任法释义》,法律出版社2010年版,第65页。
② 张新宝:《侵权责任法原理》,中国人民大学出版社2005年版,第88页。
③ 刘新熙、尹志强、胡安潮:《债法·侵权责任》,高等教育出版社2012年版,第218页。

5. 损害结果具有统一性

与共同侵权行为一样,共同危险行为的损害后果具有统一性,它是一个不可分割的整体,这一后果是共同危险行为作为一个整体原因而产生的结果,而不考虑其中某一加害人的个别行为对损害后果有无因果关系,即只有一个侵权主体,一个侵权责任。

二、共同危险行为与相关侵权行为的比较

(一) 共同危险行为与共同侵权行为的区别

(1) 有无共同的意思联络不同。

在共同危险行为中,必须没有意思联络,一旦各行为人之间具有意思联络,就构成共同侵权。

在共同侵权行为中,不要求都具有意思联络,但大多数情况下,都需要具有意思联络。

(2) 时空是否具有同一性不同。

在共同危险行为中,数个行为人必须在时间、空间方面具有同一性。而共同侵权行为不作此要求。

(3) 行为人是否确定方面不同。

在共同危险行为中,真正的行为人无法确定。若能确定侵权行为人,则共同危险行为转化为单独侵权行为或共同侵权行为。同时,此即为共同危险行为人的免责事由。[①] 共同侵权行为中的各个侵权行为人是明确且确定的。

(4) 行为与损害结果之间的因果关系不同。

在共同危险行为中,各个危险行为人的行为只是可能造成了损害结果,其行为与损害结果之间的因果关系是一种法律推定,即"替代因果关系"。[②]

共同侵权行为中,各侵权行为人的行为都确定地造成了受害人之损害后果,即因果关系确定。

(二) 共同危险行为与无意思联络的共同侵权的区别

(1) 行为本身有无共同的危险性不同。

在共同危险行为中,几个侵权人实施了共同危险行为。换言之,数人的行为具有共同危险性。这种危险性必须是现实存在的,但谁为加害人无法查清。行为的危险性与损害事实之间具有因果联系,也就是说,危险行为从致害的可能性变成了现实性,行为是致害的原因,损害事实的发生是行为的结果。

而在无意思联络的数人侵权中,各侵权人分别独立实施了侵权行为,其行为

[①] 王利明:《侵权行为法研究》(上卷),中国人民大学出版社2004年版,第740页。
[②] 同上书,第741页。

本身并不具有共同危险性,而是分别独立行为的偶然结合所造成的损害结果。

(2) 加害人的确定性不同。

在共同危险行为中,加害人具有不确定性,即共同危险行为实质上只是行为人中的一个或一部分是真正加害人,而不是每个人的行为都对损害结果具有因果关系。尽管损害的发生不是全体行为人所致,但行为人自己不承认其为加害人,亦无足够证据判明谁是加害人。

而在无意思联络的数人侵权中,加害人是确定的,每一个人的行为结合在一起导致了损害结果的发生。

(3) 责任承担不同。

在共同危险行为中,由于加害人具有不确定性,所以,如果加害人中有人能举证证明自己没有实施加害行为,他将被免除责任。

在无意思联络的数人侵权中,每个人都实施了独立的侵权行为,不存在免责的问题,而只存在依各自在侵权事实中的过错程度来分担责任的问题。

典型案例

【案情】① 杨某、王某和徐某三人均为十二三岁的未成年人,从缺口处翻墙跳入到甲无线电厂区内,找到一装有液体三氯乙烷的白色塑料桶,王某划火柴将液体点燃后,又提桶将桶内液体全部倒在火上,致火势突然增大并发出巨响,大火随即燎到一旁的杨某身上。随后,杨某被送往医院。经鉴定,杨某伤残等级为六级。

杨某向法院起诉,请求判令甲无线电厂、徐某和王某赔偿损失。

【审理】 法院经审理认为,杨某、徐某和王某三人玩火行为系共同实施,后果系共同造成,三人均有过错。王某和徐某应按其过错程度对杨某承担相应的赔偿责任。对于事故的发生,杨某本人也有过错,其监护人自应承担相应的责任。甲无线电厂安全管理薄弱,对造成的损害后果理应承担过失责任。故对杨某要求甲无线电厂、徐某和王某赔偿损失的诉讼请求的合理部分,予以支持。

【法理】 本案中,对于杨某与王某、徐某这点火取乐的行为,无疑应认定为共同危险行为。被告事先并无意思联络,只是在偶然的情况下,使各方无意思联络人的行为结合而导致同一损害结果,各人的行为共同构成了损害产生的条件,这是一种既不同于共同侵权又不同于共同危险行为的无意思联络的数人侵权行为。

---

① 《杨劼诉王磊等在共同玩耍中翻墙进入大华无线电厂内寻得易燃品后占燃取乐被烧伤人身损害赔偿案》,载最高人民法院中国应用法学研究所编:《人民法院案例选》2003 年第 2 辑(总第 32 辑),人民法院出版社 2003 年版,第 130 页。

（三）共同危险行为与《侵权责任法》第 87 条的区别

《侵权责任法》第 87 条规定："**从建筑物中抛掷物品或者从建筑物上坠落的物品造成他人损害，难以确定具体侵权人的，除能够证明自己不是侵权人的外，由可能加害的建筑物使用人给予补偿。**"本条是关于"从建筑物中抛掷物品或从建筑物上坠落的物品造成他人损害，难以确定具体加害人"的规定，其本质是公平责任之补偿。

而共同危险行为适用的是过错推定原则，其与 87 条在免责事由上的区别是：前者的免责事由是证明损害后果与自己的行为不存在因果关系，或明知其他共同危险人为具体加害人；后者的免责事由是证明自己不是具体侵权行为人，例如证明自己当时不在建筑物内、自己未实施抛物行为等，或指明具体侵权行为人。

三、共同危险行为的责任承担

（一）共同危险行为的归责原则

共同危险行为人承担连带责任。该归责基础在于，法律在无法确定实际侵害人的情况下，基于对受害人提供保护的考虑和每个危险行为人的行为都有致害的危险性的认定，考虑到全体危险行为人的过失，将全体危险行为人认定为一个侵权主体，为保护受害人的合法权益，增加受害人的获赔几率。

（二）共同危险行为的责任承担

1. 对内责任

在共同危险行为的数个加害人作为一个整体对损害结果承担连带的民事责任后，共同危险行为人之间的责任应如何分担，主要有两种学说：即过错程度说和平均分担说。共同危险行为的责任基础是过错责任，但要将行为人的过错程度区别开来却有困难，因为共同危险行为人参与共同危险行为，其过失基本是相同的，故"平均分担说"更为合理。

2. 对外责任

各共同危险行为人对受害人承担连带赔偿责任。《侵权责任法》第 13 条规定："**法律规定承担连带责任的，被侵权人有权请求部分或者全部连带责任人承担责任。**"连带责任是法定责任，连带责任人不能通过协议方式改变责任的性质，对于内部责任份额的约定，对外不发生效力。因此，对侵权行为人而言，连带责任是比较严重的责任方式。《侵权责任法》中，侵权行为人承担连带责任的情形有：

第 8 条规定："二人以上共同实施侵权行为，造成他人损害的，应当承担连带责任。"

第 9 条第 1 款规定："**教唆、帮助他人实施侵权行为的，应当与行为人承担连**

带责任。"

第 10 条规定:"二人以上实施危及他人人身、财产安全的行为,其中一人或者数人的行为造成他人损害,能够确定具体侵权人的,由侵权人承担责任;不能确定具体侵权人的,行为人承担连带责任。"

第 11 条规定:"二人以上分别实施侵权行为造成同一损害,每个人的侵权行为都足以造成全部损害的,行为人承担连带责任。"

第 36 条第 2 款、第 3 款规定:"网络用户利用网络服务实施侵权行为的,被侵权人有权通知网络服务提供者采取删除、屏蔽、断开链接等必要措施。网络服务提供者接到通知后未及时采取必要措施的,对损害的扩大部分与该网络用户承担连带责任。网络服务提供者知道网络用户利用其网络服务侵害他人民事权益,未采取必要措施的,与该网络用户承担连带责任。"

第 74 条规定:"遗失、抛弃高度危险物造成他人损害的,由所有人承担侵权责任。所有人将高度危险物交由他人管理的,由管理人承担侵权责任;所有人有过错的,与管理人承担连带责任。"

第 75 条规定:"非法占有高度危险物造成他人损害的,由非法占有人承担侵权责任。所有人、管理人不能证明对防止他人非法占有尽到高度注意义务的,与非法占有人承担连带责任。"

第 86 条第 1 款规定:"建筑物、构筑物或者其他设施倒塌造成他人损害的,由建设单位与施工单位承担连带责任。建设单位、施工单位赔偿后,有其他责任人的,有权向其他责任人追偿。"

需要注意的是,《侵权责任法》改变了现行司法解释中关于"雇主和雇员承担连带责任"的规定,用人单位侵权责任和个人间形成劳务的侵权责任不再适用连带责任,而应适用替代责任。

四、共同危险行为的免责事由

(一) 共同危险行为的免责事由的不同学说

(1) 因果关系排除说。

允许共同危险行为人反证证明自己的行为与损害结果之间不存在因果关系,从而免于承担责任。那么,共同危险行为人只要能证明自己的行为与损害结果之间不存在因果关系,自己的行为不可能造成该损害,即应当免责。对于真正的加害人,共同危险行为人不负举证义务。

(2) 因果关系证明说。

该说首先允许共同危险行为人通过因果关系排除而免责。其次,共同危险行为人仅证明自己与损害结果之间不存在因果关系,不足以免责,只有证明谁的行为与损害结果之间存在因果关系,方能免除责任。

（二）我国的共同危险行为的免责事由

《最高人民法院关于民事诉讼证据的若干规定》第4条第1款第7项的规定，实际上是从程序法证明规则的角度，肯定了因果关系排除说。《最高人民法院关于审理人身损害赔偿案件适用法律若干问题的解释》第4条亦从实体规则的角度，对因果关系排除说予以了回应。因此，我国司法实务中一直采纳的是因果关系排除说。

《侵权责任法》施行后，第10条改变了司法实务的立场，采纳了因果关系证明说，即不能确定具体加害人的，由行为人承担连带责任，只有在确定具体加害人的情形下，其他行为人才可以免除责任。以刘新熙教授为代表的学者认为采用因果关系排除说更能平衡双方当事人的利益。理由有四：

（1）共同危险行为制度之本质是因果关系推定制度。

其目的在于减轻受害人的举证责任，确保受害人获得救济，而非为受害人寻找更多的债务人。

（2）侵权责任的因果关系要件属于事实证明问题。

因果关系推定属于事实推定，而依照法理，凡属事实推定，受不利当事人均可通过事实反证方式以推翻该项推定。

（3）事实上绝无全部行为人皆可免责之可能。

对于认为司法实务中可能出现所有的共同危险行为人均证明自己的行为与损害后果之间不存在因果关系，致使全部行为人皆可免责的情形，实际上是"逻辑上或有可能，事实上殊无此例"。①

（4）共同危险行为人能够定实际加害人即不再是共同危险行为。

此种情况下，该共同危险行为就转化为单独侵权行为，有具体加害人承担侵权责任，而无需在共同危险行为中作为免责事由来予以规定。②

【拓展链接】③

除共同侵权行为人、共同危险行为人等承担共同侵权责任外，广告主和广告经营者、《产品质量法》中的共同侵权、证券市场虚假陈述的法定共同侵权等亦可能承担共同侵权责任。

一、广告主和广告经营者的共同侵权

《广告法》第38条第1款规定："违反本法规定，发布虚假广告，欺骗和误导消费者，使购买商品或者接受服务的消费者的合法权益受到损害的，由广告主依

---

① 奚晓明主编：《侵权责任法条文理解与适用》，人民法院出版社2010年版，第86页。转引自刘新熙、尹志强、胡安潮：《债法·侵权责任》，高等教育出版社2012年版，第221页—221页。
② 参见刘新熙、尹志强、胡安潮：《债法·侵权责任》，高等教育出版社2012年版，第221页。
③ 参见张新宝：《侵权责任法原理》，中国人民大学出版社2005年版，第89—92页。

法承担民事责任;广告经营者、广告发布者明知或者应知广告虚假仍设计、制作、发布的,应当依法承担连带责任。"

《广告法》第38条第3款规定:"社会团体或者其他组织,在虚假广告中向消费者推荐商品或者服务,使消费者的合法权益受到损害的,应当依法承担连带责任。"

二、《产品质量法》中的共同侵权

《产品质量法》第52条规定:"产品质量认证机构违反本法第21条第2款的规定,对不符合认证标准而使用认证标志的产品,未依法要求其改正或者取消其使用认证标志资格的,对因产品不符合认证标准给消费者造成的损失,与产品的生产者、销售者承担连带责任;情节严重的,撤销其认证资格。"

第58条规定:"社会团体、社会中介机构对产品质量作出承诺、保证,而该产品又不符合其承诺、保证的质量要求,给消费者造成损失的,与产品的生产者、销售者承担连带责任。"

三、《证券法》中公司董事的共同侵权

《证券法》第47条规定:"上市公司董事、监事、高级管理人员、持有上市公司股份5%以上的股东,将其持有的该公司的股票在买入后6个月内卖出,或者在卖出后6个月内又买入,由此所得收益归该公司所有,公司董事会应当收回其所得收益。但是,证券公司因包销购入售后剩余股票而持有5%以上股份的,卖出该股票不受6个月时间限制。公司董事会不按照前款规定执行的,股东有权要求董事会在30日内执行。公司董事会未在上述期限内执行的,股东有权为了公司的利益以自己的名义直接向人民法院提起诉讼。公司董事会不按照第1款的规定执行的,负有责任的董事依法承担连带责任。"

第69条规定:"发行人、上市公司公告的招股说明书、公司债券募集办法、财务会计报告、上市报告文件、年度报告、中期报告、临时报告以及其他信息披露资料,有虚假记载、误导性陈述或者重大遗漏,致使投资者在证券交易中遭受损失的,发行人、上市公司应当承担赔偿责任;发行人、上市公司的董事、监事、高级管理人员和其他直接责任人员以及保荐人、承销的证券公司,应当与发行人、上市公司承担连带赔偿责任,但是能够证明自己没有过错的除外;发行人、上市公司的控股股东、实际控制人有过错的,应当与发行人、上市公司承担连带赔偿责任。"

第173条规定:"证券服务机构为证券的发行、上市、交易等证券业务活动制作、出具审计报告、资产评估报告、财务顾问报告、资信评级报告或者法律意见书等文件,应当勤勉尽责,对所依据的文件资料内容的真实性、准确性、完整性进行核查和验证。其制作、出具的文件有虚假记载、误导性陈述或者重大遗漏,给他人造成损失的,应当与发行人、上市公司承担连带赔偿责任,但是能够证明自

已没有过错的除外。"

第190条规定："证券公司承销或者代理买卖未经核准擅自公开发行的证券的,责令停止承销或者代理买卖,没收违法所得,并处以违法所得1倍以上5倍以下的罚款;没有违法所得或者违法所得不足30万元的,处以30万元以上60万元以下的罚款。给投资者造成损失的,应当与发行人承担连带赔偿责任。对直接负责的主管人员和其他直接责任人员给予警告,撤销任职资格或者证券从业资格,并处以3万元以上30万元以下的罚款。"

四、证券市场虚假陈述的法定共同侵权

《最高人民法院关于审理证券市场因虚假陈述引发的民事赔偿案件的若干规定》第26条规定："发起人对发行人信息披露提供担保的,发起人与发行人对投资人的损失承担连带责任。"

第27条规定："证券承销商、证券上市推荐人或者专业中介服务机构,知道或者应当知道发行人或者上市公司虚假陈述,而不予纠正或者不出具保留意见的,构成共同侵权,对投资人的损失承担连带责任。"

第28条规定："发行人、上市公司、证券承销商、证券上市推荐人负有责任的董事、监事和经理等高级管理人员有下列情形之一的,应当认定为共同虚假陈述,分别与发行人、上市公司、证券承销商、证券上市推荐人对投资人的损失承担连带责任:(一) 参与虚假陈述的;(二) 知道或者应当知道虚假陈述而未明确表示反对的;(三) 其他应当负有责任的情形。"

【推荐阅读】

1. 刘新熙、尹志强、胡安潮:《债法·侵权责任》,高等教育出版社2012年版。
2. 胡岩:《中国侵权责任法案例教程》,知识产权出版社2011年版。
3. 江平、费安玲主编:《中国侵权责任法教程》,知识产权出版社2010年版。
4. 王胜明主编:《中华人民共和国侵权责任法释义》,法律出版社2010年版。
5. 张铁薇:《共同侵权责任研究》,法律出版社2007年版。
6. 张新宝:《侵权责任法原理》,中国人民大学出版社2005年版。
7. 王利明:《侵权行为法研究》(上卷),中国人民大学出版社2004年版。

第五章 侵权损害赔偿范围

第一节 侵权损害赔偿范围概述

一、侵权损害赔偿范围的内涵

在依据归责原则确定了侵权责任归属于何人后,就该考虑究竟哪些人有权向责任人,就哪些方面的损害,主张损害赔偿,这就涉及损害赔偿的范围问题了。

《民法通则》第117条至120条对侵权损害赔偿的范围作出了一般性规定;《民通意见》第142条至147条和《最高人民法院关于审理人身损害赔偿案件适用法律若干问题的解释》确立了人身损害赔偿的范围;而《民通意见》第150条、《最高人民法院关于审理名誉权案件若干问题的解答》第10条第4款和《最高人民法院关于确定民事侵权精神损害赔偿责任若干问题的解释》亦明确了精神损害赔偿之范围。

(一)狭义的损害赔偿范围

狭义的损害赔偿范围仅仅是损害赔偿标的之范围,即享有赔偿请求权的民事主体,可以就自己的哪些损害来向损害赔偿的义务主体提出损害赔偿的请求。

损害赔偿的标的范围只是广义的损害赔偿的标的范围中的一个层面,只研究损害发生后,权利人可以就自己所遭受的损害行使损害赔偿请求权标的的范围。

(二)广义的损害赔偿范围

从广义上理解,损害赔偿范围除损害赔偿标的之范围以外,还包括赔偿权利主体的范围,即损害发生以后,究竟哪些主体才有权利请求损害赔偿的问题。这在侵权责任法律关系的三要素中,已有讨论。

二、损害赔偿范围的类型

(一)财产权损害赔偿范围与非财产权损害赔偿范围

这是依据损害事实所侵犯的权利客体类型的不同所作的划分。

1. 财产损害的概念与特征

财产损害指侵权行为侵害财产权,是财产权的客体遭受破坏,其使用价值和价值贬损、减少或者完全丧失,或者破坏了财产权人对于财产权客体的支配关系,使财产权人的财产利益受到损失,从而导致权利人拥有的财产价值减少和可得财产利益的丧失。① 故可见,首先,财产损害乃因侵权行为而导致财产权遭受损害的结果;其次,财产损害改变了财产的价值量,而非仅物理形态之变化;再次,财产价值量因财产损害而减少或灭失。

2. 财产损害赔偿范围的确定

建立侵权损害赔偿制度的主要目的在于补偿受害人的损失。而所谓"补偿"就是要以实际损失的大小为依据。《侵权责任法》第 19 条规定:**"侵害他人财产的,财产损失按照损失发生时的市场价格或者其他方式计算。"**

确定财产损害赔偿的范围自然与确定刑事责任的方法有不同,故加害人的过错程度、侵权行为的损害程度、加害人认错态度的好坏等因素对认定刑事责任的轻重可能起非常大的作用,而在认定财产赔偿范围的大小时,则一般不予考虑。

(1) 财产损害赔偿的计算方式之多样性。

我国《侵权责任法》第 19 条规定:**"侵害他人财产的,财产损失按照损失发生时的市场价格或者其他方式计算。"** 财产损失应首先依照损失发生时的市场价值予以计算,而非诉讼开始时或财产购买时的财产价值。需要注意的是,若财产灭失应根据"年折旧额 =(取得成本 – 残存价额)× 法定年折旧率"计算财产折旧率,确定财产损失②。

同时,法律依据特别法优于一般法之规则,允许"以其他方式"计算财产损失。《专利法》第 65 条第 1 款规定:"侵犯专利权的赔偿数额按照权利人因被侵权所受到的实际损失确定;实际损失难以确定的,可以按照侵权人因侵权所获得的利益确定。权利人的损失或者侵权人获得的利益难以确定的,参照该专利许可使用费的倍数合理确定。赔偿数额还应当包括权利人为制止侵权行为所支付的合理开支。"

《商标法》第 56 条规定:"侵犯商标专用权的赔偿数额,为侵权人在侵权期间因侵权所获得的利益,或者被侵权人在被侵权期间因被侵权所受到的损失,包括被侵权人为制止侵权行为所支付的合理开支。前款所称侵权人因侵权所得利益,或者被侵权人因被侵权所受损失难以确定的,由人民法院根据侵权行为的情节判决给予五十万元以下的赔偿。销售不知道是侵犯注册商标专用权的商品,能证明该商品是自己合法取得的并说明提供者的,不承担赔偿责任。"

《著作权法》第 49 条第 1 款规定:"侵犯著作权或者与著作权有关的权利的,侵权人应当按照权利人的实际损失给予赔偿;实际损失难以计算的,可以按照侵权人的违法所得给予赔偿。赔偿数额还应当包括权利人为制止侵权行为所支付的合理开支。"

---

① 杨立新:《侵权行为法专论》,高等教育出版社 2005 年版,第 355 页。
② 刘新熙、尹志强、胡安潮:《债法:侵权责任》,高等教育出版社 2012 年版,第 254 页。

对于侵害股权所造成的损失,可依照《公司法》等相关法律法规的规定计算。

(2) 财产损害赔偿方式之选择性。

财产损害赔偿方式可以是折价赔偿。折价赔偿是对实物之损害不能恢复原状、返还财物时,以物所遭受的损害折合成现金的金钱赔偿。其关键在于依据《侵权责任法》第19条对损失进行计算。

同时,《侵权责任法》第25条还规定:"损害发生后,当事人可以协商赔偿费用的支付方式。协商不一致的,赔偿费用应当一次性支付;一次性支付确有困难的,可以分期支付,但应当提供相应的担保。"

财产损害赔偿方式也可以是实物赔偿。通过给付受害人与受毁损、灭失的财产同种类、同等级、同质量的实物,以弥补受害人的损失。值得一提的是,受损或灭失的财产多为有一定使用年限的财产,涉及折旧问题,而侵权行为人赔偿的实物多为购买的新的种类物。故此时应按照受损坏财产的实际折旧,计算差价,由受害人按差价找价,较公平合理。①

对于直接损失,折价赔偿和实物赔偿均可适用;对于间接损失,则只能适用折价赔偿方式。

典型案例

【案情】② 蔡某向市邮电局购买了一部移动电话,后以该电话电源打不开为由要求检修。检修后几日,蔡某又以电话存在自动关机的故障为由,请求市邮电局予以换机。换机后不久,蔡某因该电话存在技术故障又要求检测。其后,蔡某又取得了免费更换的第三部及第四部电话。在取得第四部电话后,蔡某认为该机仍旧存在质量问题,与市邮电局协商未果后,蔡某遂诉诸法院。

【审理】 法院经审理认为,蔡某与市邮电局之间买卖移动电话的合同成立且生效。经检测,第一、二部电话均存在质量问题。因此判决蔡某退还其拥有的第四部电话,市邮电局退还蔡某购机款8千余元。

【法理】 蔡某的手机出现质量问题后,可在更换、修复等数宗给付中选择其一行使。此时,修复自是恢复原状,而更换则是通过给付受害人与受毁损、灭失的财产同种类、同等级、同质量的实物,以弥补受害人的损失,属于实物补偿。至于退还购机款,考虑到折旧,则属于折价赔偿的性质。

---

① 杨立新:《侵权行为法专论》,高等教育出版社2005年版,第366页。
② 《蔡志鸿诉厦门市邮电局购机后因故障连续更换四次要求退机赔偿案》,载最高人民法院中国应用法学研究所编:《人民法院案例选》1999年第2辑(总第28辑),人民法院出版社1999年版,第38页。

财产损害赔偿方式还可以是恢复原状和返还财产。在财产所有权人丧失对财产的实际控制时,应首先考虑由侵权行为人返还财产;在财产不能返还时,才考虑折价赔偿。当财产遭受毁损和灭失时,恢复原状、折价赔偿和实物赔偿均可适用,无先后顺序。

3. 非财产权损害赔偿范围

通说认为,"非财产权"是指与权利主体之人格、身份不可分离的权利,可再分为人格权与身份权。[①] 因此,对非财产权的损害就是对人身权的损害。一般而言,非财产权损害赔偿范围都是法定的。

(二) 违约损害赔偿范围与侵权损害赔偿范围

这是依据损害赔偿事实产生的不同原因所作的划分。

(1) 违约损害赔偿范围。

违约损害赔偿范围既可以是约定的,也可以是法定的。法律只在当事人无法自行约定解决违约损害赔偿的范围时才给予救济。

(2) 侵权损害赔偿范围。

我国《侵权责任法》对财产损害赔偿的计算方法、人身损害赔偿的范围、精神损害赔偿、不承担责任和减轻责任的情形等问题进行了系统的规定,并进一步确立了"同命同价"的原则。这些都为在司法实践中确定损害赔偿的范围提供了明确的法律依据。

(三) 直接损失与间接损失之赔偿

1. 直接损失

直接损失是指加害人的加害行为直接造成的受害人财产的减少,是一种积极的损害。对于直接损失,加害人自应予以足额赔偿。

在计算直接损失的时候,应该单独地就该损失进行衡量,而不必衡量该财产在受到侵害前和受到侵害后的两种状态差异。

2. 间接损失

间接损失即可得利益损失,是指受害人本来可以得到的,但是因为加害人的加害行为而丧失的利益,是一种消极的损害。间接损失一般也应予以赔偿。其理由是,在正常情况下,若没有加害人的加害行为,受害人是可以得到这种利益的,由于加害人的侵权行为,却没能得到这种利益。这对受害人来说,与直接的财产损失只存在形式上的不同,而没有实质上的区别。如果法律不保护这种利益,对受害人的保护就是不充分的,侵权法的补偿目的就不能完全达到,对加害人的惩罚功能更是实现不了。

间接损失的特点有:一是损失是未来的可得利益,在侵权行为实施时就具有

[①] 梁慧星:《民法总论》,法律出版社2001年版,第78页。

财产取得的可能性;二是丧失的未来利益并非遥不可及而是极有可能实现的;三是未来的可得利益产生于受损害的财产,有确定的范围。

间接损失的常见类型包括:劳动能力的丧失或者减损;工作机会的剥夺;物的市价与交易价格的差异;交易机会的丧失。

间接损失的计算一般是根据损害事故发生前后受害人的财产状况的变动来予以衡量的。特殊情况是,对于人身伤害和精神损害赔偿,或者是法律明确规定了赔偿的项目或用酌量方法一并予以计算的,就无须再区分直接损失和间接损失,只需按项目计算赔偿额,就已经包含了对间接损失的保护。

但是,间接损失须具有合理预见性,是可以期待并必然获得的,不能无限制地扩大。这是为了防止对加害人苛责过重而有失公允,故对受害人的损害赔偿请求权范围予以必要的限制。

第二节 确定损害赔偿范围的原则

一、赔偿原则与归责原则的区别

在研究损害赔偿责任范围时,要使用赔偿原则这一概念。归责原则与赔偿原则是侵权责任法的两种不同的原则,赔偿原则是指在确定责任后,确定赔偿数额和方式时应遵循的规则。二者区别如下:

(一) 作用不同

归责原则的作用是为了确定侵权行为人应否负赔偿责任,解决侵权责任由谁承担的问题,如果依据过错责任原则,有过错的侵权行为人就要承担损害赔偿责任;如果行为人没有过错,对造成的损失就不承担赔偿责任。

赔偿原则解决的是"怎么赔"以及"赔多少"的问题,如全部赔偿、限定赔偿、惩罚性赔偿、过失相抵以及考虑当地生活水平和当事人经济状况进行赔偿等。

(二) 内容不同

归责原则包括过错责任原则、过错推定原则和无过错责任原则等。而赔偿原则包括全部赔偿原则、财产赔偿原则、损益相抵原则、过失相抵原则和衡平原则等。

(三) 地位不同

归责原则在《侵权责任法》中居于核心地位,赔偿原则是侵权责任法归责原则的具体落实。归责原则在实践中对损害赔偿案件的解决起着决定性的作用,没有归责原则,侵权责任法就失去了灵魂。而赔偿原则是在确定了赔偿责任的基础上来确定赔偿范围的。因此,赔偿原则是受归责原则制约、决定的原则。

二、全部赔偿原则

(一) 全部赔偿原则的概念

全部赔偿指侵权行为加害人在承担赔偿责任时,应当以行为所造成的实际财产损失的大小为依据,对受害人予以全部的赔偿。只有采用全部赔偿原则,受害人的损失才能够得到充分的补偿,侵权法的填补功能才能够得以实现。全部赔偿主要适用于财产损害赔偿,对于精神损害赔偿,采用适当补偿原则。其理由是,财产损害是可确定的;而精神痛苦无法通过金钱或计量单位予以确定。

全部赔偿不同于全额赔偿:前者包括了赔偿范围和赔偿数额两方面的内容,后者仅指赔偿数额;前者包括了人身损害、财产损失和精神损害的赔偿范围及数额,后者只包括财产损失的赔偿数额。显然,全额赔偿包含于全部赔偿之中。[1]

为使受害人能够得到充分的救济,现代民法在侵权损害赔偿范围的界定上莫不以全部赔偿为原则。侵权行为造成的实际损失,不管是直接损失还是间接损失,也不管是物质损失还是精神损失,只要与侵权行为具有因果关系,加害人都要予以赔偿,力求使受害人恢复到侵害行为没有发生时的境况。

对于受害人为恢复权利、减少损害而支出的必要费用,加害人也应予以赔偿。诉讼费用也是受害人为恢复权利而不得不支出的必要费用,故我国法律规定诉讼费用由败诉一方承担,是完全符合全部赔偿原则的。只是在计算的时候,法院把诉讼费用单列,而不计入损害赔偿的范围,但这只是形式上的问题而已。

(二) 全部赔偿原则的限制

(1) 全部赔偿以实际损害为限。

侵权行为的不法性主要体现在其破坏了原有法律关系的平衡与确定,而秩序与自由正是侵权法所追求的价值。因此,侵权法对侵权行为的法律评价就是要求通过侵权行为的制裁达到恢复被破坏的法律关系的目的。[2] 因此,为保护受害人利益,受害人损失多少赔偿多少,此即"填平原则"。而不以侵权行为人过错程度的轻重,侵权行为的社会危害性大小等作为确定赔偿责任大小的依据。社会危害性的大小是确定刑事责任的依据,而侵权行为的过错程度在确定精神损害赔偿时具有重要作用,若为故意或重大过失,行为人需承担较重的精神损害赔偿责任。[3]

---

[1] 杨立新:《侵权法论(下)》,吉林人民出版社2000年版,第596页。
[2] 刘新熙、尹志强、胡安潮《债法:侵权责任》,高等教育出版社2012年版,第246页。
[3] 参见杨立新:《侵权行为法专论》,高等教育出版社2005年版,第325页。

(2) 全部赔偿以合理损失为限。

在全部赔偿原则下,赔偿的也只能够是合理的损失,而不包括不合理的损失,如受害人借故增加的开支就不在赔偿之列。

(3) 以直接损失和可得利益损失为限。

典型案例

【案情】[①] 陈甲未经陈乙同意在其自留山上进行开发,并种上梨树、柑橘树等计160株。陈乙等先后两次到其自留山上将陈甲开垦土地上种植的果树砍掉。

陈甲诉至法院,要求陈乙赔偿开发荒山损失费用和赔偿苗木损失3000元,并要求陈乙按同种果树给予补植,恢复原状。

【审理】 一审法院经审理认为,原告未经有关部门批准和被告方同意,擅自在被告的自留山内开垦种植果树,侵权在先。现原告要求被告赔偿被砍掉果树的经济损失的主张,不予支持。故判决驳回起诉。陈乙不服,提出上诉。

二审法院经审理认为,上诉人未经被上诉人同意,擅自在被上诉人的自留山内开垦种植果树,属侵权行为,对此造成的损失自己应承担主要责任,即70%的责任。对上诉人的侵权行为,被上诉人未通过正当途径解决,私自砍掉上诉人种植的果树,造成上诉人不应有的损失,也存在一定的过错,其对上诉人的损失应承担30%的赔偿责任。

【法理】 原告的实际损失包括开垦荒山的费用和果树苗木损失,但由于原告在先实施的"种植果树行为"是非法的,故赔偿的范围应仅限于原告的果树苗木损失,而开垦荒山的损失费用属不合理损失,应予排除。

(三) 实际损失的确定

当损害发生时,为实现全部赔偿,尚需对侵权行为所造成的实际损害加以确定。而确定实际损害的大小,需注意以下几个方面的问题:

(1) 必须弄清法律之所以要保护该合法权益的意旨所在。

侵权行为之所以受到法律的禁止,就是因为它侵犯了法律所保护的权利或者利益。对受害人的损害赔偿,应当根据法律的意旨确定其范围。超出法律所保护意旨的利益损害,不应给予赔偿。

[①] 《陈成裕因种在被告自留山上的果树被砍诉陈石金赔偿损失案》,载最高人民法院中国应用法学研究所编:《人民法院案例选》2003年第4辑(总第46辑),人民法院出版社2004年版,第149页。转引自李显冬主编:《侵权责任法典型案例实务教程》,中国人民公安大学出版社2011年版,第524页。

(2) 确定的实际损害必须与侵权行为之间具有因果关系。

毋庸置疑,与侵权行为没有相当因果关系的损害,是不应予以赔偿的。例如,受害人虽因侵权行为受伤住院治疗,并因患败血症死亡的损害,应列入赔偿范围;因医院失火而被烧死的损害,不应计入加害人的赔偿范围。[①]

(3) 必要时还应考虑行为人到主观过错程度。

一般来说,实际损害的确定不能以加害人过错程度的轻重为依据,也不能以行为社会危害性的大小为依据。但在确定精神损害赔偿的实际损害时,应考虑侵权行为人的主观过错。

三、损益相抵原则

损益相抵原则是确定侵权损害赔偿净损失的原则,通过损益相抵确定的赔偿范围,符合侵权责任的补偿目的,受害人不会因侵权损害赔偿而获益。但是,损益相抵原则亦不是为了减轻侵权行为人的责任,故侵权行为人不得基于损益相抵原则主张减轻或免除侵权责任。这也是损益相抵原则与过失相抵原则的区别。

我国《民法通则》和《侵权责任法》均未明示这一规则。

(一) 损益相抵原则概述

1. 损益相抵原则的概念

损益相抵原则指赔偿权利人基于发生损害的同一原因而获益的,应从损害额内扣除利益,由赔偿义务人就差额予以赔偿的确定损害赔偿范围的规则。也有学者认为从损害额里扣除利益,不是基于当事人的意思表示而发生效力,与债的抵消中"抵消"一词的含义并不相同,故采用"损益相消"的称谓更为科学。

2. 损益相抵原则的特征

罗马法已经出现了"损益相抵"原则,德国的普通法进一步完善了该原则,现代各国民法在损害赔偿中普遍采纳了这一原则。一般认为,损益相抵原则具有以下的特征:

(1) 损益相抵适用于一切损害赔偿的场合。

从原则适用的范围看,损益相抵原则是适用于一切损害赔偿场合的原则。不单在侵权导致的损害赔偿里可以适用,在违约导致的损害赔偿之债里也可以适用。

(2) 损益相抵决定着赔偿范围的大小以及如何承担。

从原则具有的功能看,损益相抵原则是确定侵权损害赔偿范围大小以及如何承担的原则,而非应否承担责任之规则。损害赔偿责任已经确定地由加害人

[①] 杨立新主编:《侵权法实务全书(上)》,吉林人民出版社1999年版,第365页。

承担,是损益相抵原则适用的前提条件。损益相抵原则不解决损害赔偿责任是否应予承担的问题。

(3) 损益相抵的内容为损害额扣除同一原因产生的利益之差。

从原则的具体内容看,损益相抵原则所确定的赔偿,是损害额内扣除因同一原因而产生的利益额之差,而非全部赔偿额。例如,房屋因爆炸震塌,对于房屋所有权人而言为损害,其固得请求赔偿,因倒塌而呈现之建筑材料,对于房屋所有权人而言为利益。[①]

(4) 法官应该依职权主动适用损益相抵原则。

从原则的适用程序看,损益相抵原则应当由法官依职权行使。在诉讼中,即使当事人没有提出损益相抵的主张,法官也应依职权主动适用该原则。

3. 损益相抵原则的理论基础

为什么要在认定损害赔偿的范围时适用损益相抵原则呢？对此,理论上有不同的学说,最具代表性的是下面两种观点[②]:

(1) 基于"利益说"来确定损益相抵原则。

该理论认为,损害即受害人对于损害事故所感受之利害关系,亦即其对损害事故享有之利益。而利益的计算是以受害人二财产状况的差额为准。所谓"二财产状况",一指如若不发生损害事故,受害人财产应有的状况,二是指损害事故发生后,受害人财产实际的状况。计算时须将受害人所受损害与所得利益全部列入方能求得。

因此,若受害人因为同一损害原因而受有利益,则该利益应予列入。这一理论的着眼点在于损害利益的实际减损。

(2) 基于"禁止得利说"来确定损益相抵原则。

该理论认为,损害赔偿的目的在于填补损害,所以损害赔偿的大小应当与损害的大小一致,不可少亦不可多。损害赔偿的结果是,受害人不能取得比没有损害事故发生时更为优越的地位。所以,若因同一原因受损又受益的,则"损害"仅存于损害与利益的差额,而非存于损害的全部。利益大于或者等于损害时,则无损害可言。利益小于损害时,则计算损害时应当扣除利益。这一理论的着眼点在于禁止受害人额外得利。

"利益说"的观点主要流行于德国,大陆法系的其他国家(如法国)和英美等普通法系国家则采纳了"禁止得利说"。就世界范围而言,"禁止得利说"的观点占优势。我国学者也赞成"禁止得利说"。

与"利益说"的观点相比,"禁止得利说"的观点更符合公平、正义的原则,也

---

① 参见杨立新:《侵权行为法专论》,高等教育出版社 2005 年版,第 327 页。
② 参见曾世雄:《损害赔偿法原理》,中国政法大学出版社 2001 年版,第 237—238 页。

更好地体现了侵权责任法补偿功能的基本要求,更易于被人接受,操作起来也更简单方便。

(二) 损益相抵原则的构成要件

适用损益相抵原则必须符合一定条件,即所谓"损益相抵原则的构成要件"。一般认为,适用损益相抵原则要符合以下三个要件:

(1) 须有侵权损害赔偿之债成立。

损益相抵原则是在侵权损害赔偿之债中计算实际损失大小时适用的一个原则,若侵权赔偿之债不存在,则自无适用的余地。

(2) 须受害人因同一侵权行为而受有利益。

就"损益相抵"而言,仅从字面即可看出,受害人既有损也有益。如果受害人只是纯粹受损,并未获得利益,纵有损害赔偿之债成立,亦无适用该原则的余地。这里所说的"利益"既包括积极利益也包括消极利益。积极利益为受害人现有财产的增加,消极利益则为受害人应当减少的利益没有减少,如房屋倒塌后残存的建筑材料是积极利益,受伤住院后免于支付的伙食费则是消极利益。

受害人因同一侵权行为获得的利益应为财产上的利益,对非财产性的精神利益,不得适用损益相抵。

(3) 须损害事实与所得利益之间存在因果关系。

通说认为,虽然损益相抵原则不以相当因果关系为绝对标准,但是受益和损害事实之间必须具有某种因果上的关联。

(三) 损益相抵原则的适用和排除

损益相抵原则作为损害赔偿的一个基本原则,具有广阔的适用空间。不单对于金钱损害赔偿可以适用,对于恢复原状也可以适用。在计算损害赔偿大小的时候,只要充分符合损益相抵原则的构成要件,就应适用该原则。

1. 损益相抵的准则

所谓"损益相抵的准则",就是指确定应予扣除的利益范围时应当遵守的准则,即对于什么样的收益应在赔偿中予以扣除。

(1) 损益同源说。

最早,德国国家商事法院通过判例创立了"损益同源"的标准,即利益和损害必须出于同一事故。只有利益的取得依照常理全部可归因于损害事故时,才可以主张扣除。

(2) 相当因果关系说。

后来,"相当因果关系说"开始流行,并逐渐代替"损益同源说"取得统治地位。"相当因果关系说"主张,损益是否相抵应以利益和损害事故之间有无因果关系为准。

（3）法规意旨说，亦称法律规范目的说。

"相当因果关系说"在运用时暴露了不少缺陷，于是现代学者又提出了"法规意旨说"。该说认为，利益是否扣除不绝对依赖利益和损害事故之间是否具有严格的因果关系，而取决于法规的意旨。法规可以根据实际情况作出调整，使得损害赔偿的范围认定更加公正合理。

在司法实践中，一般情况下，应依据"相当因果关系说"来确定应予扣除的收益的范围，而在特定情况下，应结合法律规范的目的来排除某些依据相当因果关系应予扣除的收益。

2. 通常应当予以扣除的利益

依据各国司法实践，应予扣除的利益一般包括：

（1）物被毁损后所产生的新利益。

如建筑物毁损后所遗留的木板，汽车爆炸后所残存的可用零件，森林起火后所剩下的木炭，这些都是物被毁损后的新生利益。

（2）实物赔偿新旧物相差的利益。

若被损坏之物为旧物，赔偿之物为新物，则新旧物相差的利益应予扣除。因为新物价值明显大于旧物，不予以扣除就会使受害人得利，这与损害赔偿制度的宗旨不符。

（3）原应支出因损害事实的发生而免于支出的费用。

如住院期间免于支付的伙食费等。

（4）原无法获得因损害事实的发生而获得的利益。

德国法院曾经有个判例，一骑手在赛马时为求赢得奖金违反规则鞭马至死，马匹所有人因马死而受损害，但是也因此而获得原本无法获得的奖金，法院认为该奖金即应在赔偿中予以扣除。①

（5）贴现利益。

若将未来的多次赔偿给付改为现实的一次性给付，则中间利息显然应该予以扣除。

3. 对损益相抵原则适用的限制

一般认为，以下几种情况受害人所得的利益不得扣除：

（1）基于造成利益者的意思不得扣除的。

如第三人对受害人的赠与。第三人对受害人的赠与，动机各种各样，即使是基于对受害人因加害人的侵权行为陷入困境的同情而为，赠与的目的依然是增加受害人的财产，而不是为了使加害人受惠。若允许扣除，则实际上是使加害人获得该赠与财产的利益了，这明显与赠与人的意思不相符合。与赠与同理，因继

---

① 参见曾世雄：《损害赔偿法原理》，中国政法大学出版社2001年版，第254页。

承所得利益、慈善机构救助所得利益、非加害人所送的慰问金皆不得扣除。

（2）基于法律规定受有的利益，而依该法律规定的意旨不允许扣除的。

如因伤残提前退休获得的退休金、抚恤金，就不允许扣除。

（3）基于一般的社会观念，不认为是利益的。

损害事故发生后，除了给受害人带来某种损害结果外，也可能为其创设某种有利环境，但按照一般社会观念，不被承认为是一种利益的，自然不得予以扣除。例如，丈夫因加害人的侵权行为致死而使其妻获得改嫁的权利，若这对夫妻感情不和，妻子正在起诉离婚，丈夫的死亡的确能够给妻子带来一个有利的环境，但是这种改嫁的机会不能够被认为是一种利益，也无须从损害中予以扣除，否则将有悖于社会基本理念。

（四）损益相抵的计算方法

根据损害标的和所得利益性质的不同，损益相抵的计算方法可以分几种情况。

在损害与所得利益都是金钱时，较好计算，用损害减去所得利益，直接赔偿差额即可。

在损害可以通过恢复原状予以填补而所得利益为金钱时，将所得利益金额交出即可。

有争议的是，当损害为恢复原状或者金钱赔偿，但是所得利益为物或者权利时，该如何处理？如一辆奔驰车被撞坏后，加害人是赔偿与整辆车相当的价值，并获得残车零部件的所有权，还是仅赔偿该车的价值减去零部件的差额部分的价值而不取得零部件所有权呢？通说认为，应该采纳前种方法，即先由加害人予以全额赔偿，再由受害人将残余物所有权转移给加害人。

四、过失相抵原则

《民法通则》第131条规定："**受害人对于损害的发生也有过错的，可以减轻侵害人的民事责任。**"被侵权人对损害的发生也有过错的，让侵权人承担全部赔偿责任，有失公允。因此，侵权人可以以被侵权人有过错为由进行抗辩，要求减轻自己的侵权责任，主要是减少损害赔偿的数额。

过失相抵，也称为过错相抵，指如果受害人对损失的发生或者扩大有过失，可以适当减轻或免除侵权行为人的赔偿责任。分为一般情形下的过失相抵和特殊情形下的过失相抵

（一）一般情形下的过失相抵

《侵权责任法》第26条规定："**被侵权人对损害的发生也有过错的，可以减轻侵权人的责任。**"第27条规定："**损害是因受害人故意造成的，行为人不承担责任。**"只要受害人对于损失的发生或扩大存在于侵权行为人同一的过错，就应

当减轻或免除侵权行为人的责任。

"同一"指侵权行为与损害后果上的同一,指损害后果是侵权行为人过错行为与受害人过错行为共同作用的结果。①

典型案例

【案情】② 郑女经职业所介绍,到甲公司从事打字等文秘工作。到公司上班后,公司因租用的办公房有空闲,便提供给郑女一间用于住宿。公司办公房的公用卫生间(约8平方米)内安装了一台燃气热水器,用于洗澡。一日22时,郑女在该卫生间洗澡时,因门窗关闭,燃烧液化气的热水器又未安装排烟管道而产生一氧化碳,致郑女中毒死亡。

【审理】 法院经审理认为,甲公司办公房的卫生间内安装的燃烧液化气的热水器,未按照安装规范装接热水器的排烟管道。对此,甲公司应当预见到热水器没有排烟管道,使用时将产生大量的一氧化碳,必然会危及人的身体健康及生命安全。然甲公司忽视了这一严重问题,导致郑女在洗澡中因吸入一氧化碳气体中毒而亡的严重后果,甲公司应当承担主要责任。郑女受过中等教育,并多次使用该热水器,但麻痹大意,轻信危险能够避免,在那日22时洗澡时,又因卫生间门窗紧闭不能通风,致一氧化碳气体不能排出,对于死亡事故的发生,亦应承担一定责任。

【法理】 由于本案中,甲公司安装热水器时没有安装排烟管道,使用时将会有大量的一氧化碳气体排放在卫生间内,将影响洗澡人的身体健康及生命安全。至同年11月中旬,多人使用过热水器,但未发生人身损害,法院采用疏忽大意过失的民法原理,推定甲公司在这一问题上麻痹大意,应对郑某一氧化碳中毒死亡的后果承担主要责任。死者郑女受过中等教育,多次使用这一热水器,也存在麻痹大意,对自身死亡事故的发生亦应承担一定责任。因此双方应当根据各自过错的大小承担相应的责任,虽然受害人只能被认为具有间接过错。

(二) 特殊情形下的过失相抵

《侵权责任法》第70条至73条关于高度危险责任的规定;第78条关于饲养动物损害责任的规定,为特殊情形下的过失相抵,并非只要受害人有过失,就适用特殊情形下的过失相抵原则。基于特殊侵权行为适用过错推定或无过错责任

---

① 刘新熙、尹志强、胡安潮:《债法:侵权责任》,高等教育出版社2012年版,第249页。
② 《郑永和等因其女晚上在公司安装有燃气热水器的办公房卫生间内洗澡中毒死亡诉向阳实业有限公司赔偿案》,载最高人民法院中国应用法研究所编:《人民法院案例选》2003年第4辑(总第46辑),人民法院出版社2003年版,第144页。

的归责原则,受害人的一般过失行为不能使侵权行为人减轻或免除责任。这便是特殊情形下的过失相抵与一般侵权行为中只要受害人存在过失就要适用过失相抵原则的不同。①

五、衡平原则

(一) 衡平原则的含义

所谓"衡平原则",是指在确定损害赔偿范围时,必须考虑双方当事人的实际情况,特别是经济情况,使赔偿责任的确定更为公正合理。司法实践中,在确定侵权赔偿额时,如果加害人确实存在经济上的困难,法院一般会适当地减少赔偿数额。

(二) 衡平原则的法理基础

衡平原则是由损害赔偿责任的性质决定的。损害赔偿责任说到底是一种财产责任,如果加害人经济状况差、财产少,甚至根本没有财产,那么要他承担这种责任就不具有现实可能性。而且,现代民法以人为本,人的基本权利应该得到应有的尊重和保护,为加害人保留必要的生存资料,符合民法的人文精神。

(三) 衡平原则的适用规则

在适用衡平原则确定损害赔偿范围大小时,必须遵守既定的规则:

(1) 衡平原则的适用以损害赔偿之债已经成立为前提。

若赔偿责任的有无尚存疑问,就不能直接适用该原则了。因此,应首先确认是否构成侵权责任,然后在确定责任大小时,方可适用衡平原则。

(2) 衡平原则只适用于根据过错责任、过错推定责任以及无过错责任确定的侵权损害赔偿之债。

如果承担损害赔偿责任的依据是公平责任,则不适用衡平原则。因为公平责任在归责时就已经将衡平因素考虑进去了。

(3) 衡平原则应在适用全部赔偿原则、财产赔偿原则、损益相抵原则和过失责任原则之后再适用。

从适用顺序上来看,衡平原则要放在最后,即适用全部赔偿原则、损益相抵原则、过失相抵原则等后,方可适用衡平原则。若非在考虑以上原则的前提下再适用衡平原则,则结果就只能是"和稀泥",而缺乏量化的基础。

(4) 为加害人及其家属保留必要生活费用。

衡平原则的适用有利于加害人。加害人承担责任的极限是承担责任后还须为其及家人保留必要生活费用,不能使加害人因为承担侵权责任而陷入生活的

---

① 刘新熙、尹志强、胡安潮:《债法·侵权责任》,高等教育出版社2012年版,第249页。

困境。① 而必要生活费用没有固定的标准,多以维持正常生活为原则,一般依照当地实际情况确定;加害人的家人指有抚养关系的近亲属。

(5) 衡平原则的适用应当综合考虑各种因素。

衡平原则的适用,不单要考虑经济因素,还要考虑社会因素、伦理因素等;不单要考虑加害人的情况,还要考虑受害人的情况。即对各种因素均应进行全面地考虑。

(四) 衡平原则与公平责任原则的区别

(1) 过错状况不同。

公平责任原则是在受害人和加害人都没有过错的情况下,由双方当事人公平地分担损失;衡平原则是在一方或双方当事人具有过错的情况下,考虑经济状况等因素而减轻赔偿责任。

(2) 性质不同。

公平责任原则是归责原则;衡平原则是赔偿原则。

(3) 适用的前提不同。

适用公平责任的前提,是赔偿责任尚未归责;适用衡平责任的前提,是赔偿责任已经确定,只是考虑具体责任的大小。

典型案例

【案情】② 朱甲的舢板船与韩某、施某等人的舢板船一起停泊在港内。顾甲的舢板船进港后,欲停在朱甲与韩某等人的舢板船之前。因顾甲无法将船固定好,撞入朱甲和韩某的舢板船之间,将朱甲等人的舢板船挤出。朱乙(原告朱甲、陈某之子)在顾乙的说明下,将顾甲船上的大锚搬到自己的小船上,将船开出帮其抛锚。朱乙在抛锚过程中溺水身亡。

【审理】 法院经审理认为,虽然顾甲对朱乙的死亡没有过错,但朱乙是为了顾甲之利益失去生命。根据公平责任原则,判决被告顾甲补偿朱甲、陈某死亡丧葬费、死亡补偿金的50%。

【法理】 本案中,法院从衡平双方利益的角度出发,根据公平责任原则作出判决。

亲友间、邻里间互相提供义务帮助的行为大量存在。在提供帮助的过程中,由于各种原因,时常造成义务帮助人的伤亡,导致受益人与义务帮助人及其家属之间产生纠纷。从性质上看,单就受益人与义务帮助人之间的帮助行为本身而

---

① 参见杨立新:《侵权行为法专论》,高等教育出版社2005年版,第330页。
② 《朱传才、陈启兰诉顾用圣、顾礼清海上作业人身伤亡损害赔偿纠纷案》,载最高人民法院中国应用法研究所编:《人民法院案例选》2005年第1辑(总第51辑),人民法院出版社2005年版,第405页。

言,并不属于民法意义上所调整的民事权利义务关系。但是,当义务帮助人在提供义务帮助过程中造成自身伤亡时,可按照侵权民事法律关系来调整双方的权利义务关系。受益人对义务帮助人没有过错的,可适用公平责任原则处理。

第三节　类型化的损害赔偿范围

一、人身损害赔偿之范围

(一) 人身损害赔偿范围之法律依据概述

《民法通则》第119条、《民通意见》第143条至146条、《侵权责任法》《国家赔偿法》《消费者权益保护法》《产品质量法》《道路交通安全法》《医疗事故处理条例》和《最高人民法院关于审理人身损害赔偿案件适用法律若干问题的解释》《最高人民法院关于审理触电人身损害赔偿案件若干问题的解释》等规范性法律文件,形成了我国人身损害赔偿制度之法律规范系统。

侵害生命权,导致受害人主体资格消灭,生命利益遭受损失;造成为救治受害人而支付医疗费、误工费、交通费、护理费、丧葬费等财产损失以及死者生前扶养的人由于受害人的死亡而丧失抚养费来源的损失;还给受害人近亲属带来极大的精神损害。

侵害健康权,造成的损失有:医疗费、误工费、交通费、食宿费、营养费、护理费的损失以及因残疾带来的收入和残疾辅助器具费的损失;被扶养人抚养来源的丧失;精神损害。

侵害身体权,破坏了人体完整性或人体形式的完整,可能造成受害人财产利益的损失、财产利益的其他损失和精神损害。

由于人死不能复生、残疾亦无法恢复原状,故人身损害赔偿以金钱赔偿为主要救济方式。

(二) 人身损害赔偿的法定范围

《民通意见》第142条至147条和《最高人民法院关于审理人身损害赔偿案件适用法律若干问题的解释》确立了人身损害赔偿的范围。《侵权责任法》第16条亦作出回应:"**侵害他人造成人身损害的,应当赔偿医疗费、护理费、交通费等为治疗和康复支出的合理费用,以及因误工减少的收入。造成残疾的,还应当赔偿残疾生活辅助具费和残疾赔偿金。造成死亡的,还应当赔偿丧葬费和死亡赔偿金。**"据此,不同程度的人身损害有程度不同的人身损害赔偿范围。

1. 一般人身伤害的常规赔偿范围

指侵害他人的生命权、健康权和身体权,造成人身损害时,无论伤势程度,都应赔偿的项目,包括医疗费、护理费、交通费等为治疗和康复支出的合理费用,以及因误工减少的收入。

(1) 医疗费。

主要包括挂号费、检查费、药费、治疗费、康复费等。既包括一审法庭辩论终结前已经发生的,也包括根据医疗证明或鉴定结论确定的将来要产生的费用,如必要的后续治疗费、整容费等。

依据全部赔偿原则,根据医疗机构出具的收款凭证,结合病历、诊断说明、处方等证据确定医疗费用的具体数额。对于侵权行为诱发的疾病,应依照相当因果关系确定责任的有无,再判断侵权行为对诱发疾病发生的原因力的大小,根据原因力所占比例支付费用。[1]

(2) 护理费。

指受害人因受到损害导致生活不能自理,需要他人进行护理而产生的费用。赔偿护理费必有医疗机构或鉴定机构出具的受害人生活不能自理或不能完全自理的证明。护理费原则上应计算至受害人恢复自理能力之时,因残疾不能恢复自理能力的,可以根据其年龄、健康状况等因素确定合理的护理期限。[2]

《最高人民法院关于审理人身损害赔偿案件适用法律若干问题的解释》第21条规定:"护理费根据护理人员的收入状况和护理人数、护理期限确定。护理人员有收入的,参照误工费的规定计算;护理人员没有收入或者雇佣护工的,参照当地护工从事同等级别护理的劳务报酬标准计算。护理人员原则上为一人,但医疗机构或者鉴定机构有明确意见的,可以参照确定护理人员人数。护理期限应计算至受害人恢复生活自理能力时止。受害人因残疾不能恢复生活自理能力的,可以根据其年龄、健康状况等因素确定合理的护理期限,但最长不超过二十年。受害人定残后的护理,应当根据其护理依赖程度并结合配制残疾辅助器具的情况确定护理级别。"

(3) 交通费。

指受害人及其必要的陪护人员因就医或转院所发生的用于交通的费用。

《最高人民法院关于审理人身损害赔偿案件适用法律若干问题的解释》第22条规定:"交通费根据受害人及其必要的陪护人员因就医或者转院治疗实际发生的费用计算。交通费应当以正式票据为凭;有关凭据应当与就医地点、时间、人数、次数相符合。"

(4) 误工费。

指受害人由于受到伤害,无法从事正常工作或者劳动而失去或减少的劳动收入。

---

[1] 杨立新:《侵权行为法专论》,高等教育出版社2005年版,第338页。
[2] 王胜明主编:《中华人民共和国侵权责任法释义》,法律出版社2010年版,第85页。

《最高人民法院关于审理人身损害赔偿案件适用法律若干问题的解释》第 20 条规定:"误工费根据受害人的误工时间和收入状况确定。误工时间根据受害人接受治疗的医疗机构出具的证明确定。受害人因伤致残持续误工的,误工时间可以计算至定残日前一天。受害人有固定收入的,误工费按照实际减少的收入计算。受害人无固定收入的,按照其最近三年的平均收入计算;受害人不能举证证明其最近三年的平均收入状况的,可以参照受诉法院所在地相同或者相近行业上一年度职工的平均工资计算。"

(5) 营养费。

指受害人在遭受侵害后,为辅助治疗或促进身体尽快恢复,食用必要营养品而支付的费用。

《最高人民法院关于审理人身损害赔偿案件适用法律若干问题的解释》第 24 条规定:"**营养费根据受害人伤残情况参照医疗机构的意见确定。**"

(6) 住宿费。

因客观原因不能住在家里,亦不能住在医院而支出的必要的住宿费。

(7) 住院伙食补助费。

指受害人遭受侵害后,较平常多支出的伙食费。《最高人民法院关于审理人身损害赔偿案件适用法律若干问题的解释》第 23 条规定:"**住院伙食补助费可以参照当地国家机关一般工作人员的出差伙食补助标准予以确定。受害人确有必要到外地治疗,因客观原因不能住院,受害人本人及其陪护人员实际发生的住宿费和伙食费,其合理部分应予赔偿。**"

2. 劳动能力丧失的赔偿范围

即在常规赔偿的基础上,对导致受害人残废的,除了赔偿医疗费、护理费、交通费等为治疗和康复支出的合理费用,以及因误工减少的收入之外,还应依据《侵权责任法》第 16 条,赔偿残疾生活辅助器具费和残疾赔偿金。

残疾生活辅助具费,主要是指因受害人因残疾而造成身体功能全部或部分丧失后,需要配置补偿功能的残疾生活辅助具的费用。《最高人民法院关于审理人身损害赔偿案件适用法律若干问题的解释》第 26 条规定:"**残疾辅助器具费按照普通适用器具的合理费用标准计算。伤情有特殊需要的,可以参照辅助器具配制机构的意见确定相应的合理费用标准。辅助器具的更换周期和赔偿期限参照配制机构的意见确定。**"

残疾赔偿金是受害人残疾后特有的一个赔偿项目,对其性质、赔偿标准理论上有较大争议。主要有三种学说,即收入所得丧失说、劳动能力丧失说和生活来源丧失说。

收入所得丧失说指在计算残疾赔偿金时,以受害人受到伤害之前的收入与受到伤害之后的收入之间的差额作为赔偿额。

劳动能力丧失说指受害人因残疾导致部分或者全部劳动能力丧失本身就是一种损害，无论受害人残疾后其实际收入是否减少，行为人都应对劳动能力的丧失进行赔偿。

生活来源丧失说指受害人残疾必然会导致其生活来源丧失或者减少，行为人应当赔偿受害人的生活费，以期生活来源能够重新恢复。

上述学说中，生活来源丧失说所确定的赔偿金较少，显然不合理。收入所得丧失说虽然操作性较强，但是因为家庭主妇、儿童、失业者等人员在残疾前并无收入，有可能得不到赔偿，显然也不合理。劳动能力丧失说比较合理，该说为英美侵权法所普遍采用，日本、我国的台湾地区的通说也采此说。[①]《最高人民法院关于审理人身损害赔偿案件适用法律若干问题的解释》采用"收入所得丧失说"，第25条规定："**残疾赔偿金根据受害人丧失劳动能力程度或者伤残等级，按照受诉法院所在地上一年度城镇居民人均可支配收入或者农村居民人均纯收入标准，自定残之日起按20年计算。但60周岁以上的，年龄每增加一岁减少一年；75周岁以上的，按5年计算。受害人因伤致残但实际收入没有减少，或者伤残等级较轻但造成职业妨害严重影响其劳动就业的，可以对残疾赔偿金作相应调整。**"

3. 致人死亡的损害赔偿范围

当受害人因受到人身侵害而死亡时，侵权人除了承担医疗费、护理费、交通费等为治疗和康复支出的合理费用，以及因误工减少的收入外，还应赔偿丧葬费用和死亡赔偿金。其中，丧葬费用的确定比较简单，而对死亡赔偿金的确定，争议则较大。

死亡赔偿金的范围，在理论和实务界主要有两种观点，"扶养丧失说"与"继承丧失说"。

扶养丧失说，是指受害人死亡后，被扶养人因此失去了生活的来源，侵害人应赔偿被扶养人的生活费。这就是死亡赔偿金的赔偿范围，对于受害人死亡，而导致的受害人所能继承的财产的减少，不予赔偿。

继承丧失说，是指若受害人没有死亡，其在未来可获得预期的收入，这些收入是可以被受害人的继承人所继承的，因加害人的侵权行为，而使继承人所能够继承的财产减少了。因此，死亡赔偿金的范围应是受害人死亡说导致的预期收入的减少。

这两种学说各有利弊，理论上仍未有定论，各国法律中采这两种学说的都有。在我国，《最高人民法院关于审理人身损害赔偿案件适用法律若干问题的解释》第17条第3款规定"**受害人死亡的，赔偿义务人除应当根据抢救治疗**

---

① 王利明：《中华人民共和国侵权责任法释义》，中国法制出版社2010年版，第79页。

情况赔偿本条第一款规定的相关费用外,还应当赔偿丧葬费、被扶养人生活费、死亡补偿费以及受害人亲属办理丧葬事宜支出的交通费、住宿费和误工损失等其他合理费用。"然《侵权责任法》对此并无定论,仅在第17条确立了"同命同价"原则:"因同一侵权行为造成多人死亡的,可以以相同数额确定死亡赔偿金。"

死亡赔偿金不是对人的生命价值的赔偿,而以填补死亡事故造成的其他损害为目的;不是精神抚慰金,而是与精神抚慰金并存的死亡赔偿制度下的项目;不是惩罚性赔偿金,而是对受害人近亲属丧失的 预期收入损失的赔偿。[①]

典型案例

【案情】[②] 许甲与冯某再婚,当时许甲之子许乙24岁。其后,王某与许乙结婚,婚后许乙夫妇与许甲夫妇分居生活。后许乙在金矿工作时因事故死亡,由矿主一次性赔偿了22,000元,但未说明赔偿项目。办丧事花费该款1,000元,剩余21,000元由许乙保管。

许乙死亡时,王某已有身孕约7个月。1999年4月,王某诞下一女,取名许丙。王某、许丙向法院起诉,主张被继承人许乙的死亡补偿余款21,000元应由其与许甲各继承7000元。

【审理】 法院经审理认为,被继承人许乙生前未立遗嘱,其遗产继承应按法定继承办理。许乙死亡后矿主支付的21,000元赔偿金,由于是一次支付的,没有明确赔偿项目,故应作为遗产分配。

【法理】 本案中,死者的死亡赔偿金没有明确赔偿项目,自然无法按赔偿项目去界定其性质。那么,在这种情况下,如何去认定死亡赔偿金是否属遗产呢?死亡赔偿金顾名思义是对死者的赔偿,如果其中未列明具体赔偿项目,只能理解为是死者死亡时的债权,即侵权之债。我国《继承法》第3条第1款规定:**"遗产是公民死亡时遗留的个人合法财产。"**《最高人民法院关于贯彻执行〈中华人民共和国继承法〉若干问题的意见》第3条规定:**"公民可继承的其他合法财产包括有价证券和履行标的为财物的债权等。"** 人身侵权赔偿之债的履行标的是财物。因此,死亡赔偿金应视为遗产。本案判决将被继承人死亡赔偿金确定为遗产,显属正确。

[①] 参见刘新熙、尹志强、胡安潮:《债法:侵权责任》,高等教育出版社2012年版,第261—263页。
[②] 《王新芳等诉许庄未明确具体项目的死亡赔偿金应按遗产继承案》,载最高人民法院中国应用法研究所编:《人民法院案例选》2001年第1辑(总第35辑)人民法院出版社2001年版,第53页。转引自李显冬主编:《侵权责任法典型案例实务教程》,中国人民公安大学出版社2011年版,第515页。

【拓展链接】①

罗马法中的精神损害赔偿制度

罗马法早期,通过刑罚制度保护人格权。《十二铜表法》第八表"私犯"中的第1条明文规定:"以文字诽谤他人,或公然歌唱侮辱他人的歌词的,处死刑。"同时,还规定了对其他人格权侵害的复仇制度和赔偿制度。但这不可视为精神损害赔偿制度。

罗马法编撰时期,精神损害赔偿制度正式萌芽。查士丁尼《法学阶梯》规定:"侵害行为的构成,不仅可由于用拳头或者棍棒殴打,而且由于当众污蔑,如诬赖他人是债务人而占有他人的财产,而行为人明知他人对他不负债务;或写作、出版诽谤性的诗歌、书籍,进行侮辱,或恶意策动其事;或尾随良家妇女、少年或少女;或着手破坏他人的贞操。总之,很显然,侵害行为有各种不同的方式。"很显然,这里的侵害,既包括对物质性人格权的侵害,也包括对精神人格权的侵害。

【推荐阅读】

1. 刘新熙、尹志强、胡安潮:《债法·侵权责任》,高等教育出版社2012年版。
2. 胡岩:《中国侵权责任法案例教程》,知识产权出版社2011年版。
3. 江平、费安玲主编:《中国侵权责任法教程》,知识产权出版社2010年版。
4. 杨立新:《(中华人民共和国侵权责任法)条文解释与司法适用》,人民法院出版社2010年版。
5. 杨佳元:《侵权行为损害赔偿责任》,台湾元照出版公司2009年版。
6. 金福海:《惩罚性赔偿制度研究》,法律出版社2008年版。
7. 姚志明:《侵权行为法》,台湾元照出版公司2006年版。
8. 张新宝:《侵权责任法原理》,中国人民大学出版社2005年版。
9. 杨立新:《侵权行为法专论》,高等教育出版社2005年版。
10. 王利明:《侵权行为法研究》(上卷),中国人民大学出版社2004年版。
11. 黄松有主编:《最高人民法院人身损害赔偿司法解释的理解与适用》,人民法院出版社2004年版。
12. 曾世雄:《损害赔偿法原理》,中国政法大学出版社2001年版。
13. 王泽鉴:《民法学说与判例研究》(第五册),中国政法大学出版社1998年版。

---

① 李显冬主编:《民法学——卷四侵权责任法》,中国政法大学出版社2005年版,第147页。

第六章 侵害人身权的侵权责任

第一节 人身侵权责任概述

人身权是民法确定保护的民事主体的基本权利,这种与民事主体的人身密切相连、关系到民事主体独立人格和身份的固有民事权利,与民法赋予民事主体的另一项基本民事权利即财产权,构成民法的两大支柱,成为民事主体所享有的两类基本民事权利。

一、人身权概述

(一) 人身权的概念与法律意义

1. 人身权的概念

人身权指特定的民事主体依法享有的,与其自身不可分离的,以人格关系和身份关系中的相关利益为客体的民事权利。简而言之,所谓"人身权"就是"人格权"和"身份权"的合称。

2. 人身权的法律意义

人身权之所以成为民法上的重要内容,是因为其具有下列重要的法律意义:

(1) 人身权法律制度的建立与完善是历史发展的必然。

随着社会的进步以及人们对精神生活的不断追求,人类逐渐认识到人身权本身固有的价值。近代民法正是在普遍人权观念的指导下,重新对人身权加以审视,这是出于对人格尊严、人格独立、人格平等、人格自由的关注,对生命、身体、健康、自由、姓名、肖像、名誉、隐私、信用、贞操等权利的重视。

(2) 人身权法律保护制度的建立与系统化有助于完善民法的内在体系。

只有使人身权与财产权一样,成为民法体系中的一个具有其自身特点的、完整的、严密的分支系统,才能使侵权责任法对人们各种民事权利的保护更加完善;也才能使民法本身的逻辑体系更加严密。人身权法律规范体系的独立和完善,不仅真正体现了民法的人文价值,而且完善了民法的内在逻辑体系。

(3) 社会地不断发展客观上要求对人身权做出更为严密的保护,而人身权法律保护制度的发展和完善也使得民法在整个法律体系中具有了更为独特的价值。

(4) 民法对人身权的保护,说到底是为了维护社会整体利益的需要。人身权法律保护体系的建立和完善,促进了整个社会的文明进步。

人身权是民事主体最基本的权利。民事主体一旦丧失了基本的人身权利，实际上就等于丧失了做人的资格，因此，人身权在民法中的地位显得尤为突出。

(二) 人身权的法律特征

人身权的法律特征包括以下五个方面：

1. 人身权与民事主体的人身不可分离

人身权基于其出生的法律事实而取得，即"始于出生，终于死亡"。

需要强调的是，人身权的存在，特别是人格权的存在，对于民事主体而言是不可或缺的。民事主体可能不享有知识产权，甚至可以设想一个不享有任何财产权的人的存在，但是任何民事主体都必然享有人身权，这是人之所以为人的基本权利。我们可以说，失去了这些权利，也就失去了作为权利主体的资格。由此，我们还可以说：人身权的首要特征表现为人身权与民事主体存在的同期性。①

2. 人身权是特定民事主体所固有的权利

人身权的固有性表现为民事主体对其享有的无意识性。也就是说，人身权是基于一定法律事实而产生的，无论权利主体是否意识到，其享有人身权并受法律保护都是客观存在的。

人身权的固有性还强调，人身权除法律的特殊规定外不能被剥夺，也不能被放弃。

3. 人身权是民事主体专属享有的权利，因而具有专属性

既然人身权是专属性权利，那么民事主体就不能将自己的人身权本身让与他人。当然并不是说任何和人身权有关的权利都不能转让，实际上，某些人身权中的某些特定内容(含有财产性质)是可以转让的，比如肖像使用权和名称权，但这种让与不能是权利整体的让与。

4. 人身权是非财产性权利，不以直接的财产关系为其内容

财产权是以各种有形或无形的财产利益为客体的。而人身权则不同，它以特定民事主体的人格利益和身份利益为客体。人格利益和身份利益所体现的主要是一种精神利益。人身权没有直接的财产价值，它所体现的利益一般不能物化，对人身权造成的损害所给予的赔偿，往往是抚慰性质的，而不像侵犯财产权那样，可以给予同质赔偿。

当然人身权作为没有直接财产内容的民事权利，并不是说不包含任何的财产利益。可以说人格权商业色彩的加重，是人格被作为权利对待，并出现支配性倾向的重要推动因素。② 毋庸置疑，在不同的人身权中，其与财产利益联系的紧密

---

① 杨立新：《人身权法论》，人民法院出版社2002年版，第64页。
② 参见李永军：《民法总论》，法律出版社2006年版，第250—254页。

程度其实也是不同的。身体权、健康权、隐私权等人格权,与财产利益的联系并不是很紧密,而在姓名权和其他一些人格权中,往往包含着一定的财产内容。①

5. 人身权具有可支配性,是一种绝对权

人身权是一种支配权,具体是指人身权利主体有直接支配人身利益并排除他人非法干涉的权利。

人身权的支配性与绝对性具有一致性。人身权的绝对性指其实现并不需要他人积极行为的协助,而只需要他人不对其行使进行干涉和侵害。

二、人身权的分类

人身权由人格权和身份权两个系列的民事权利共同构成。对人身权的分类所依据的标准是权利所赖以产生的社会关系的不同和其客体的不同：以人格利益为客体的人身权我们称之为"人格权"；以身份利益为客体的人身权我们则称之为"身份权"。

（一）人格权

1. 人格权的概念

人格权指民事主体依法专属享有的,以人格利益为客体的,为维护民事主体的独立人格所必备的法定权利。

根据权利客体的性质的不同,我们可以把"人格权"细分为"物质性人格权"和"精神性人格权"。

（1）物质性人格权。

物质性人格权指自然人对与物质性的人格要素有关的利益所依法享有的不可转让的支配权。具体包括生命权、身体权、健康权。值得注意的是,物质性人格权的主体只能是自然人。

（2）精神性人格权的概念。

精神性人格权指民事主体对与其精神性的人格要素有关的利益所依法享有的不可转让的支配权。其具体包括姓名权与名称权、肖像权、名誉权、隐私权、贞操权、信用权、婚姻自主权以及其他的人格权。

而以人格独立、人格自由、人格尊严为内容的一般人格权涵盖了物质性人格权和精神性人格权的全部内容。

2. 人格权的属性

人格权是民事主体所固有的、以维护主体的独立人格所必备的生命健康、人

---

① 例如以"杂交水稻之父"袁隆平院士名字命名的袁隆平农业高科技股份有限公司股票"隆平高科",袁隆平可获姓名使用费人民币580万元。参见农网快讯网,http://www.ahnw.gov.cn/2006nwkx/html/200005/｛A384E41D-CDD7-49B1-97BF-66C468DB46B8｝.shtml,2010年1月19日访问。

格尊严、人身自由以及姓名、肖像、名誉、隐私等各种权利。

应该明确,民事主体特别是自然人的人格权,是与生俱来的,它并不是因为法律的规定才产生的。但这并不是说,法律的规定对于人格权而言没有意义,相反,法律对于人格权有着重要的"确定"作用:将其从人的自然权利转化为法定权利。因此,人格权是兼具"自然属性"和"法定属性"的权利。

(1) 人格权的自然属性。

人格权的自然权利特征表现在特定民事主体人格权的取得无须具备行为能力,或为一定的法律行为。它始终与特定的民事主体相伴而客观存在,并且这种存在不以主体的意志为转移。从主观方面说,民事主体只能享有这些具有自然属性的权利,而不得转让,更不能抛弃人格权;从客观方面说,特定主体的人格权必须得到他人的尊重,不能受到非法限制或剥夺。

(2) 人格权的法律属性。

首先,人格权难以法定。人格权的法律属性只能体现在,如果没有得到法律的确认和保护,受到侵害时就无法得到法律上的救济。我国通过颁布司法解释的方式扩大了精神损害赔偿的范围,提出了一般人格权的保护,特别是最近几年由于媒体的推动,涉及精神损害赔偿的案件审理数量成倍增加,这些无不是我国法制完善和社会进步的重要表现。但是,一定要注意,人格权难以用列举式的立法方法作出明文规定,而且也不能说,凡是法无明文规定的人格权就不受法律的保护。

其次,人格权是主要受民法调整和保护的私权利。人格权作为一种私权,首先当然要受到民法的调整。但同时,还受其他部门法的规范。

典型案例

【案情】[①] 原告在怀孕期间向法院起诉,要求与被告离婚;法院准许原、被告离婚的判决生效前,原告做了引产手术。现原告要求被告支付其因生育所用医疗费、营养费、护理费、交通费,引产所造成的精神损失费及因日常生活所欠其他债务。

【审理】 法院经审理,支持了原告的诉讼请求。

【法理】 生育权属于人身权,故生育权也具有固有性和可支配性。固有性强调非依法律的特殊规定不能被剥夺、放弃,因此,生育权不能在法律无特殊规定时被剥夺。支配性指民事主体可以依法支配其人身权而排除他人干涉的属

---

① 《陈永红诉孟凡军负担离婚后引产及保养费用案》,载最高人民法院中国应用法研究所编:《人民法院案例选》2001年第三辑(总第37辑),人民法院出版社2002年版,第77页。

性。所以,妇女具有怀孕和终止妊娠的自由。我国《妇女权益保障法》第47条规定,妇女有按照国家有关规定生育子女的权利,也有不生育的自由。

(二) 身份权

1. 身份权的概念

身份权指民事主体基于其特定的身份关系而产生并由其专属享有的,以身份利益为客体的,为维护该种身份关系所必备的权利。

2. 身份权的分类

对于身份权的分类我们不能依照权利的性质、客体或者保护方法等标准,而应依其与亲属法的关系为标准,将其分为"亲属法上的身份权"和"亲属法外的身份权"。

(1) 亲属法上的身份权。

亲属法上的身份权包括亲权、配偶权、亲属权。显然,亲属法上的身份权只能由自然人享有。

(2) 亲属法外的身份权。

亲属法外的身份权主要是指荣誉权,也包括知识产权中的身份权等。

三、一般人格权

(一) 一般人格权的概念

"一般人格权"的概念最早由法学家胡贝尔在1907年《瑞士民法典》的起草过程中提出。一般人格权,相对于具体人格权而言是指民事主体基于人格独立、人格自由、人格尊严为全部内容的一般人格利益而享有的一种基本权利。是以权利人全部人格利益为客体的概括性权利,当它被具体化的时候,就体现为具体的人格权。

一般人格权和具体人格权相比,具有其独特的法律特征和制度价值。借助一般人格权的概念,不仅促进了人格权体系的完整,也为未来的发展保留了充分的空间。

(二) 一般人格权的法律特征

(1) 一般人格权的主体具有普遍性。

一般人格权作为总括性的权利,可以被所有的民事主体(包括自然人、法人、其他社会组织)平等地享有。

(2) 一般人格权的客体具有高度概括性。

具体人格权确定和保护具体的人格利益,而一般人格权则不同,它确定和保护的一般人格利益,在构成上表现为一种集合性的权利,涵盖了各种具体的人格权。但要注意,一般人格权并不是各种具体人格权的总和,其客体总括了人格独立、人格自由、人格尊严,具体人格权所保护的客体总和永远小于一般人格权的客体,一般人格权是具体人格权的源泉。

(3) 一般人格权的内容具有抽象性。

所谓"抽象性",也称"不完全确定性",即当人们的人格利益遭到侵害时,如果该人格利益不能为现行法律所明文规定的具体人格权所保护,那么民事主体就可以依据关于一般人格权的法律规定,寻求救济。

(4) 一般人格权制度还具有功能灵活性。

一般人格权具有高度概括性和不确定性,故可以被用来弥补法律用列举方式规定具体人格权时"难以穷尽"权利类型的先天缺陷。人格权是一个开放的权利体系,不能像物权一样,成为法定权利。物权法定是法律规定上的一种例外。

(三) 一般人格权的法律功能

一般人格权的上述法律特征决定了其在制度上具有以下功能:

(1) 解释具体人格权。

具体人格权是从一般人格权中衍生而来。一般人格权的客体包括了一般的人格利益,因此当对具体人格权的概念、客体、内容等发生争议时,首先应当从一般人格权的角度出发,依照一般人格权的基本原理进行解释。对一般人格权的解释,不得违背一般人格权的基本性质和基本原理。

(2) 发展具体人格权。

随着社会的日新月异,新的人格利益不断涌现,需要得到法律的确认和保护。在某种人格利益尚未得到法律确认,但确实已经有了保护的必要时,法官可以运用一般人格权的概念、原理和性质,灵活地弥补现行法律的缺陷,实现对权利人的保护。

(3) 扩展具体人格权的内涵。

作为一种具有高度概括性和抽象性的权利,一般人格权可以通过对具体人格权的扩大解释来确认和保护那些尚未有明文规定的人格利益。

一般人格权是一种弹性的权利,具有高度的包容性,既可概括现有的具体人格权,又可创造新的人格权,还可以确认尚未被具体人格权保护的其他人格利益。我们可以通过一般人格权的这种补充功能,将这些人格利益概括在一般人格利益之中,以一般人格权进行法律保护。

(四) 一般人格权的内容

学理上,我们将一般人格权的内容概括为"人格独立"、"人格自由"、"人格平等"和"人格尊严"。

(1) 人格独立。

人格独立的实质内容是民事主体对人格独立地享有,表现在民事主体在人格上一律平等,在法律面前任何民事主体都享有平等的主体资格,享有独立人格,不受他人干涉、支配和控制。人格独立,表明权利主体的人格只能由其自己按其需要进行支配,排除其他人的非法控制和干涉。

(2) 人格自由。

一般人格权上所说的"人格自由",是私法上抽象的自由。首先区别于公民在公法上享有的政治自由;其次也不同于私法上具体的自由,如财产自由、契约自由等,仅是一种民事主体的人格不受约束和不受控制的状态。特别要注意的是,人格自由也不同于我们在具体人格权中所说的"自由权"。自由权包括身体自由权和内心自由权,是指民事主体有控制自己"身体活动"和"意思决定"的自由,并且这种自由不受他人的非法干涉,是一种精神性人格权。而人格自由包括保持人格的自由和发展人格的自由,是指人格的自由地位,是一种更为抽象的自由。

(3) 人格平等。

人格平等指为一般人格权所确立的,社会上任何人不论其在种族、民族、性别、文化程度、财产和职业上有何不同,都平等地享有人格权的基本观念。一般人格权所体现的人格平等,是人格不受歧视的一种平等,是精神利益和权利的平等,而非一种财产、物质上的平等。

(4) 人格尊严。

所谓人格尊严,指人之为人所应有的最起码的社会地位,是权利人对于自己和他人的人格价值的认识和尊重。

人格尊严作为一般人格权中最重要的内容,是权利人基本的权利,体现了人最基本的精神利益,是具体人格权的立法基础。也就是说,每一种具体人格权中所包含的精神利益都是人格尊严的内容,体现了尊重权利人人格尊严的要求。而一般人格权之所以具有解释、补充、甚至创设具体人格权的功能,也是出于对人格尊严保护的需要。

第二节 侵害物质性人格权责任

一、生命权

(一) 生命权的概念和特征

生命权是自然人以其性命维持和安全利益为内容的人格权。生命权的客体是生命。法律上的"生命",特指自然人的生命,而不包括其他动植物的生命,是作为法律主体存在的自然人的最高人格利益。生命是自然人物质人格的集中体现,是享有其他民事权利的前提,是自然人具有民事权利能力的物质基础。生命只有一次,"不可替代性"是它最大的特点。生命终止了,自然人的一切其他人格要素,也就"同归于尽"。有鉴于此,民法以充分保护生命权为其重要目的。

生命权的法律特征是:

(1) 生命权的客体是民事主体的生命安全利益。
(2) 生命权的基本内容是维护人的生命活动地延续。
(3) 生命权所保护的是人的生命活动能力。

(二) 生命权的内容

1. 生命安全维护权

生命安全维护权是生命权的首要内容。生命是人的最高人格利益,生命权的基本内容实际上就是维护生命的延续,也就是保护人的生命不受非法侵害。此外,生命安全维护权还包含改变生命危险环境的内容。当环境对人的生命安全构成威胁的时候,权利人有权要求改变这种环境。

2. 生命利益支配权

讨论生命权中是否包含"生命利益支配权",实际上就是在讨论享有生命权的主体是否可以处分自己生命的问题。关于生命是否可由自己支配,不同的国家有不同的规定。历史上很多国家都曾规定,自杀是一种违法行为甚至是犯罪。受康德"人是自己的主人,但不是身体的所有者"等论断的影响,传统民法理论否认人享有对自己的生命的支配权。因为生命权体现着社会利益,所以自然人不能随意处分其生命利益,任何处分生命利益的协议都是无效的,例如安乐死,即使病人完全自愿,也不能允许其随意处置其生命利益。[1]

有鉴于此,有学者认为,所谓死亡赔偿金是对受害人近亲属丧失的财产损失的赔偿,其实质是对受害人近亲属因受害人死亡而遭受的预期收入的损失的赔偿。但应当承认,私法对生命权的救济是有限的,私法对生命权的保护远远不及对其他人格权利的保护,因此对于生命权的保护,不能只寄托于民法,应以公法为主,私法为辅。"承认民法对生命救济的局限性,既是一种理性的清醒,也是对生命的谦逊与尊重——生命的不可挽回性及终局意义上的不可救济性正是生命高贵的表现之一,也是其高居生命金字塔之巅的原因之一。"[2]

对于生命权是否为一种人格权,学者之间存在争议。历史法学派的代表人物萨维尼就坚决反对将生命权在民法上进行规定,否则,会得出一项"自杀权"。但是,我国民法认为,既然生命被侵害能够得到法律的救济,实际上就承认了生命是一项权利。如果生命不是权利,在法律上如何被救济?因此,生命权在我国民法上毫无障碍地成为了一种权利。如果将生命权作为一种权利,那么学术上

---

[1] 王利明:《人格权法研究》,中国人民大学出版社2005年版,第305页。
[2] 姚辉、邱鹏:《论侵害生命权之损害赔偿》,载《中国人民大学学报》2006年第4期。

的问题是:生命权对于自然人究竟有什么意义？因为生命权不像物权或者债权等财产权,不存在权利的取得与消灭、权利的转让与公示,也不存在以生命为客体的任何交易,仅仅是在被侵犯时受到法律救济。那么,法律救济的一定是权利吗？"占有"是一种状态,在被侵犯时不也受到法律救济吗？如果是这样的话,将其放在侵权行为法中不是更好吗？《德国民法典》就是如此。而且,无论是《德国民法典》还是《瑞士民法典》,都没有将生命作为一种权利客体对待过,在其民法典上,"生命"和"健康"等后面没有加上一个"权"字。这些问题很值得我们研究。①

在刑事附带民事诉讼的赔偿案件中,对民事部分进行调解,并对作出经济赔偿的被告人给予从轻处罚,民间称此为"赔钱减刑",是"刑事和解"工作的一部分。

法律界人士指出,"赔钱减刑"必须符合至少三个条件:第一,被告人的认罪态度好并主动对受害者作出经济赔偿;第二,法官要征求受害者或其家属的意见,他们同意调解、愿意接受经济赔偿并在一定程度上谅解被告人的罪行,才可能调解;第三,要看被告人罪行的严重程度。如果社会影响恶劣,比如"灭门案",即使被告人赔钱,也不可能获得减刑。

2009年7月24日,北京市一中院正式公布《关于规范刑事审判中刑事和解工作的若干指导意见》。根据该《意见》,在自诉案件和侵犯个人权益的刑事案中,只要案犯积极进行经济赔偿,并和受害者达成谅解,法院在量刑时就可以对案犯从轻处罚或免予处罚。

典型案例

【案情】② 吴某在某银行办理业务时被犯罪嫌疑人抢夺钱袋,吴某反抗,犯罪嫌疑人对其胸部连开两枪,吴某中弹身亡,钱袋未被抢走。原告起诉,要求被告支行承担主要责任,被告保安公司亦应承担相应责任。

【审理】 法院审理认为,造成吴某死亡的直接原因是犯罪嫌疑人的犯罪行为,但被告支行未尽到对存款人在合理限度范围内的安全保障义务,应承担补充赔偿责任。保安公司与支行之间系委托合同关系,对外的民事法律后果应由被告支行承担,被告保安公司不承担连带赔偿责任。

【法理】 作为经营者的支行负有防范、制止危险损害银行自身及进入银行

---

① 江平主编:《民法学》,中国政法大学出版社2007年版,第72页。
② 《吴成礼等诉中国建设银行云南省分行昆明市官渡支行、昆明市五华保安公司人身损害赔偿纠纷案》,载最高人民法院中国应用法学研究所编:《人民法院案例选(2006年第4辑,总第58辑)》,人民法院出版社2007年版,第108页。

的客户的人身、财产权利安全的保障义务。本案中,支行的安全设施不完全符合有关规定导致损害发生,支行应当承担侵权责任。

(三) 侵害生命权民事责任的构成要件

(1) 违法行为。

侵害生命的行为必须具有违法性,因合法行为而侵害他人的生命,不承担民事责任,如司法机关依法执行死刑剥夺罪犯的生命。侵害生命的行为既可以是作为,也可以是不作为。确认侵害公民生命的侵权行为,一般不区分行为人过失与故意,也不考虑行为人之目的和动机,而只注重行为的违法性以及行为所致的结果。因此,未遂的故意杀人不构成侵害公民生命的侵权行为,而故意或过失伤害致人死亡的则认为构成侵害公民生命的行为。[1]

(2) 损害事实。

侵害他人生命的侵权行为另一个重要构成要件是受害人死亡这一事实上的后果。在侵权责任法领域,它是区别侵害公民健康权与生命权的唯一标准:凡未出现死亡后果的,只能认定为侵害公民健康权;凡已出现死亡后果的,就可能认定为侵害公民生命行为。现代医学认为脑死亡才是人的最终死亡。[2]

侵害生命权的损害事实通常包括四个层次:首先,必须有生命丧失;其次,生命丧失造成死者近亲属财产损失;再次,死者生前扶养的人的财产损失;最后,死者近亲属的精神痛苦损害。

(3) 因果关系。

即违法行为与被害人死亡之间必须有因果关系。关于判断因果关系的标准,大多数学者认为,应采相当因果关系理论,依通常的社会经验和智力水平判断,并非求必然因果关系。

(4) 主观过错。

在一般侵权行为中,侵害生命权的行为需要行为人主观上有故意或过失,过错的不同类型对于侵权行为之构成没有影响,但对于赔偿后果则可能产生较大影响,因故意或重大过失侵害他人生命,则可能导致惩罚性赔偿金或较高抚慰金之判决。但是,在特殊侵权中适用无过错责任原则时,不要求主观过错。

(四) 有关生命权的几个具体问题

(1) 自甘冒险行为。

自甘冒险行为指行为人也就是受害人本可预见某种行为可能引起损害的发生,但为了追求某种特殊利益而甘冒损害发生的危险而为这种行为,结果损害真的发生了。自甘冒险行为在理论上被认为是一种阻却违法事由,属于"受害人

---

[1] 张新宝:《侵权责任法原理》,中国人民大学出版社2005年版,第186页。
[2] 同上。

同意"中的"受害人在损害事故发生前的单方同意",即受害人在损害事故发生前单方以明示或默示的方式表示自愿承担损害发生的后果。

(2) 献身行为。

所谓献身行为,指为了高尚的目的而献出自己生命的行为。献身行为是为了维护一个更高的利益,或者至少不低于自己的生命利益(如舍己救人的行为)。如果没能达到这样的目的,甚至给他人造成精神上或物质上的损失,那么此种做法就是轻生,是不能得到法律肯定的。还需要指出一点,对于某些负有特殊职责的人来讲,当需要以其生命来履行其职责时,不能以维护其生命权为由,逃避这种职责的履行。

(3) 安乐死。

"安乐死"从本质上讲是受托杀人行为。关于"安乐死",存在赞成和反对两种主张。在民法看来,安乐死涉及生命权人对生命利益的支配或处分的问题。解决这个问题的关键在于:生命权人有没有支配自己生命的权利。

二、身体权

(一) 身体权的概念和意义

所谓身体权,指自然人依法保持其肢体、器官和其他组织完整并对其予以支配的人格权。

根据《民法通则》第98、119条的规定:我国仅规定了"生命健康权",没有规定"身体权",因此在很长一段时间的司法实践中,身体权一直被置于生命权或健康权之中来进行保护,而不将其看做是一种单独的人格权。对身体权的侵害如果造成了伤害,就依照侵害健康权的行为来处理;而如果造成死亡,就依照侵害生命权的行为处理,实际上是采取了重的侵权行为对轻的侵权行为吸收的理论。

《最高人民法院关于确定民事侵权精神损害赔偿责任若干问题的解释》(法释〔2001〕7号)第1条规定:"自然人因下列人格权利遭受非法侵害,向人民法院起诉请求赔偿精神损害的,人民法院应当依法予以受理:(一) 生命权、健康权、身体权;……"《最高人民法院关于审理人身损害赔偿案件适用法律若干问题的解释》(法释〔2003〕20号) 第1条第1款规定:"因生命、健康、身体遭受侵害,赔偿权利人起诉请求赔偿义务人赔偿财产损失和精神损害的,人民法院应予受理。"《侵权责任法》第2条规定:"**侵害民事权益,应当依照本法承担侵权责任。本法所称民事权益,包括生命权、健康权、姓名权、……等人身、财产权益。**"上述法律和司法解释对生命权、健康权、身体权的表达不同,但是理论上和实践中认为三者联系紧密且相互独立。最高人民法院《民事案件案由规定》(法发〔2008〕11号)亦明确人格权纠纷包含生命权、健康权、身体权纠纷。

（二）身体权的特征

身体权的法律特征体现在以下几个方面：

(1) 主体的特定性。

身体权只能为自然人所享有，法人或其他组织则不能享有身体权。

(2) 存在的固有性。

身体权在生存期间与法律主体的生命密切联系。身体权具有固有性，这就决定了身体权是不可以转让、不可继承和不可抛弃的。

(3) 客体的多元性。

我们认为，身体权的客体包括两个方面：一是身体及其组成部分，比如人的毛发、血液、体液和指甲等等；二是身体的完整利益。这主要指的是人的身体的主体部分和附属部分是一个有机的整体，人有权利保护自己的身体完整不受他人非法侵害。

(4) 内容的有限支配性和绝对性。

这里强调的是权利主体在有限的范围内支配自己的身体。权利人在社会道德、公共利益及法律强制性规定的范围内有权处分其身体完整利益。

（三）身体权的内容

(1) 身体完整保持权。

身体是自然人存活的物质基础，离开了身体，会直接影响到健康乃至生命的维系。因此，身体权首先就表现为对其身体完整性的保持。

公民对自己的身体具有完整保持权。任何破坏自然人身体完整性的行为，都构成对自然人身体权的侵害，权利主体有权请求司法机关给予保护。

(2) 身体组成部分有限支配权。

身体权也表现为在不影响社会公益和他人合法利益前提下对自己身体组成部分的支配权。

传统民法理论认为人体的组成部分不是物，人不能对其进行支配，因此身体权的内容只能包括对身体完整的保持权。但随着科学技术的发展，输血和器官移植治疗方法的成熟，完全不允许自然人将作为自己身体组成部分的血液、皮肤乃至器官转让给他人已不能适应社会的现实。因此现代民法理论承认自然人对其身体组成部分有限的支配权，但这种支配不应当损害社会公益或者他人的合法利益，并应符合社会一般伦理道德。

(3) 身体权所含特定人格利益的特别保护。

身体权所包含的特定人格利益与名誉权、隐私权等精神性人格权一样，其保护可以被延伸到死后。

典型案例

【案情】① 原告黄某到被告医院就诊,被确诊为急性化脓性阑尾炎。手术过程中,手术医师错将子宫当成阑尾切除。经有关部门鉴定,结论为:已完全丧失生育功能,正常心理发育将会受到一定程度的影响。

【审理】 法院经审理认为:医院违反手术规程,造成黄某终生丧失生育能力并部分丧失劳动能力,其行为严重侵犯了黄某的身体健康权。

【法理】 身体权是一种绝对权,权利人享有一定的支配权,在符合法律和公序良俗的前提下,有权对自己的身体的某一部分进行处分。尽管身体不是财产,不能像财产那样由财产权人随意处分,但是权利人依法可以作出有限的处分,这主要体现在以下三个方面:一是在符合法律或公序良俗的前提下,对身体某一部分的放弃;二是捐献器官或组织;三是自然人有权拒绝接受医疗或外科的检查。

(四) 侵害身体权民事责任的构成要件

侵害身体权的行为,是指故意或者过失触犯他人身体,破坏他人身体组成部分完整性的侵权行为。

(1) 违法行为。

我国《民法通则》第 97 条和第 119 条都是保护公民身体权的规定,行为人违反这些法律规定,即具违法性。该违法行为包括作为和不作为。

(2) 损害事实。

侵害身体权的直接损害后果包括两个方面:一是身体的完整性受到破坏,二是身体的组织、器官受到侵害等。除了直接导致身体本身的损害之外,侵害身体权还会产生间接的损害后果,即遭受精神损失。

(3) 因果关系。

在一般情况下,侵害身体权的行为与结果之间,因果关系明显、直观,容易判断。但有些情况下,因果关系需要认真判断、证明,如不作为与身体权损害事实之间的因果关系,因情况比较复杂,在确认因果关系时,必须有确凿的证据证明。

(4) 主观过错。

故意或过失都可以构成侵害身体权的责任。在非法搜查、侵扰殴打等行为中,行为人的主观过错为故意,违反法定作为义务的不作为所产生身体损害或不当外科手术所致身体损害,由过失构成。

---

① 《黄某诉龙岩市第一医院将其子宫作阑尾切除损害赔偿案》,最高人民法院中国应用法学研究所编:《人民法院案例选(民事卷,1992—1999 年合订本)》,中国法制出版社 2000 年版,第 1351 页。

三、健康权

（一）健康权的概念

健康权指以自然人身体外在组织的完整和身体内部生理机能的完善，进而以保障肌体生理机能正常运作和功能完善发挥为具体内容的人格权。

身体权和健康权密切相连，但权利内容却非同一。身体权所保护的客体是肢体、器官和其他组织的完满状态；而健康权的保护客体则是各个器官乃至整个身体的功能健全。在个案中，此一区别可以看得很清楚。例如，使用谩骂、诋毁或者其他心理手段，致他人身体疾患者，所侵害的是健康权。相反，殴打致人肌肉或软组织损害，经治疗而痊愈，并无后遗症者，所侵害的则是身体权。① 健康权着眼于人的各种生理机能的协调和发挥，一个人的身体完整性或者生命没有受到侵害，但可能会侵害其健康；身体权着眼于人体组织器官的完整性，主要是从人的具体的、外部的物质性器官来判断。②

健康权所保护的健康，不是指无疾病状态，而仅指器官、系统的整体安全运行，以及功能正常发挥。健康不限于器质健康，还包括功能健康；不限于生理健康，亦包括心理健康。心理健康的价值受到日益广泛的肯定和认可。

典型案例

【案情】③ 原告县医院修建的太平间与被告王某、张甲、张乙住房相邻。被告以太平间选址不当，严重影响其居住和生活为由，阻止原告装修并安装其他设施。于是，县医院以其修建太平间已经城建局许可为由，提起诉讼。

【审理】 一审法院经审理认为：太平间已达到有关部门"隐蔽、安全、卫生"的要求，故判决原告胜诉。

二审期间，上诉人向该地区建设委员会申请行政复议，建设委员会撤销了该县城建局颁发给县医院的所有建设太平间的手续，决定县医院应另行申请选址建设太平间。

【法理】 如果仅仅认为健康只是生理机能的运行正常，那么本案是不能用健康权来保护被告的权利的；相反，如果健康不仅包括生理健康而且包括心理健康，那么原告在行使修建权的时候将太平间修建在被告的住处相邻处，对被告的心理健康造成很大的影响，就存在原告侵犯被告健康权的可能。

---

① 张俊浩主编：《民法学原理》（上册），中国政法大学出版社 2000 年第 3 版，第 144 页。
② 李永军主编：《民法》，中国政法大学出版社 2008 年版，第 45 页。
③ 《荥经县医院诉相邻住户张仕琼等阻止其修建取得许可证的太平间侵权案》，载最高人民法院中国应用法学研究所编：《人民法院案例选》2001 年第 2 辑（总第 36 辑），人民法院出版社 2001 年版，第 84 页。

(二) 健康权的法律特征

(1) 健康权以人体生理机能的正常运作和功能的正常发挥为具体内容。

健康权的客体不是人的整体构造,而是人体功能健全的利益。当身体的完整性、完全性受到损害,并对人体机能运作的正常性及其整体功能的完善性造成损害时,应认定为对健康权的损害。

(2) 健康权以维持人体的正常生命活动为根本利益。

健康是维持人体正常生命活动的基础。侵害健康权,表现为人体的正常功能受到伤害,但这种伤害可以通过治疗而得到全部或部分的康复,从而继续保持人的生命活动。如果因为侵害健康的行为最终导致了受害人丧失生命的结果,法律以最终结果论,那么就应当认定为侵害生命权。

(三) 健康权的内容

(1) 健康维护权。

健康维护权,首先体现为自然人维护自己健康、并排除他人对其非法干涉的权利。其次还表现为当自然人的健康权受到不法侵害时,受害人享有"司法保护请求权"。

(2) 劳动能力保有、利用和发展权。

劳动能力作为自然人健康权的一项基本人格利益,自然人都有保有、利用和使其自由发展的权利。当然,当劳动能力受到不法侵害时,受害人也可以请求司法保护。亦有观点认为:"物质性人格权包括生命权、身体权、健康权和劳动能力权"。"劳动能力权与健康权紧密相连,原属健康权的重要方面,不过因其在实务上的重要性而独立化了"。[①]

(3) 健康利益支配权。

所谓健康利益支配权,指自然人可以支配与自己健康相关的那些利益的权利。

应当认为,民法上的权利的支配性从来都不是对客体的任意支配,对人身权而言,权利人对人身利益的支配是有限的,必须不违背社会公共利益和公序良俗。如果健康权不具有支配性,就否认了健康人享有和维护自己健康的利益,也无法排除第三人对其健康的侵害。因而人们强调健康权是一种有限度支配权,说的是权利人无须依照他人的意思,就可以依照自己的单方的意思表示实现自己的人格利益。

(四) 侵害健康权的构成要件

(1) 违法行为。

依据《民法通则》第 98 条,违反该条规定,行为人的行为即具违法性。需要

[①] 张俊浩主编:《民法学原理》(上册)(第 3 版),中国政法大学出版社 2000 年版,第 142、145 页。

说明的是,行为的主体既可以是公民也可以是法人或者是公务人员,行为方式既可以是作为也可以是不作为,既可以是直接行为也可是间接行为。

(2) 损害事实。

损害事实包括健康受损的事实,健康受损导致受害人财产利益的损失及受害人因精神痛苦受到的损失。

健康侵害并不以人的健康状态为前提,例如,因为某种归责事由,导致一个人失去了康复的机会,而此前其存在使此种疾病完全康复的可能,此种情况下同样可以引发健康损害(例如妨碍了肾脏移植)。又如,能够避免而没有避免健康状态的进一步恶化的情况(例如医生因疏忽而没有及时发现癌症,导致患者最终患有恶性肿瘤,而及时发现并治疗即可以避免此种后果)。[1]

健康受损的事实指的是公民的生理机能的正常运行受到损害,主要包括器质性的损害和功能性损害。受害人财产利益的损失指的是受害人健康权受到侵害后的不利益,这主要指的是因医疗治疗及恢复健康等所支出的费用,这构成了财产损害赔偿范围的大小。精神痛苦的损害表现为受害人精神上的痛苦和折磨,这构成了精神损害抚慰金赔偿的标的。

(3) 因果关系。

即违法行为和损害事实之间必须存在着因果关系,其判断标准仍应采相当因果关系说,即应根据社会一般经验和智力水平来判断违法行为对人的健康造成损害的作用力大小来判断。

(4) 主观过错。

故意和过失都可能构成侵害健康权的责任构成中的主观要件。

第三节 侵害精神性人格权责任

一、姓名权

(一) 姓名权的概念与特征

1. 姓名权的概念

姓名从本质上来看是一种符号,是把一个人和另外一个人区别开来的一种语言符号。所谓姓名权,就是指自然人依法享有的决定、使用和改变自己姓名的权利。

---

[1] 〔德〕布吕格迈耶尔、朱岩:《中国侵权责任法学者建议稿及其立法理由》,北京大学出版社2009年版,第55—56页。

2. 姓名权的特征

(1) 姓名权的主体是自然人。

虽然法人及非法人团体也有名称,但不是姓名权的主体。同时,自然人死亡后不再享有姓名权,但法律对自然人生前所获得的与其相关的名誉依然予以保护。

(2) 姓名权的客体是姓名。

姓名作为自然人表彰自己、区别他人的符号,必须以文字形式表现出来,不能仅仅是一个符号。姓名权的客体姓名不仅包括真名即本名,还应包括别名、笔名、艺名等。

(3) 姓名可以依法变更。

我国《户口登记条例》第 18 规定,未满 18 岁的人需要变更姓名时,由其本人或者父母、收养人向户口登记机关申请变更登记;已满 18 周岁的人需要变更姓名时,由本人向户口登记机关申请变更登记。同时,姓名变更应遵循相应的法律程序,但艺名、笔名等的变更则不需办理法定的改名手续。

(二) 姓名权的内容

(1) 姓名决定权。

姓名决定权,也称"命名权"指自然人有决定自己姓名的权利,而其他任何人无权对此非法干涉。

(2) 姓名使用权。

即自然人对自己的姓名享有"专有使用权",且自然人在民事活动中,有权选择使用或不使用自己的姓名。

应当注意的是,在某些特殊的情形下,法律规定当事人必须使用姓名且必须使用经过登记的本名。

(3) 姓名变更权。

姓名变更权是指自然人依照法律规定改变自己的姓名而不受他人非法干涉的权利。此处不受他人干涉,既包括自然人、私法人,也包括代表公权力的公法人。

典型案例

【案情】[①] 原告任某经介绍到被告某杂技团演员周某处学习生活,被告周某未征得原告父母的同意,将原告改姓周。

[①] 《任莹诉周志丽擅为其起艺名、〈文化艺术报〉刊登柏雨果宣称其失踪的文章并配发其生活照侵犯姓名权、名誉权、肖像权案》,最高人民法院中国应用法学研究所编:《人民法院案例选》2000 年第 1 辑(总第 31 辑),人民法院出版社 2000 年版,第 122 页。

【审理】 法院经审理认为：被告未经原告父母同意，擅自在原告姓名前冠以周姓，是对原告行使姓名权的干涉，其行为侵犯了原告的姓名权。

【法理】 公民的姓名不仅包括户籍机关正式登记的姓名，也包括自己的艺名、笔名、化名、曾用名等。任某系无民事行为能力人，其姓名应由其监护人决定。周某未经原告父母同意，为原告起艺名并公开使用，侵犯了"公民自己决定、改变自己姓名"的权利。

（三）侵害姓名权的责任构成

侵害姓名权的责任构成，须具备违法行为、损害事实、因果关系和主观过错四个要件。

1. 侵权行为

侵权行为要件强调的是《民法通则》第99条规定的内容，即自然人享有姓名权，禁止他人干涉、盗用、假冒。具体包括：

（1）干涉他人对姓名的决定、使用和变更权。

这里的干涉行为仅指积极的作为，是对他人姓名权的命名权、使用权及变更权的积极干涉。

（2）盗用他人的姓名。

指未经他人同意或者授权，擅自使用他人名义实施有害于他人和社会的行为，或者为盈利或其他非法行为为目的，擅自使用他人姓名的行为。

2. 行为人主观上有过错

侵犯姓名权的行为，比较典型的如盗用、冒用、干涉他人姓名的选择和使用等，侵权人一般均具有故意。也就是说只有在具备故意时，才构成侵权。但是不排除在其他情况下过失行为也构成侵权。

3. 侵害姓名权的行为和损害事实之间的因果关系

由于侵害姓名权的违法行为和损害事实存在合一化的特点，故二者之间的因果关系不需要加以特别说明。

4. 损害事实

侵害姓名权的损害事实，以干涉、盗用及冒用他人姓名权的客观事实为依据，不必具备特别的损害事实。因而，受害人只需证明侵害姓名权的行为为客观事实，就完成了举证责任。

二、名称权

（一）名称权的概念与特征

1. 名称权的概念

名称，是指特定团体为与其他团体相区别而使用的文字语言符号。在传统上,企业的名称又叫"字号"。

名称权指自然人以外的其他民事主体在社会活动中,依法享有的决定、使用、改变和转让自己的名称,并排除他人非法干涉的民事权利。

2. 名称权的特征

名称权的法律特征表现在以下几个方面:

(1) 名称权主体的特定性。

名称权的主体是除自然人以外的法人和非法人团体。

(2) 名称权具有专有性。

名称权属于法人等社会组织专有,非经转让等合法转移方式,其他经营单位不得使用。此特征较明显地区分了名称权和姓名权。

(3) 名称权的客体具有间接的财产利益。

我们说人格权以不具有直接的财产因素或不具有财产因素为基本特征,而名称权却具有间接的财产利益。这主要表现在商业名称上,老字号、老商号及名牌企业会带来更好的公众认同感,对于经营的开展有着良好的促进作用,可以取得更高的经济效益。

(4) 名称权必须依法定程序取得。

指法人和非法人团体的名称,一般需要经过工商部门的登记,方能获得受法律保护的权利。但是历史悠久(新中国成立前就已经广为人知)的老字号、老商号,即使未及登记,亦应予以一定程度的保护。

(二) 名称权的内容

(1) 名称决定权。

法人及特殊自然人组合享有名称决定权,这是名称权的首要内容。

(2) 名称使用权。

这是名称权内容中最核心的权利。名称一经登记,即受到法律的保护,并具有了独占使用的效力。我国现行法律规定,凡在名称权登记的地区内,其他组织就不得再以相同的名称进行登记。在同一地区内,数个组织曾使用相同的名称的,只要其中一个组织将这个名称进行了登记,其他各组织就都不能再使用原来的名称了,否则构成侵权。

(3) 名称变更权。

名称在使用的过程中,权利主体可以依法予以变更,但变更如果未经公示,就不得对抗第三人。名称经变更登记后,原登记名称即被视为撤销。

(4) 名称转让权。

我国《民法通则》规定,企业法人、个体工商户、个人合伙都有权依法转让自己的名称。名称的转让既可以是部分转让,也可以是全部转让。名称权不仅可以转让,还可以继承。但要注意的是,只有法律规定的几种主体才可以享有名称转让权,国家机关、事业单位等单位、法人不得转让其名称。

(三) 侵害名称权的责任构成

(1) 侵害名称权的违法行为。

即行为人实施了无法律依据而侵害名称权的行为,如干涉名称权的行使,非法使用他人名称权等。侵害名称权的行为主要表现在盗用、假冒他人名称的情况。

(2) 侵害名称权的损害事实。

损害后果指的是,行为人冒用、盗用等侵害行为导致权利人的财产损失,表现为商誉的破坏、预期利润的减少。该损害事实不仅包括对名称权本身的损害,而且包括名称权的精神利益和财产利益的损害。

(3) 因果关系。

这里的因果关系指的是相当因果关系,即根据一般的社会观念,只要判断行为人的行为与损害后果之间存在一定的联系,即可认为存在因果关系。

(4) 主观过错。

这里的主观过错主要是指故意,过失侵害名称权较少,这是因为名称权的取得和管理具有法定化的特点且程序严格。故可见,侵害名称权的责任适用过错责任原则。

三、肖像权

(一) 肖像与肖像权的内涵

所谓肖像,是指以一定的物质形式再现出来的自然人的形象。而"肖像制造"无疑就是指通过绘画、照相、摄影、雕刻等造型艺术手段,将人的外部形象再现出来,并固定在某种物质载体上。

肖像权是自然人所依法享有的,以与自己的肖像有关的人格利益为客体的人格权。肖像上所体现的人格利益包括精神利益和物质利益两部分。

(二) 肖像权的法律特征

1. 肖像权包含的是精神方面的利益

自然人的肖像具有证明和体现其独立人格的功能,事关其人格尊严。因此法律保护权利人对自己形象享有的维护其完美性的权利,保护权利人禁止他人非法毁损、恶意玷污和歪曲自己肖像的权利,以维护自然人的形象完美,维护其人格尊严。

2. 肖像权还体现了一定的物质利益

和其他人格权相比较,肖像权与财产利益有着更为密切的关系。自然人的肖像具有美学价值,好的肖像作品会给人带来美的享受。但在市场经济条件下,这种美学价值可以被利用,可以转化为财产上的利益。但应当明确的是,这种物质利益是由肖像权人的精神利益所派生得来的。

3. 肖像权是自然人专属享有的民事权利

肖像权具有专属性。首先体现在形象再现上，即只有权利人自己有权决定制作或者不制作自己的肖像，他人再现权利人的形象只有获得权利人的同意才可进行，而无权自行决定。其次肖像使用权处分也具有专有性。只有肖像权人才可以将自己肖像的使用权转让给他人，且受转让人可以在什么范围内使用该肖像，也必须由转让人决定。

4. 肖像权专有性的相对性

肖像权专有性的相对性主要指的是肖像权的合理使用。所谓合理使用，指他人虽未经权利人同意而使用其肖像，但法律规定不构成侵权的情形。一般认为这些行为主要包括：

（1）为社会公共利益而使用肖像；
（2）为自然人本人的利益而使用其肖像；
（3）社会新闻报道为弘扬社会正气、揭露丑恶现象而使用他人肖像；
（4）善意使用政治家以及公众人物肖像；
（4）使用在特定场合出席特定活动的人物的肖像；
（6）为了科学研究和文化教育的目的而在特定范围内使用肖像；
（7）在风景区的摄影创作，将人物作为点缀，或者拍摄照片将他人摄入照片内，在这些场合并不以人物为主体；
（8）其他可以合理使用肖像权的情况，如为弘扬文化制作艺术片而使用一般的民众的形象。

（三）肖像权的内容

肖像权的主要内容包括肖像制作权、肖像完整维护权和肖像使用权三个方面。

1. 肖像制作权

肖像制作权包括两个方面的内容：一方面，肖像权人可以根据自己的需要（如自拍、自画、自我雕塑等）和社会、他人的需要，通过任何形式，由自己或者允许或委托他人通过照相、描绘、雕塑、刺绣等各种手段来为自己制作肖像；另一方面，肖像权人有权禁止他人非法制作自己的肖像。未经肖像权人的同意，任何人不得擅自制作其肖像。

2. 肖像完整维护权

肖像完美维护权是指自然人有权维护自己肖像的完整性，并有权禁止他人的毁坏修改及玷污行为。

3. 肖像使用权

即自然人有权决定自己的肖像是否可以被使用，如何使用，由何人以何种方式予以使用,以及使用肖像的目的等事项。

(四)侵害肖像权的责任构成

1. 须有使用肖像行为

这是构成侵害肖像权的责任的首要条件。这里所说的使用肖像的行为主要指的是非法使用的情况,即未取得他人同意而非法再现他人肖像的行为,包括商业性的利用和非商业性的利用。具体来说,非法使用他人肖像的行为包括如下几种:

(1)未经本人许可而非法制作他人肖像;

(2)非法使用他人肖像;

(3)恶意毁损、丑化他人肖像。

2. 未经肖像权人同意而使用

未经肖像权人同意而使用,即他人未经肖像权人同意而就肖像权人的肖像为营利或非营利之公布、陈列或复制。同意必须是明示的,默示不构成这里所说的同意,这是由肖像权的人身属性决定的。

3. 须无阻却违法事由而使用

关于肖像使用行为的阻却违法事由,已在上文"肖像权专有性的相对性"中详述,故不再赘述。

4. 侵害肖像权行为人有主观过错

侵害肖像权行为人的主观过错的形态主要表现为故意,但也有少数因过失侵害肖像权的可能情形。可见,侵害肖像权的归责原则是过错责任原则。

典型案例

【案情】① 某保健品有限公司与张姓明星签订了广告合约,约定代言商品为:瘦身产品系列之腹部苗条霜、纤脸滋润霜,以及保湿系列(如水白晶雪莲保湿霜、芦荟保湿霜等)。后张某的委托代理人在市场上发现并购买了产品包装印有张某肖像的"瘦身沐浴露"、"深层减肥香皂"、"瘦脸洗面奶"洁护肤产品。

【审理】 法院经审理认为,被告使用张某肖像的三种产品不包含在该公司与张某签订的合约许可使用范围内,被告擅自在其产品的外包装上使用张某的肖像,侵害了原告的肖像权。

【法理】 肖像权的支配性体现在两个方面,一是主动的实施,即允许他人

---

① 《张柏芝诉梧州远东美容保健用品有限公司肖像权案》,载最高人民法院中国应用法学研究所编:《人民法院案例选》2006年第4辑(总第58辑),人民法院出版社2007年版,第92页。

使用自己的肖像,获取利益;二是被动的防御,即非经许可,其享有的肖像权不受任何人的非法侵犯。

四、名誉权

(一) 名誉与名誉权的概念

"名誉"是社会公众、政府机构、非政府组织对民事主体的道德品质、能力和其他品质的一般评价。

名誉首先是指"外部名誉",即对于名誉权人来说是客观的社会综合评价。

除此之外,名誉还包含"内部名誉",也就是民事主体对自己的能力、品德以及其他素质的自我评价和自我认识,也称为"名誉感"。但我国现行法,并不对名誉进行内外部的分类,名誉主要是指外部名誉,而且作为法律上的概念,"名誉"应当具有社会性、客观性、特定性、观念性和时代性等特征。

所谓名誉权,是指民事主体就与自身属性和价值所获得的社会评价所享有的保有和维护的精神性人格权。

典型案例

【案情】[①] 被告金某应某出版社之约写了两篇中篇小说。原告认为作者金某将凭空捏造出来的事实强加在现实生活中的真人头上,给他们的精神带来了极大的压力和痛苦,为此,向法院提起诉讼。

【审理】 法院经审理认为:被告金某将现实真人写进小说,只顾追求文学效果,而不顾真人的历史表现和社会的公正评价,随意虚构故事情节,刻画人物,具有主观过错,其行为已构成对原告名誉权的侵犯。

【法理】 名誉的形成是社会公众对特定人的才干、品德等的客观评价,因而,对名誉权的侵犯必须为不特定的第三人知晓,并使得该人的社会评价降低。否则,就不构成对名誉权的侵害。值得注意的是,这里的名誉感指的是外部名誉感,而不是内部名誉感。内部名誉感属于人的内心情感,是道德调整的范围,而不是法律调整的对象。法律上的名誉指的是外部名誉,是他人对特定人的属性所给予的评价。故文学虚构故事情节导致社会公众对该人社会评价降低,系一种侵犯名誉权的侵权行为。而文学故事导致个人内心的内部名誉感受挫,而外部社会舆论对该人并无评价降低,不属于侵权行为。

[①] 《尕桑才旦、化智诉金光中等利用小说侵害名誉权纠纷案》,最高人民法院中国应用法学研究所编:《人民法院案例选(民事卷)》(1992—1999年合订本),中国法制出版社2000年版,第786页。

(二) 名誉权的法律特征

(1) 名誉权的主体包括所有的民事主体。

也就是说,不但自然人享有名誉权,法人和其他民事主体同样享有名誉权。

(2) 名誉权的客体是名誉利益。

这种名誉利益是与民事主体就自身的属性和价值所获得的社会评价以及自我认识有关的合法权益。

(3) 名誉权不具有直接的财产内容,但此种法律关系均是在商品交换的条件下产生的。

从理论上讲,名誉权是纯精神领域的权利,不具有任何直接的财产内容。但毋庸置疑的是,在商品经济的条件下,名誉权的内容不可避免地要与财产利益联系在一起。从事某些行业的自然人(如律师)和法人,在其名誉受到不法侵害的情况下,财产上的利益损失往往是显而易见的,所以对这种损失应当予以赔偿。

(三) 名誉权的具体内容

(1) 名誉保有权。

名誉保有权指民事主体通过自己的行为使自己的名誉处于最佳状态的权利。

(2) 名誉维护权。

名誉维护权指名誉权人维护自己名誉不受非法侵犯的权利。

(3) 名誉利益支配权。

名誉利益支配权指名誉权人对于名誉权所体现出来的利益所享有的支配权。

(四) 侵害名誉权的责任构成

《民法通则》第101条将侵害名誉权的行为概括为:行为人因为故意或过失对他人实施侮辱、诽谤等行为,致使他人名誉遭受损害。据此,侵害名誉权的行为应当具备以下构成要件:

1. 行为人实施了侮辱、诽谤等违法行为

在名誉侵权中最常见的类型主要有两种,一种是"侮辱",一种是"诽谤"。

(1) 侮辱。

一般认为,侮辱是指故意以暴力或者其他方式贬低他人人格,毁损他人名誉的行为。侮辱既可以是暴力侮辱、语言侮辱、文字侮辱,也可以是其他方式的侮辱,行为人主观上一般都具有毁损他人名誉的故意和目的。

与"诽谤"以捏造事实为构成要件不同,"侮辱"并不以事实虚假为构成要件。以侮辱方式侵犯他人名誉权,不管是口头侮辱、书面侮辱还是行为侮辱,可能不包含任何事实的成分。只要行为人将社会成员中具有正常思维能力的人感觉到是有损别人名誉的信息传播出去,就可以构成"侮辱"。没有任何事实内容的谩骂,也会构成侵权。

(2) 诽谤。

诽谤指行为人向第三人传播虚假事实而造成权利人名誉受损后果的行为。

诽谤的最大特点是"无中生有"。诽谤可以是口头,也可以是文字。其中,文字诽谤包括了新闻侵权,在我国有关新闻侵权中司法解释中,强调构成诽谤必须"主要事实失实"。诽谤的特点在于①:

其一,陈述的事实是虚假的。

其二,诽谤通常以语言、文字和漫画等方式进行。诽谤既可以是以语言的方式也可以以言词的方式。

其三,诽谤的行为必须导致受害人社会评价的降低。

以上三个条件是侵害名誉权的充分要件。根据《最高人民法院关于贯彻执行〈中华人民共和国民法通则〉若干问题的意见(试行)》第 140 条的规定,诽谤也可针对法人实施。

一般来讲,如果侮辱、诽谤行为是公然进行的,即在许多人在场的情况下进行的,不管受害人是否在场,都可以认定已造成了一定的影响。但如果实施侮辱、诽谤行为时没有第三人在场,是否可以认定造成一定影响并构成对名誉权的侵害,则要依具体情况而定。

如果行为人针对受害人实施的行为并没有第三人在场,而行为人也未将该行为向第三人公开,第三人并不知行为人实施了侮辱、诽谤行为,则仅仅是侵害了受害人的名誉感并未构成对名誉权的侵害。如果这种行为已经侵害了公民的人格尊严,则可以按侵害公民人格尊严的行为处理。如果行为人针对受害人实施一定的行为,且事后将此行为向第三人公开,则可以认为该行为已使受害人的社会评价降低,并可认定已经构成对名誉权的侵害。②

2. 行为人的侮辱、诽谤等行为指向特定的人

无论是侮辱还是诽谤或者其他行为,必须具有特定的侵害对象才能构成对名誉权的侵害。如果行为人的行为未指向特定的对象,仅泛指包括原告在内的一般人或者某方面的人,则不能认定侵害名誉权。

3. 造成了社会评价降低的损害事实

对于名誉侵权的构成,要注意的是,要以发生导致他人社会评价降低的损害结果为构成要件。即除行为人和受害人之外的第三人知道行为人实施的侮辱和诽谤等行为,从而使受害人的社会评价降低。至于知道的人数的多少,行为人实施的侮辱和诽谤等行为是不是公开的,只要已为第三人知道,都不影响名誉权受

---

① 王利明:《人格权法研究》,中国人民大学出版社 2005 年版,第 505 页。

② 同上书,第 503 页。

损的事实。

侵害名誉权的损害事实包括三个方面的内容:名誉利益的损害、精神痛苦的损害和财产利益的损失。

五、隐私权

(一) 隐私权的由来和定义

"隐私权(the Right to Privacy)"这一概念诞生于美国。1890 年,美国哈佛大学法学院教授路易斯·D.布兰代斯(Brandeis)与塞缪尔·D.沃伦(Warren)为了驳斥《波士顿报》对塞缪尔·D.沃伦家庭私事的大肆报道,共同在第四期《哈佛法学评论》(Harvard Law Review)发表了著名的《论隐私权》一文,标志着隐私权理论的诞生。文章指出:在任何情况下,每一个人都有被赋予决定自己所有的事情不公之于众的权利,都有不受他人干涉搅扰的权利。并认为保护个人的著作以及其他智慧或情感产物的理念,就是隐私权的价值,而隐私权是宪法规定的人之自由权的重要组成部分。新闻传播媒体往往侵犯这一标志着个人私生活的神圣界限。此后,关于隐私权的理论日益受到重视和承认,并逐渐出现了判例和立法。一般而言,在英美法系,侵权行为法单独立法;在大陆法系国家,侵权行为法被纳入债法编。我国于 2009 年末通过《侵权责任法》,据立法者解释,属于对《民法通则》的细化和解释。尽管学界对该法的立法水平有不同意见,但是毕竟在我国立法史上首次确立了系统的侵权责任法体系,尤其是在第 2 条,明确规定了侵犯"隐私权",属于侵权行为。

隐私权指法律确认自然人享有的对仅与自己的个人秘密和个人私生活有关的利益进行支配,并排除他人干涉的一种人格权。

(二) 隐私权的法律特征

(1) 隐私权的主体只能是自然人,具有专属性。

由于法人和其他组织没有感情,也没有私人生活,因此隐私权只能为自然人所专属享有。法人的商业秘密和经营秘密不属于人格权的范围。

(2) 隐私权的客体是隐私及其相关的利益,其内容具有秘密性和真实性。

隐私权的客体是隐私及其相关利益,它包括了个人信息、私人活动和其他私人领域内容。只有非法侵入和传播关于他人不愿为人所知的真实个人信息等才会构成对隐私权的侵犯。如果传播的是非真实的个人信息造成他人损害的,则根据情节可能构成侵犯名誉权的侵权行为。

(3) 隐私权的保护范围具有有限性,受到公共利益的限制。

在现代社会,隐私权的内容逐渐扩张,而且隐私的范围越来越宽泛,但这并不是说隐私权是一种绝对的权利。当隐私权与公共利益发生冲突出时,应当受到公共利益的限制。任何人的隐私都必须被限制在合法的、合乎社会公共道德的范围内。涉及公共利益的个人信息和资料,不属于隐私权保护的范围。

(4) 隐私权作为一种支配权,具有可处分性。

权利人可以允许他人进入自己的私人领域,也可以允许他人公布自己的信息和资料,只要这种对隐私权的处分不违反法律的规定和社会善良风俗,不论其处分是出于何种目的,都是权利人自己的事情。

(三) 隐私权的内容

(1) 个人生活安宁不受非法干涉权。

权利主体可以按照自己的意志从事或者不从事某种与社会公共利益无关的活动,支配自己的私人生活,任何人不得对其进行非法的干涉和破坏。

(2) 个人信息控制与保守权。

对于无关公共利益的隐私,无论是有利于权利主体的个人信息还是不利于权利主体的个人信息,权利人都有权予以隐瞒,不对他人言明。民事主体对自己的个人信息的获得、保存、传播等行为,享有排他性的控制与保有的权利。

"个人生活安宁权"和"个人信息控制和保守权"也当然地表现为"隐私维护权",即当有人非法侵扰权利主体的隐私领域时,权利人有请求司法保护,要求停止侵害和赔偿损失。隐私维护权具体体现在两个方面:第一,在权利受到侵害的情况下,权利人实施自力救济,向侵权人主张禁止其收集、散布个人隐私信息;第二,在权利受到侵害时,请求司法机关予以保护。

(3) 个人隐私利用权。

权利人对于自己隐私的利用权来源于隐私权具有"可处分性"的法律特征。权利主体有权依照自己的意志来利用自己的隐私从事自己愿意从事的活动,以实现自己的利益,而不受他人的非法干涉。

只要权利人对隐私的利用没有违反强制性法律规定,没有违背社会公共利益和善良风俗,就不属于违法行为。

(四) 侵害隐私权的责任构成

(1) 侵害隐私权的违法行为。

以作为方式违反社会公共利益、社会公德侵害他人隐私的行为是侵害隐私权的违法行为。具体而言,侵害隐私权的违法行为包括以下几个方面:第一,非法披露个人的信息;第二,非法侵害他人私生活安宁;第三,对私人生活的非法干涉。

(2) 损害他人隐私权的损害事实。

这里的"损害事实",不仅包括精神上的痛苦和心理上的不良反应,还包括财产损失,这是和隐私权的可处分性或者可利用性一致的。

(3) 因果关系。

在确定侵害隐私权的因果关系时,要根据不同的侵害隐私权的类型分别判断因果关系。一般认为,在因果关系上应当采取相当因果关系理论,根据社会一般人的经验和常识判断行为和结果之间是否具有因果关系。

(4) 加害人的过错。

这里的"过错",主要是指故意,但有时过失也可构成侵害隐私权的责任。如小说创作中利用素材不当而暴露他人隐私,则为过失侵害他人的隐私权。

典型案例

【案情】[①] 被告刘某在某矿务局供应处召开党风廉政建设座谈会时,未经通知自行到会,向有关领导反映原告严某的生活作风问题。原告认为刘某的发言在全省煤炭系统造成了恶劣的影响,其行为侵害了原告的名誉权。

【审理】 法院经审理认为:被告的发言并没有超出会议议题的范围,且未发现该发言在群众中散布。虽然言辞过激,但仍属公民行使宪法规定的批评监督权利,不存在侵权问题。故刘某在会上的发言并不构成对严某名誉权的侵害。

【法理】 本案中,在严某的社会作风问题是事实的前提下,刘某反映其生活作风的言行并没有侵害严某的隐私权。同时,政党内部所开的会议中,揭露属于党章规定的批评和自我批评的个人信息,为个人入党时所明确遵守的政党纪律,政党成员为了对政党忠诚,自愿放弃了一些个人隐私,故在党会之间谈论此类信息,不属于侵权责任法所称的侵犯隐私权的行为。在处理隐私权和知情权的关系时,要遵循社会政治和公共利益原则、尊重人格原则和权利协调原则。只有这样,才能正确处理隐私权和知情权的冲突。

(五) 处理隐私权和知情权的原则

1. 隐私权和知情权相互性产生的原因分析

在现代社会,权利的冲突即权利的相互性是一种较为普遍的现象,隐私权与知情权的关系可谓较典型地体现了这种关系。一方面,人们希望获得心灵的安宁和独处的权利,为此要求法律保护隐私;另一方面,人们又希望了解一切自己想要了解的东西,要求政府行为或社会事务公开化,呼吁提高透明度。两者之间就必然发生矛盾。如何解决两者之间的冲突,是现代法律不得不面对的理论和实践问题。

2. 处理隐私权和知情权的原则

为了解决这种矛盾,在处理隐私权和知情权的关系问题上一般应遵循三个

---

① 《严孝奎诉刘浩岩侵害名誉权案》,国家法官学院、中国人民大学法学院编:《中国审判案例要览(1996年民事审判卷)》,中国人民大学出版社1997年版,第326页。

原则:

(1) 社会政治和公共利益的原则。

社会政治和公共利益的原则,即个人隐私如果与社会政治和公共利益发生冲突,则有必要牺牲个人的某些隐私权。如著名的克林顿绯闻案中,由于其总统的特殊身份涉及政治和公共利益,因此他不能以隐私权为由阻止对其绯闻的报道。

(2) 尊重人格的原则。

尊重人格的原则,即凡涉及自然人隐私的问题,即使是揭露社会不良现象时,也不得伤害权利人的人格尊严。

(3) 权利协调原则。

权利协调原则是一个概括性很强的表述,在实际情况中应当根据诚信原则对其作出合理的解释。一般来说,即使为了满足知情权,也应当将公开他人隐私的行为限制在必要的、尽可能小的范围内,而且知情权人负有在适当范围内为他人保密的义务。

第四节 侵害身份权责任

一、身份权概述

(一) 身份权的概念

身份是民事主体在一定的亲属关系和其他非亲属社会关系中所处的一种稳定的地位。所谓身份权,就是指民事主体基于某种特定的身份而依法享有的支配与此有关的身份利益的一种民事权利。

随着时代的发展,"从身份到契约"运动的兴起,现代的身份关系已经由人身支配关系和依附关系成为平等主体之间的身份关系,而且也不仅仅限定在亲属法领域,其主体也不仅限于自然人。

典型案例

【案情】[①] 原告宋某在被告第三医院生下一男婴,取名佟甲。同日,第三人曹某也在该院生一男婴,取名曹乙。该院医护人员给婴儿洗澡后抱回给原告时,原告佟某之母发现该婴皮肤与宋某所生男婴皮肤有异,但未明确提出此怀疑。后经鉴定,佟甲不是佟某、宋某所生。原告向法院提起诉讼,要求第三医院寻找

[①] 《宋慧英等诉徐州市第三人民医院因工作失误致其亲子被他人抱走要求找回亲子案》,载最高人民法院中国应用法学研究所编:《人民法院案例选》1999年第4辑(总第30辑),时事出版社2000年版,第47页。

亲子并赔偿经济、精神损失合计7万元。

【审理】 法院经审理认为：经鉴定，可以确定佟甲与曹某夫妇，曹乙与佟某、宋某夫妇之间具有血亲关系，因此原告及第三人应相互交换抚养的孩子。被告医院由于管理不善，造成原告及第三人错养孩子，应负完全责任，因此，被告除应赔偿原告、第三人的经济损失外，还应赔偿因失职而对其造成的精神损害。

【法理】 身份权是民事主体基于某种特定身份而依法享有的民事权利。父母基于身份权享有对子女的人身、财产的管教和保护的权利，因而当孩子被抱错时，基于父母对子女的亲权关系，其享有要求子女回到身边保护其人身、财产的身份权。

（二）身份权的法律特征

"身份权"与"人格权"共同构成了人身权的法律体系，通过对二者相同点和不同点的比较，可以揭示身份权的法律特征。

1. 身份权与人格权的相同之处

（1）身份权和人格权都是专属权。

身份权和人格权都与权利人自身紧密联系，只能由民事主体专属享有，而不能让与或继承。

（2）身份权和人格权都是支配权。

身份权和人格权都体现着权利人的人身利益，而这些人身利益应由权利人直接支配。

（3）身份权和人格权都不是财产性的权利。

虽然身份权中包含很多具备财产因素的具体权利，如抚养请求权和赡养请求权等，但这些权利是由身份关系上的精神利益转化而来，因此，身份权在本质上主要体现的还是一种精神利益。

2. 身份权与人格权的不同之处

（1）身份权与人格权的法律作用不同。

人格权的目的在于维护民事主体所应当享有的那些人之所以为人的权利，从而保证其实际的法律人格；身份权的目的则在于维护民事主体在特定的亲属或其他社会关系中应有的地位，以及因此产生的权利义务关系。

（2）身份权与人格权相比，不是民事主体固有的权利。

人格权是人固有的权利，因出生而取得，因死亡而消灭，与权利主体相伴始终。而身份权的取得则要基于一定的法律行为或事实，如配偶权因为结婚这一法律行为而取得。即使是亲权，也是基于子女出生这一事实而取得的。而且，身份权还可以因一定的法律行为或事实而丧失或消灭，如配偶权可因离婚而消灭，亲权也可因父母或子女的死亡而消灭。

（3）身份权与人格权相比，也不是民事主体必不可少的权利。

人格权是民事主体生存和从事各种民事活动的前提，不享有人格权就不能成为权利义务的承担者。身份权则不同，一个人可能不享有任何荣誉权，即使是亲属法上的身份权，也可能因为各种原因而丧失殆尽。但这并不影响其作为民事主体的资格和民事权利义务的承担。

（4）身份权与人格权的客体不同。

人格权的客体是人格利益；身份权的客体则是身份利益，这种身份利益不仅体现为权利人的利益，还体现为权利相对人的利益，如配偶权就平等地体现了配偶双方的利益。可以说，身份权充分体现了权利和义务不可分的法律理念。

二、亲权

（一）亲权的概念及其特征

1. 亲权的概念

我国《婚姻法》第 23 条规定："**父母有保护和教育未成年子女的权利和义务。**"

所谓亲权，就是父母对未成年子女在人身和财产方面享有和承担的以保护和管教为内容的权利和义务的总和。亲权是权利和义务的集合体，以保护未成年子女的利益为最高原则。

2. 亲权的特征

通过比较亲权与监护的不同，可以揭示出亲权的如下特征：

（1）亲权是亲属法上的基本身份权。

亲权和监护权虽同为身份权，但监护权则是亲属法外的身份权。故在法律体系的安排上，亲权应规定在亲属法中，而监护应规定在主体制度中。大陆法系国家通行的做法是将监护规定于婚姻法中，作为对侵权制度的补充和延伸。

（2）享有亲权的主体范围比享有监护权的主体范围要狭窄。

亲权的主体只能是父母，是建立在血缘关系上的。而监护权的主体范围则不限于父母，其他近亲属，朋友，所在单位等都可以成为监护人，比亲权的主体范围大。

（3）亲权和监护权的权利相对人的范围不同。

亲权的权利相对人只限于未成年子女，其他因精神疾病或其他原因（如植物人）而不能享有完全民事行为能力的人，只能由监护人依其监护权对其进行照护。

（4）亲权的内容要比监护权的内容更宽泛。

亲权虽名为权利，实际上也是义务，是权利和义务的综合体，而且更多地体现的是义务属性，其设立目的就是为了保护和教养未成年子女。而监护权的内容则只限于保护权,对被监护人没有人身支配权,不得惩戒被监护人。

(5) 亲权具有可分离性。

亲权并非是一个单一的权利,而是由多个子权利所组成的权利的集合,自然父母在行使权利时,可以根据具体情况进行适当调整。父母可以享有全部的亲权,也可以享有部分的亲权。

可见,亲权制度包含不了监护,监护制度也无法覆盖亲权。

(二) 亲权的内容

1. 身上照护权

指父母对未成年子女进行人身保护和教养的权利和义务。具体包括:

(1) 抚养权。

父母对未成年子女的健康成长提供必要的物质条件,不但是法定的义务,也是父母的权利。

(2) 住所指定权。

即为了保障子女的身心健康和安全,父母对子女的住所或居所享有的指定权。子女不得随意离开亲权人所指定的住所或居所。

(3) 惩戒权。

指父母对于未成年子女于必要时予以必要程度惩戒的权利。当然,父母行使惩戒权必须控制在一定的范围之内,不能违反《未成年人保护法》等法律的有关规定。我国法律虽然没有明文规定惩戒权,但也没有明文禁止父母对未成年子女的适度惩戒。

(4) 子女交还请求权。

指当未成年子女因被拐卖、劫掠等非法脱离家庭的情况下,父母有请求他人交还子女、并请求相应赔偿的权利。《最高人民法院关于确定民事侵权精神损害赔偿责任若干问题的解释》第 2 条规定:"非法使被监护人脱离监护,导致亲子关系或者近亲属间的亲属关系遭受严重损害,监护人向人民法院起诉请求赔偿精神损害的,人民法院应当依法予以受理。"即从精神损害赔偿的角度,肯定了"子女交还请求权"。

(5) 子女身份行为及身上事项的代理和同意权。

主要包括子女民事行为代理权、诉讼代理权、职业许可权、子女送养、收养同意权等。

2. 财产监护权

即父母对子女的财产进行保护和支配的权利,包括"财产占有权"、"财产的法定代理权"、"财产使用收益权"、"必要的财产处分权"等。

三、配偶权

（一）配偶权的概念

指夫妻双方因为互为配偶而产生的基本身份权。需要注意的是，配偶权的主体是夫妻双方，客体为配偶的身份利益。

（二）配偶权的内容

（1）夫妻姓名权。

此权利指的是夫妻缔结婚姻关系后，妻是否有独立姓氏的权利，也包括夫是否有独立姓氏的权利。

（2）居所决定权。

此权利指的是配偶婚后决定自己住所的权利。这里的"住所"，指婚姻双方的住所或家庭住所。

（3）同居义务。

指的是异性男女共同生活，包括男女共同寝食、相互扶助和进行性生活的权利与义务。

（4）忠实义务。

又称"贞操义务"，指的是配偶保持其性生活的专一性的义务，也称"不为婚外性生活的义务"。

典型案例

【案情】① 原告甲与被告乙为夫妻，双方生有一子丁，后甲得知丁为被告丙之子，并通过鉴定得到证实，甲乙为此协议离婚。甲起诉请求法院确认丁为被告之子，乙丙赔偿甲为丁支出的各项费用及其精神损失。

【审理】 法院经审理认为：甲、乙夫妻关系存续期间，乙应对夫妻感情忠贞不贰，不应与丙维持长达半年多的婚外情。两被告不光彩的做法严重侵害了甲对配偶的权利，给甲造成了极大的精神打击。因此，两被告应赔偿原告的精神损失。

【法理】 乙违反了配偶间的"贞操义务"。"贞操义务"是要求配偶之间相互不为婚外性交的不作为义务，因而贞操义务与贞操权是截然不同的两个概念。贞操权是公民的具体人格权，而贞操义务是配偶权的内容，履行义务的目的是忠实于配偶。

---

① 《周德勇诉王俊等返还受欺骗抚养非亲生子费用和侵犯配偶权索赔案》，载最高人民法院中国应用法学研究所编：《人民法院案例选》2001年第2辑（总第36辑），人民法院出版社2001年版，第56页。

(5) 参加工作、学习和社会活动的自由权。

指的是已婚者以独立身份,按本人意愿决定社会职业、参加学习和参加社会活动,不受对方约束的义务。

(6) 日常事务的代理权。

也称"家事代理权",指配偶一方在与第三人就家庭日常事务为一定法律行为时,直接依法享有的代理对方行使权利的权利。

(7) 相互扶助的权利和义务。

指的是配偶之间互相扶养、扶助的权利,相对的一方负有此种义务。

四、亲属权

(一) 亲属权的概念

(1) 亲属的概念。

指因婚姻或血缘而产生的人与人之间的特定身份关系,以及具有这种特定身份关系的人相互之间的身份、地位等。

(2) 亲属权的概念。

指法律确认的民事主体对基于除配偶和未成年亲子关系之外的其他亲属关系而产生的身份,和与此身份有关的利益所享有的权利义务。其主要包括父母与成年子女,祖父母(外祖父母)与孙子女(外孙子女),以及兄弟姐妹之间的身份关系及相关利益。

(二) 亲属权的内容

亲属权是一种独立的身份权,它调整的是除配偶和未成年亲子关系之外的其他亲属关系,具有派生性和补充性的特点。

(1) 互相帮助和体谅的权利和义务。

在生活中相互帮助,特别是遇有困难和痛苦时给予亲属以最大的安慰与体谅,既是道德的要求也是受到法律强制力保障的社会生活规范。

(2) 互相扶养、抚养或赡养的权利和义务。

"抚养"是长辈对晚辈;"赡养"是晚辈对长辈;"扶养"则是同辈间相互享有的权利和义务。

上述内容显然还不够,关于亲属权的内容,有法律规定的依法律规定,没有法律规定的依习惯,没有习惯的依法理,对其进行法律规制还有待于理论和实践的继续总结。

(三) 侵犯亲属权的法律后果

侵犯亲属权的行为人,既可能是亲属权内部的相对义务人,也可能是亲属关系之外的第三人。侵犯亲属权的行为人,一般应承担以下几种法律后果:

（1）支付扶养费。

这里的扶养包括了扶养、抚养和赡养。如父母不对已成年但没有生活能力的子女尽抚养义务,应责令其支付抚养费。

（2）赔偿损失。

侵害亲属权造成损害的,应当赔偿相应的损失。这种损失包括物质损失和精神损害赔偿。

（3）赔礼道歉等其他责任。

亲属权是身份权,主要涉及精神利益,因此在具体案件中,要求侵权人对受害人承担赔礼道歉等非财产性质的责任形式,对保护受害人的精神利益,是十分必要的。

五、荣誉权

（一）荣誉权的概念

所谓荣誉,指特定的组织授予特定的人的一种专门性和定性化的积极评价。

而荣誉权指民事主体依法对其所获得的荣誉以及由此产生的利益所享有的保持和支配的身份权。

（二）荣誉权和名誉权的关系

荣誉权和名誉权存在着较大的相似性,它们都以他人对权利人的评价为产生的前提,对荣誉权的侵害常常会直接导致权利人名誉权的损害。因此有学者提出荣誉是名誉的一种特殊情形,没有必要再规定一个单独的荣誉权。但荣誉权和名誉权也存在着本质上的区别,一般认为包括以下几点:

（1）客体不同。

名誉权的客体是因为名誉而产生的相关利益,荣誉权的客体是荣誉及其相关利益。名誉是一种"一般评价",来自社会和一般公众,可能是积极的,可能是消极的,也可能是中性的。而荣誉是一种"专门性和定性化的评价",它只能是积极的,且来自特定的组织。

（2）取得方式不同。

名誉权是人生而取得的权利,与人的主体资格同时产生,不需要依据法律行为或其他法律事实。荣誉权则不同,它的取得是因为民事主体自己的优良表现,突出贡献等,这种取得必须通过专门的组织,而且应当依照一定的程序。

（3）主体不同。

这是由其取得方式的不同决定的。名誉权生而取得,因此它为所有民事主体所享有;而荣誉权的取得要具备一定的后天条件,只有具备这种条件的公民和组织才能享有。

(4) 可否丧失不同。

名誉权是人之为人的基本权利,与权利主体相伴始终,不能因任何理由被剥夺或放弃,具有固有性;而荣誉权则不同,如果荣誉权人的行为有损于其荣誉,可以依照一定的程序被撤销和剥夺,不具有固有性。

(5) 受侵害的表现方式不同。

侵害名誉权的主要行为是诽谤、侮辱等;而侵犯荣誉权则可包括非法阻挠、压制他人获得应有荣誉、非法剥夺他人荣誉等,这是二者一个明显的区别。

总而言之,名誉权是人格权,而荣誉权是身份权。名誉权为人人所享有,伴随权利人人格存续的始终;荣誉权依特定行为或事实而取得,并可能丧失。换言之,二者的本质区别在于其性质的不同。

典型案例

【案情】① 原告李甲系被告乙县人民医院退休干部。被告在编写《乙县人民医院院志》时,在"医院历任党政领导简表"中,将1967年至1968年任革命委员会主任的原告误写为他人,将1974年3月至1978年7月原告任县医院院长和党支部书记的职务漏列。原告以荣誉权被侵犯为由向法院起诉。

【审理】 法院经审理认为:职务只是一种组织分工,并不是荣誉称号。因此,被告并未侵害原告的荣誉权。

【法理】 荣誉权是一种专属权,并且权利人对其以及其产生的利益享有排他性的占有和支配权,非经法定程序不得撤销,亦不得转让和继承,从荣誉权这些特征来看,本案中原告所指的行政职务并非是荣誉,因此,被告的行为没有侵害其荣誉权。

(三) 荣誉权的内容

一般认为荣誉权的基本内容包括"荣誉的获得权"、"荣誉的保持权"、"精神利益的支配权"、"物质利益的获得权"和"物质利益的支配权"等。

(四) 荣誉权的取得

荣誉权的取得必须包括两个因素,一个是主体的突出贡献和突出表现,另一个是组织的承认和授予。前者可以体现在各个方面,只要有利于公共利益,都可

---

① 《李树槐诉鲁山县人民医院在编写的院志中错写、漏列其曾任职务侵害荣誉权案》,载最高人民法院中国应用法研究所编:《人民法院案例选》2003年第4辑(总第46辑),人民法院出版社2003年版,第153页。

能被授予荣誉称号。荣誉必须由社会的专门组织授予,而不是通常的一般性的社会评价。另外要注意一点,荣誉不是一种随意的评价,必须通过一定的程序才能获得。这种程序一般是由授予荣誉的组织规定的。

(五) 侵害荣誉权的民事责任之构成

(1) 侵害荣誉权的违法行为。

指颁发荣誉的国家机关和社会组织以及其他民事主体以作为的方式侵害荣誉权的行为,主要包括"非法剥夺他人荣誉"、"非法侵占他人荣誉"、"严重诋毁他人荣誉"、"侵害荣誉物质利益"等类型,具体表现为撕毁荣誉证书、扣发应得的奖金等。

(2) 侵害荣誉权的损害事实。

指违法行为侵害荣誉权造成荣誉权人荣誉损害事实、荣誉的精神利益遭受损害的事实以及荣誉的物质利益遭受的损失。

(3) 侵害荣誉权的因果关系。

即侵害荣誉权的损害事实必须是侵害荣誉权的违法行为引起的。

(4) 侵害荣誉权的主观过错。

其既可是故意,也可是过失,二者均可构成。

(六) 侵犯荣誉权的法律后果

根据荣誉权的内容和侵犯荣誉权行为类型,我们可以总结出侵犯荣誉权的法律后果应当包括以下几种:

(1) 恢复荣誉。

这属于对我国《民法通则》中"恢复名誉"的类推适用。对于非法剥夺他人荣誉的,应当恢复其荣誉;非法侵占他人荣誉的,应当将荣誉归还权利人。

(2) 返还物质利益。

对于单位扣发应得的物质利益,以及侵占荣誉权人因为获得荣誉而应得物质利益的,应当责令侵权人返还物质利益。

(3) 赔偿损失。

对于侵害荣誉权造成的直接损失当然应全部赔偿,对于间接损失,如法人因荣誉被诋毁而造成的经济损失,也应当赔偿。另外,在侵犯自然人荣誉权的案件中,赔偿损失还应当包括精神损害赔偿。

(4) 赔礼道歉等其他责任形式。

由于荣誉权的主要方面也是一种精神权利,因此要求侵权人承担赔礼道歉等非财产性质的责任形式,是完全必要的。

【拓展链接】①
关于死亡赔偿金的争议

关于死亡赔偿金的性质与计算标准，理论上存在较大争议，主要有以下几种观点：

一、死者"生命价值"赔偿说

此种观点认为，死亡赔偿金乃是对死者"生命价值"的赔偿。其中，又包括"命价平等说"与"命价不平等说"两种不同看法。

（一）命价平等说

1."命价"赔偿说与等额化赔偿。

媒体报道和公众评论大多主张死亡赔偿金是对"命价"的赔偿，并主张人的生命都是平等的，赔偿金也应一样，应在全国统一死亡赔偿标准。全国人大法工委副主任王胜明同志也曾倾向于强调"同命同价"，即死亡赔偿金的"平等性"，主张死亡赔偿原则上应适用统一标准，适当考虑个人年龄、收入、文化程度等差异。统一标准，不宜以城乡划界，也不宜以地区划界，而是人不分城乡、地不分东西的全国统一标准。个人差异，有时可以考虑，有时可不考虑，如交通肇事、矿山事故等发生人数较多伤亡时，可不考虑个人差异，采用一揽子赔偿方案。立法机关也有持类似观点者。

2."余命"赔偿说与按余命年数赔偿。

杨立新认为，死亡赔偿金的性质是人格损害赔偿，而不是财产的损失，那么就绝对不允许区分受害人的身份的不同，因为所有人的人格都是平等的，不应当有差异，生命对每一个人都具有同样的价值，对这种赔偿的计算，不应当根据人的身份，而应当根据受害人所丧失的生命期间来确定。他主张以当地人均生活费为标准，根据受害人死亡之日的年龄和当年国家人口平均预期寿命的差额计算，但最高不超过30年，最低不得少于5年，以此保证每一个人的"同命同价"。此外，还应对被抚养人生活费进行赔偿，对死者生前抚养的人进行生活补助费的赔偿，体现了对死者家庭"逸失利益"的赔偿。因此，不应再对死者的收入损失进行赔偿，死者的生命不复存在，不能进行劳动，当然也就不存在收入的问题。

（二）命价不平等说

1."命价"赔偿说与个性化赔偿。

认为死亡赔偿金是受害人生命价值的物质体现，死亡赔偿金作为生命权财产内容的货币表现，就是生命在法律上的"价格"。在赔偿标准上，认为能够反映和影响生命权财产内容的赔偿标准，都具有合理性，但要在死亡赔偿金制度中

---

① 张新宝：《〈侵权责任法〉死亡赔偿制度解读》，载《中国法学》2010年第3期。

合理运用,则需要考虑我国的实际情况。我国死亡赔偿金制度可以采取定额计算的办法,但必须考虑到死亡赔偿金本质上体现的是个体生命的价值、以及我国地域之间发展不平衡的现实,不宜"一刀切"。

2. "命价"赔偿说与个性化预期收入赔偿。

此种观点以麻昌华教授为代表,认为死亡赔偿金是对死者自身因生命丧失而遭受的损害进行的赔偿,这种损害体现为死者未来的预期收入。他与被扶养人生活费、精神损害赔偿是并行的项目。在赔偿标准上,此种观点也主张个性化赔偿,"因为每一个受害个体都是现实而充满个性的,所以看似相同的死亡事故给受害人带来的损害却是各异的,死者劳动能力等差异产生的余命收入损失的差异必然要反映到死亡赔偿金的数额上来。基于个体差异而发生的程度各异的损害在法律上均能获得与其相称的赔偿,这才是矫正正义的精髓所在,生命平等的灵魂所在!"

二、近亲属"逸失利益"赔偿说

认为死亡赔偿金是对死者近亲属"逸失利益"的赔偿,此种观点近年来被越来越多的学者所认同。

张新宝认为,死亡赔偿金是用来维持死者近亲属未来的生活水平,死亡赔偿金并非对生命权本身的救济,或对生命价值的赔偿,死亡赔偿金不是用来与人的生命进行交换或者对生命权的丧失进行填补的,而是对因侵害生命权所引起的近亲属的各种现实利益损失的赔偿。对于一般侵权案件中死亡赔偿金的标准,不考虑死者生前的收入状况,不考虑近亲属未来的生活环境,判决赔偿同等数额的死亡赔偿金,得出的结果可能会更不公平。应采纳有限的个别化死亡赔偿金模式,赔偿的数额主要取决于死者的个人因素,在特殊情形下可予以修正。

王利明教授也持类似观点,其将死亡赔偿金定性为是对"死者近亲属的扶养丧失的赔偿","是为了维持其近亲属的生活水平"。在计算标准上,认为不宜在法律上作整齐划一的规定,主张按照地区经济发展水平来确定赔偿标准。

姚辉教授也认为,死亡赔偿制度设置的真实内涵,是从近亲属、生活伴侣等角度来分析他们中的哪些人可以就哪些损失主张权利。在赔偿标准上,死亡赔偿的多少应视第三人因此而遭受的损害大小来定,而不应是基于生命本身的所谓"价值"。主张应以死者生前收入为基准来计算死亡赔偿金的数额。

持类似观点的学者还有很多,在此不一一列举,他们共同的核心观点是,认为死亡赔偿制度真正要救济的是因死亡事件而受到利益影响的近亲属,死亡赔偿是对近亲属利益损失的弥补,属于财产性赔偿。鉴于此,赔偿数额自然也应是差异化的。

【推荐阅读】

1. 杨立新:《人身权法论》,人民法院出版社 2006 年版。
2. 李显冬:《人身权法案例重述》,中国政法大学出版社 2007 年版。
3. 王利明、杨立新主编:《人格权与新闻侵权》,中国方正出版社 2010 年版。
4. 张新宝、郭明龙:《论侵权死亡的精神损害赔偿》,载《法学杂志》2009 年第 1 期。
5. 张新宝:《我国隐私权保护法律制度的发展》,载《国家检察官学院学报》2010 年第 2 期。
6. 张新宝:《〈侵权责任法〉死亡赔偿制度解读》,载《中国法学》2010 年第 3 期。
7. 张民安:《虚假监禁侵权责任制度研究》,载《法治研究》2011 年第 4 期。
8. 王利明:《隐私权概念的再界定》,载《法学家》2012 年第 1 期。

第七章 特殊侵权责任概述

第一节 特殊侵权责任概述

一、特殊侵权责任的概念和特征

(一)特殊侵权责任的概念

侵权责任法理论认为,损害赔偿请求权可以在两种情况下行使:第一是受害人根据法律规定的一般侵权行为构成要件提出损害赔偿的请求;第二是受害人不能或难以根据法律规定的一般侵权行为构成要件提出,但可按照法律关于特殊侵权行为构成要件的规定提出损害赔偿的请求。第二种情形主要包括由被告以外的其他人造成的损害、因被告管领下的物件致人损害和危险行业致人损害而引起的赔偿救济,这都是早期特殊侵权责任的三种基本类型。

(二)特殊侵权责任的特征

由于特殊侵权行为的形态较多且呈不断扩张的趋势,故总结特殊侵权责任的特征主要是总结特殊侵权责任的共性特征。目前的理论发展一般将特殊侵权责任的特征表述为以下几个方面:

(1)归责原则适用的特殊性。

一般侵权行为适用过错责任原则,而特殊侵权行为则依《民法通则》和有关民事法规的规定,适用过错推定原则和无过错责任原则,以保护受害人的合法权益。归责原则的特殊性,也决定了特殊侵权责任在构成要件和举证责任上的特殊性。

(2)构成要件的特殊性。

特殊侵权行为的要件只能具体问题具体分析,其共性特征都是不采用一般侵权行为构成要件中的过错要件。

由于法律就不同种类的特殊侵权行为具体规定其要件,每种特殊侵权的要件在法律上都有着具体、明确的要求,故一些特殊侵权的构成要件就不具有普遍性。同时由于特殊侵权中大多数责任具有"替代性",再加上法律出于保护受害人利益以实现社会公平的目的,使得特殊侵权一般不以过错为追究责任的主要要件。能够作为所有特殊侵权行为都具有的要件就只有损害事实和因果关系,违法行为则并非每个特殊侵权行为都需具备的要件。

(3) 举证责任的特殊。

一般侵权责任的证明由赔偿权利人负举证责任。特殊侵权责任在举证责任上实行"举证责任倒置"。其倒置证明的范围并不是全部责任要件，而是在过错证明上举证责任倒置，在无过错责任中，无疑就无须倒置举证了。至于损害事实、因果关系的要件，仍应由赔偿权利人予以证明。

许多特殊侵权责任构成在法律上要求采用无过错和推定过错的归责原则，但也有一些特殊侵权行为采用的是过错责任归责原则，如某些医疗事故责任等。不过，就这些特殊的侵权行为而言，即使采用过错责任归责原则，在过错之外的其他构成要件的举证责任分配问题上，也表现出与一般侵权行为不同的举证办法，即同样采用"举证责任倒置"的办法，其目的显然是为了通过对受害人的充分保护和救济以实现实质正义和社会公平。

(4) 责任承担的"替代性"。

从特殊侵权责任产生的法律效果看，一般不是由行为人或造成损害的对象承担责任，而是由与该损害有关系的人来承担责任。"替代性"反映了承担责任人与致害行为人或致害物件之间存在的某种联系，这种由责任人替代直接加害人承担的损害责任被称为"替代责任"。但环境污染、医疗事故侵权等并不具有这种替代性，而一般是由法人组织替代具体行为人承担民事赔偿责任。

二、特殊侵权责任的类型

(一) 我国当前特殊侵权责任的种类

我国《侵权责任法》明确规定的特殊侵权责任主要有以下12种：(1) 监护人责任；(2) 教育机构责任；(3) 用人单位责任；(4) 网络侵权责任；(5) 安全保障义务人责任；(6) 产品责任；(7) 机动车交通事故责任；(8) 医疗损害责任；(9) 环境污染责任；(10) 高度危险责任；(11) 动物损害责任；(12) 工作物害责任。

其中(1)至(5)项规定于《侵权责任法》第四章"关于责任主体的特殊规定"，第6到第12项则分别规定在第五到第十一章。

(二) 特殊侵权责任的学理类型

依侵权责任法理论，可以将部分上述特殊侵权责任种类划分为特殊主体侵权、危险作业致害责任和物件致害责任三个基本类型。具体的致害情形和责任承担者，详见表1：

种类		致害情形	责任承担者
特殊侵权责任	特殊主体侵权	无行为能力、限制行为能力人行为致害	监护人
		国家机关工作人员职务行为致害	国家机关
		其他用人单位工作人员职务行为致害	用人单位
		个人劳务活动致害	劳务接受者
		教育机构未成年人损害责任	教育机构
		网络侵权责任	网络用户、提供者
		安全保障义务人责任	安全保障义务人
	特殊领域侵权	医疗事故责任	医疗机构
		环境污染致害	污染者
	危险作业致害责任	产品缺陷致害	制造者、销售者
		机动车交通事故损害	肇事者
		高度危险作业致害	作业者
	物件致害责任	动物致害	饲养人、管理人
		建筑物及其物件致害	所有者、管理者
		地下工作物致害	施工人

表 1

(1) 特殊主体的侵权责任。

传统民法中的特殊主体侵权责任,是指为他人行为负责的特殊侵权责任,这种特殊侵权责任也被称为"对人的特殊侵权责任",即"替代责任"。

(2) 管领的物件之致害责任。

即这种特殊侵权责任也被称为"对物的特殊侵权责任",有学者认为这种侵权责任也是"替代责任"。

典型案例

【案情】[①] 郑某等共有的牛顶伤村民,受伤者请求郑某等赔偿。

【审理】 法院经审理认为:原告人身损害系由五被告共同饲养的耕牛造成,虽五被告对此都没有过错,但依照法律规定应承担民事责任,判决五被告按份承担原告相应费用。

【法理】 原告对所受损害没有过错,于此情形下,由原告承担所受损失无疑是极不公平的;而对于被告来说,该动物是处于其管领之下的,只有他才能真正控制其所管领的动物不伤人,故既然动物致人损害,就说明其没有尽到自己应

[①] 《楚兰英诉郑德洪等共有的耕牛致其人身伤害赔偿案》,载最高人民法院中国应用法学研究所编:《人民法院案例选》1997年第3辑(总第21辑),人民法院出版社1997年版,第108页。

尽的责任。因此,本案被告要为其耕牛伤人承担过错推定之侵权责任。

(3) 危险作业致害责任。

即为自己实施的具有高度危险性的行为所承担的特殊侵权责任。这种责任是基于损害和风险分担理论而由行为人承担的,因其行为是社会发展所必需而并不具有非法性和可责难性。

典型案例

【案情】① 游某乘车途经李某的采石场时,适逢被告丙巳保安服务中心在放炮炸石,一块石头被炸飞,掉落到原告腿上,致使原告双腿受伤。游某遂状告丙巳保安服务中心、李某、王某三被告连带赔偿损失。据查,李某系该石场的采矿权人,王某系该石场直接经营者。

【审理】 法院认为,三被告从事的爆破作业造成了原告游某的损害,且李某、王某、丙巳中心民爆大队并未主张及举证证明原告的损害系由其自己故意造成,故对原告构成共同侵权,依法应当承担连带责任。

【法理】 本案中的爆炸作业无疑属于高度危险作业,对于高度危险作业,实行的是无过错责任原则。本案原告明显不存在故意的情形,故应由被告对此损害共同承担赔偿责任。

三、特殊侵权责任的归责原则

(一) 关于特殊侵权责任归责原则的不同学说

特殊侵权责任的归责原则在侵权法理论中一直存有争议,形成了不同的学说,主要有"一元归责说"(过错原则)、"二元归责说"(过错原则与无过错原则)和"多元归责说"(过错原则、无过错原则、公平原则)。不同的归责学说导致了确立特殊侵权的责任归属时的不同观点,我国学者一般对"二元归责说"持肯定态度。

(二) 二元归责说在我国特殊侵权责任中的运用

(1) 我国特殊侵权责任中也存在以过错为归责原则的情形。

具体包括教育机构与网络、安全保障义务人侵权责任。

建筑物或者其他设施以及建筑物上的搁置物、悬挂物发生倒塌、脱落、坠落致人损害,以及地面施工没有设置明显标志和采取安全措施致人损害,以及教育机构中限制行为能力人的损害等特殊侵权行为,虽都强调适用过错责任原则,但

---

① 《游芝英诉昆明市西山区保安服务中心等高度危险作业致人损害赔偿纠纷案》,案例来源:北大法律信息网,http://vip.chinalawinfo.com/Case/displaycontent.asp? Gid =117460370,访问时间,2012 年 7 月。

对因果联系的举证和证明依然采用举证责任倒置的方法,即先推定加害人的过错行为造成受害人的损害,然后再由加害人承担自己没有该实施侵权行为的证明责任。

对于大多数采取过错责任原则的特殊侵权行为,都采用了过错推定,即所谓"过错推定归责原则"。其强调在认定侵权责任时,首先推定加害人有过错,由其负证明自己没有过错的举证责任,在加害人不能证明的情况下则确定由其承担侵权责任。其之所以被应用在于:对于一些特定的侵权行为,若适用过错责任原则,由受害人举证证明加害人的主观过错,不但极其困难而且也不公平;而若适用无过错责任原则,则对保护责任人的合法权利不利,且容易导致责任人放松对他人安全的注意义务,使社会危险因素增加。在这种情况下适用过错推定归责原则,既照顾了责任人的利益,又强化了对受害人的保护和社会安全。

(2) 混合过错在特殊侵权责任中的应用。

在一些特殊侵权案件中,损害也可能是由受害人的过错引起的。对此,《侵权责任法》第 26 条规定:"**被侵权人对损害的发生也有过错的,可以减轻侵权人的责任。**"该规定具有过错责任的因素,但是,人们在理解过错归责原则时,更加注重的是加害人的过错,受害人的过错仅被视为是减轻加害人责任的抗辩事由。

应当说,混合过错还是侵权责任法中通用的过错归责原则,并非特殊侵权责任的专有归责原则。其理论基础是行为产生责任,任何人都要对自己的行为负责,行为人要为自己实施的行为承担相应的法律后果,这也是一般民事责任的理论基础。

第二节 特殊侵权责任的构成要件与免责条件

一、特殊侵权责任与一般侵权责任之构成要件的比较

法律对每一种特殊侵权责任的构成要件都有具体明确的规定,且要件各不相同。归纳一下,与一般侵权责任的四个构成要件相比较,损害事实和因果关系是特殊侵权责任必需和共同的要件,违法行为并非所有特殊侵权责任必需的要件,过错也不是所有特殊侵权责任必需的要件,无过错责任侵权构成就不问过错。

侵权行为种类	构成要件			
一般侵权行为	损害	违法性	过错	因果关系
特殊侵权行为	损害	违法性(不必需)	过错(推定) 无过错	因果关系

表 2

(一) 损害事实的客观存在是所有侵权责任必不可少的要件

损害事实作为侵权责任的共同要件,特殊侵权也不例外。所有的侵权责任都是以权利受到损害为责任承担的依据,特殊侵权在损害事实上的"特殊性"表现在要求行为人具有特殊的注意义务和责任,而不是指所要保护的利益特殊,不论是对哪一种民事权利的侵害都有可能构成特殊侵权责任。

(二) 在特殊侵权责任中违法行为并非必备要件

如在饲养的动物致人损害的特殊侵权责任中,就不需要具有违法行为要件。相反,若存在行为人的违法行为,如指使动物伤人,则为一般侵权,因为在这种情况下,动物只是侵权的工具。又如在高度危险作业致害责任中,责任人的行为是社会进步和发展所必需的,也不具有可责难性和违法性。

(三) 两者构成的最明显的区别表现在过错举证上的差异

无过错责任特殊侵权就不需要以过错作为承担民事责任的要件,只要有损害事实和因果关系就可以认定。在适用过错推定归责原则时,没有过错是由加害人自己来证明的,而非由受害人证明有过错,即"举证责任倒置"。在公平责任特殊侵权中,过错更不是构成要件,而是由双方对均无过错的损害分担责任。

(四) 因果关系同样是两者都必须具备的构成要件之一

一个人只对与其行为有关的损害负责是天经地义的,故损害与行为之间存在因果关系是所有侵权责任都必须具备的构成要件之一。但特殊侵权责任中因果关系的认定有其特殊性,即责任主体的行为与损害之间并无直接的因果关系,要根据法律所规定的行为或物件等与损害之间的因果关系来加以确定,而不是根据责任主体的直接行为与损害之间的因果关系确定。

二、特殊侵权责任的免责条件

就特殊侵权的责任归属而言,不仅适用过错归责的侵权行为有法律规定的免责条件,对于适用无过错归责的侵权行为法律也有相应的免责条件,这表明无过错责任并不意味着侵害人就不享有免责的待遇。

但需要说明的是,并不是所有的特殊侵权案件都适用同样的免责条件。特殊侵权责任的免责条件可以分为两类:一般免责条件和特别免责条件。一般免责条件既适用于一般侵权责任,也适用于特殊侵权责任,除法律另有规定外,在各种情况下均可适用,因而具有普遍适用性。特别免责条件则只有在法律有特别规定时才得适用,其他情况则不能适用。

(一) 一般免责条件

我国《侵权责任法》规定的侵权行为一般免责条件包括:(1) 不可抗力;

(2) 受害人故意;(3) 第三人过错。①

这里所谓的特殊侵权责任的"一般免责条件"仅指不可抗力,其他两类免责事由,在侵权行为的一般构成要件中已经予以讨论。

典型案例

【案情】② 某日,红石峦村一带下雨,大风将本村刘家院内一棵枯死的树刮倒,导致一根电线被砸断,落在下班路经此处的朱某身上,致其触电死亡。事故发生后,朱某之夫鲍某向法院提起诉讼,要求供电公司、红石栾村、刘某赔偿损失。

【审理】 一审法院经审理认为:被告某村和供电公司对损害后果负无过错责任;被告刘某作为树的所有人和管理人,也应承担一定的责任。

供电公司不服,上诉称线路的产权及维修都属某村。二审法院经审理认为:低压线路系某村集资所建,归该村管理,该村应承担无过错民事责任;刘某系枯树的所有人和管理人,对损害的发生也应负一定责任;供电公司的上诉理由成立,不承担责任。

【法理】 本案中,刮风并不是朱某被电击致死的唯一原因,被告该村和刘某对朱某的死亡均有过错。刘某未能尽到所有人和管理人基于管理职责而产生的充分注意义务,存在主观上的过错,故应对朱某的死亡后果承担损害赔偿责任。该村对出事线路未尽到充分注意的管理职责,未注意到周围的枯树对线路安全的影响,未能及时消除隐患,且鉴根据过错推定原则于该村不能证明自己无过错,也应承担相应的损害赔偿责任。

(二) 关于特殊侵权的一般免责条件在学理上有不同的认识

(1) 一般侵权的免责条件对特殊侵权也都是适用的。

有学者认为,一般侵权的免责条件对特殊侵权也是适用的,并没有区别。

(2) 对特殊侵权适用的一般免责条件只有不可抗力。

也有学者认为,高度危险责任原则上不能以不可抗力抗辩,只有在法律有特别规定的情形下才能以不可抗力抗辩。如《铁路法》第18条规定:"**由于不可抗力原因造成货物、包裹、行李损失的,铁路运输企业不承担赔偿责任。**"《侵权责任法》第72条和第74条也分别规定了高度危险作业下因不可抗力可免责的情形。

---

① 具体内容参见本书第四章第五节(违法阻却)中关于"外来原因"相关部分的论述。
② 《鲍玉民因其妻被风刮倒的枯树砸断电线电击死亡诉承德供电公司、红石栾村、刘栋赔偿纠纷案》,载最高人民法院中国应用法学研究所编:《人民法院案例选(民事卷)》(1992—1999年合订本),中国法制出版社2000年版,第1523页。

还有学者认为,特殊侵权的一般免责条件与一般侵权的免责条件一样,所不同的是,受害人故意或第三人的过错是被当作特殊侵权的特殊条件来看待的。

(三) 随着侵权责任法的发展,即使一般免责条件也不一定适合于作为特定的无过错侵权行为的免责事由

譬如,行使特别职权或特别职务行为的人就不能在自己执行职权或职务时,简单地以不可抗力作为免责事由。消防队员不能以着火是不可抗力为由拒绝承担救火的义务。法国1985年《公路交通事故赔偿法》第2条规定,与事故有牵连的车辆管理人,在任何情况下均不能基于不可抗力和第三人行为免责。

(四) 特别免责条件

法律针对某些特殊侵权行为规定了特别免责条件,具体包括:

1. 受害人的故意和受害人的原因

《侵权责任法》第26条规定:"**被侵权人对损害的发生也有过错的,可以减轻侵权人的责任。**"适用过错责任的案件,除了《侵权责任法》该规定的情形外,还存在以下三种情形:

(1) 受害人的过错是损害后果发生的全部原因,他人的行为不构成损害后果发生的原因;

(2) 受害人的过错不是与加害人的过错而是与第三人的过错共同构成损害后果发生的原因;

(3) 法律对受害人的故意、过失或重大过失在确定加害人的民事责任中的作用作专门的规定。

从广义的抗辩角度看,上述三种情形也可以归入减轻或者免除加害人侵权责任的抗辩,但又完全不同于受害人与加害人的共同过错情形。对于第一种情形,加害人的行为与损害后果之间不存在任何因果关系,故加害人可以在程序阶段就主张自己行为的正当性,而请求确认其不应承担责任,也可以通过否认因果关系的存在而主张免责。对于第二种情形,加害人可主张自己行为正当,也可通过否认因果关系的存在而主张免责,并可请求法院将有过错的第三人追加为被告,由其承担侵权责任。第三种情形,主要出现在适用无过错责任原则的侵权行为案件中。

2. 行为人没有过错

在推定过错责任中,行为人只要能证明自己没有过错,就可以免责。主要体现在《侵权责任法》第85、88、90、91条等规定中,即适用于在公共场所、道旁或者通道上挖坑、修缮安装地下设施等和建筑物或者其他设施以及建筑物上的搁置物、悬挂物发生倒塌、脱落、坠落造成他人损害的案件。

需要注意的是,根据《侵权责任法》第32条规定,责任人尽管没有过错,也只能减轻而不能免除责任。

3. 第三人过错

第三人过错作为"外来原因"的抗辩，一般适用于过错责任的侵权案件。在第三人与责任人共同过错的情况下，如果双方不是出于共同故意，也非出于共同过失，就不构成共同侵权，故只可以免除被告因第三人行为造成的部分责任。

在无过错责任领域，这一抗辩受到一定的限制。通说认为，在无过错责任侵权案件中，如果法律已经明确将第三人过错作为抗辩免责事由的，就应依法律规定处理；如果法律没有作出明确规定的（如《民法通则》第121、122、123、125条并没有明确规定第三人过错作为抗辩事由的问题），就应分情况处理：对于高度危险作业致害案件，原则上不得以第三人过错作为抗辩，而对于其他无过错责任案件，被告可以以第三人过错为抗辩事由以减轻自己的责任，但不免除其责任；第三人的轻微过失，不构成被告减轻责任或免除责任的理由。

4. 其他免责条件

一些部门法还对特定的特殊侵权责任的免责条件作出了具体的规定。这些免责条件的适用要严格依照法律的规定，不能随意适用。如《产品质量法》第29条规定的**"未将产品投入流通的"**和**"产品投入流通时，引起损害的缺陷尚不存在的"**以及**"将产品投入流通时的科学技术水平尚不能发现缺陷存在的"**等免责条件。再如《侵权责任法》第60条也规定了医疗机构的免责条件。这样的免责条件是依据各类特殊侵权行为的不同特点而确定的。

第三节 替代责任

一、替代责任的概念及其理论基础

（一）替代责任的概念及其意义

1. 替代责任之概念

替代责任，是指责任人为他人的行为或人的行为以外的自己管领下的物件或其所从事的危险作业所致损害承担的侵权责任。替代责任在罗马法上是由"准私犯"之法调整的。从直接行为人与责任人的角度而言，责任人因行为人之特殊侵权行为所承担的责任，就是替代责任。[1]

2. 替代责任的意义

一般侵权责任是对自己的行为承担责任，而对于他人的行为或自己监管的物件或从事的危险作业造成的损害承担责任就是侵权法上所谓的"替代责任"。当今侵权责任法中特殊侵权责任主要体现的就是替代责任。

---

[1] 杨立新：《侵权法论》（第2版），人民法院出版社2004年版，第492页。

我们需要探寻的问题是：法律规定在行为人自己没有不当行为的时候，需要对他人的行为或因"物件的行为"、"危险作业的行为"承担责任的目的和依据是什么？从法律上看，这种责任的确立是基于"推定的但可以反驳的过错"（〔德〕克雷斯蒂安·冯·巴尔语），即推定被告具有注意义务，但由于其疏于监督而没有尽到这种注意义务。受害的请求权人对于被请求权人的疏于监督无须举证加以证明。现代侵权法律制度规定因他人的行为而承担替代责任，是建立在行为人控制他人行为义务的基础上，也是建立在加害人与责任人之间的特殊关系基础之上的。

还有观点认为，任何人均有控制他人行为的一般义务，当被控制的人实施对他人有危险性的行为并导致他人损害时，对此人行为承担控制义务的人就应当对受到损害的第三人承担侵权责任。因"物件"和"危险作业"致人损害而承担替代责任也是这个道理：物件和危险作业致人损害是因监管人疏于控制的注意义务以致损害后果的发生，故责任人须为此承担未尽注意义务的责任。

（二）替代责任的理论基础

关于替代责任的理论基础，学术论争一直不断，代表性的观点主要有：

（1）侵权责任的赔偿性质决定侵权赔偿可以替代。

刑事责任的基本原则是罪责自负，不能让没有罪过的人承担刑事责任，而侵权责任则不同。侵权责任一般采用财产性的赔偿方式，而财产责任不像人身责任，是可以由他人代为承担的。

（2）权利义务的一致性。

从民法关于权利义务一致的理论看，不论是基于风险价值观还是利益价值观，都可以作为承担替代责任的依据。虽然作为承担替代责任的责任者不是侵权行为的直接实施者，但其与行为人、物件或危险作业之间存在着因监护、雇佣、监管等形成的特殊联系，蕴含着责任人对这些人、物或作业行为的管理和监督职责，故责任人应为此造成的损害承担替代责任。

（3）社会公平的理念。

替代责任的形成是基于社会公平的理念。无过错的受害人或仅有一些过错的受害人遭受损害而得不到救济，是有失公平的。因此，让负有相应职责的人为此承担责任，可以很好地体现法律的公平价值理念和追求。

（三）替代责任的特征

替代责任具有以下法律特征：

（1）责任人与致害行为人或致害物件分离。

在一般侵权责任中，责任人与致害人是一致的。而替代责任则不同，致害的直接原因是责任人以外的致害人，或是人之行为以外的物件。这种责任人与致害人、致害物相分离的情形，是产生赔偿责任转由责任人承担的客观基础。

（2）责任人与致害行为人或致害物件之间存在隶属、雇佣、监护、管理等特定关系或联系。

只要行为人与责任人之间存在着法律规定的某种转承责任所要求的依附关系，责任人就应对行为人实施的侵权行为承担民事责任。

（3）责任人为赔偿义务主体，承担赔偿责任。

替代责任作为侵权行为民事责任的一种特殊责任形式，存在三种主体：侵权行为的实施人、责任人和受害人。在行为人实施了致使他人受到损害的侵权行为后，不是按照一般侵权行为由行为人对受害人承担民事责任，而是由责任人对此承担民事责任，即行为主体与责任主体相分离，由责任主体对行为主体的行为负责。

（4）其实质是选任不当或监管不严之责任。

替代责任的责任人所负的责任实际上是责任人对自己选任工作人员不当以及监督管理不严的过错所承担的责任。

（5）替代责任仍然是对自己行为所负的一种独立的责任。

归根结蒂，替代责任实际上是对自己行为所负的独立的责任，而不是与行为人一起负连带责任。

二、替代责任的类型

理论上，替代责任的类型主要有以下几种：

（一）对他人侵权行为所产生责任的承担

这类责任主要有雇主责任（或称雇佣人责任）、监护人责任（即监护人对行为能力欠缺者的责任）、学校对学生的责任等。例如《侵权责任法》第四章关于责任主体的特殊规定中，第32到35条关于法定代理人、用人单位等的替代责任的规定。

典型案例

【案情】[①] 被告人陈某系某学校学前班代课教师。某日，陈某以为教室里的学生已全部走完，即将教室锁住后回家。王某为了回家，在翻窗户时身体被夹在铁栏杆中间无法前后移动，因冻伤严重，致终身残废。

【审理】 法院认为，被告人陈某身为受聘从事教育工作的代课教师，负有教书育人和监护职责，由于其粗心大意而误将王某锁在教室，造成王终身残废，构成玩忽职守罪，并判决其赔偿被害人经济损失5000元；考虑到有关部门正在

[①] 《陈梅玲玩忽职守误将学生锁在教室造成学生冻伤致残案》，载最高人民法院中国应用法研究所编：《人民法院案例选》，1995年第4辑（总第14辑），人民法院出版社第51页。

牵头组织社会各界捐款,为王某东今后的生活、治疗所需费用做了有效的筹集工作,故不再追加学校为附带民事诉讼的被告人。

【法理】 本案中,因被告玩忽职守导致被害人王某冻伤致残。对该侵权行为,被告人应承担赔偿责任。同时,作为学校,对在校学生安全负有保护的责任和义务,对王某的损失理应承担相应的替代赔偿责任。

(二) 对工作物或管领之物致人损害而产生责任的承担

通常所说的"物件致人损害"既包括无生命的物件给人造成的损害,也包括动物致人损害。以《侵权责任法》第85条为例,这里的所有人、管理人对物件致人损害的责任即是一种替代责任,严格法律意义上,物件致人损害的本质法律关系是其管理人或所有人的法律责任。

(三) 对危险作业致人损害而产生责任的承担

如高空、高压、易燃、易爆等工业发展所必需但又具有高度危险性的作业给人造成的损害就属于危险作业致人损害。《侵权责任法》第九章高度危险责任中对从事高空、高压、易燃、易爆、剧毒、放射性、高速运输工具等对周围环境有高度危险的作业造成他人损害的,一般应当承担民事责任;如果能够证明损害是由受害人故意造成的,不承担民事责任。这里的高度危险作业人承担的责任也是一种替代责任。

也有学者认为,高度危险作业致害责任也是为自己管领下的物件致害承担赔偿责任的替代责任,因为高度危险作业的致害原因,还是高度危险作业的物,故主张替代责任只有两类,即对人的替代责任和对物的替代责任[1],也就是上面论述的第一、二种。

【拓展链接】[2]

替代责任的构成

张民安教授认为,替代责任的构成要件包括:

一、实施侵权行为的人是行为人之外的第三人

行为人没有直接对受害人实施侵权行为,行为人之外的第三人对受害人实施了侵权行为并因此导致受害人遭受损害。如果行为人直接对受害人实施了致害行为,则他们就其致害行为承担的侵权责任不是替代责任,而是个人责任。

二、承担侵权责任的人是行为人

没有对受害人实施侵权行为的行为人应当就第三人的侵权行为对受害人承

---

[1] 杨立新:《侵权法论》(第2版),人民法院出版社2004年版,第498页。
[2] 张民安:《替代责任的比较研究》,载《甘肃政法学院学报》2005年第5期。

担侵权责任。至于直接对受害人实施侵权行为的第三人是否也要就其直接实施的侵权行为对受害人承担侵权责任,取决于各国的规定。在某些国家,如果第三人对受害人实施了侵权行为,除了责令行为人就第三人的侵权行为对受害人承担替代责任之外,法律也会责令第三人就其实施的侵权行为对受害人承担侵权责任。而在某些国家,法律仅仅责令行为人就第三人实施的侵权行为对受害人承担侵权责任不会责令第三人对受害人承担侵权责任。

三、行为人同实施侵权行为的人之间存在某种特殊关系

承担替代责任的行为人应当同实施侵权行为的第三人之间存在某种特殊关系,只有行为人同对受害人实施致害行为的第三人之间存在某种特殊的关系,行为人才就第三人实施的侵权行为对受害人承担侵权责任。

四、行为人对第三人承担侵权法上的控制义务

行为人基于同第三人之间的特殊关系要承担控制第三人行为的义务。即便行为人同第三人之间存在某种特殊关系,如果该特殊关系无法产生行为人对第三人的控制义务,则行为人无法就第三人实施的侵权行为对受害人承担替代责任。什么样的特殊关系能够产生侵权法上的控制义务,什么样的特殊关系无法产生侵权法上的控制义务,取决于各国的具体规定。

此外,行为人承担的替代责任同第三人是否就其侵权行为对受害人承担侵权责任没有关系;行为人承担的替代责任同行为人在行为时是否要对受害人承担注意义务也没有关系。

【推荐阅读】

1. 杨立新:《特殊侵权损害赔偿》,人民法院出版社1999年版。
2. 袁晓波、赵艳秋:《特殊侵权行为问题研究》,黑龙江人民出版社2006年版。
3. 胡安潮:《特殊侵权归责原则研究》,知识产权出版社2009年版。
4. 孙宇:《浅析特殊侵权责任中因果关系举证问题》,载《黑龙江社会科学》2005年第3期。
5. 张民安:《替代责任的比较研究》,载《甘肃政法学院学报》2005年第5期。
6. 李建华、曹险峰:《论〈侵权责任法(草案)〉结构体例设计之不足——以特殊侵权行为之内涵分析为视角》,载《暨南学报(哲学社会科学版)》2009年第2期。
7. 安雪梅:《一般侵权行为抑或特殊侵权行为——论知识产权侵权行为的类型定位》,载《法商研究》2011年第3期。

第八章　特殊主体的侵权责任

第一节　监护人责任

一、监护人责任的概念

监护人责任,又称法定代理人之侵权责任。根据《侵权责任法》第32条,无民事行为能力人、限制民事行为能力人致人损害的责任,是指无民事行为能力人或限制民事行为能力人因自己的行为致人损害,由其监护人承担赔偿责任,其责任性质属于替代责任。

二、法定代理人侵权责任的构成要件

（一）行为人必须是无行为能力人或限制行为能力人

在行为不法性的要求上,因这两种人意思能力上的差别而有所不同:由于无民事行为能力人完全不能辨认自己的行为,若受有责任能力人的教唆、帮助而侵害他人合法权益,则不能认定其构成侵权,而由该教唆、帮助人承担侵权责任;限制民事行为能力人若受有责任能力人的教唆、帮助而侵害他人合法权益,则因其仍具备一定的意思能力而与该教唆、帮助人构成共同侵权。

典型案例

【案情】① 8岁儿童刚刚和几个年龄相仿的小朋友在村中玩耍。陈某一时兴起,指着旁边村民李某家屋顶上的太阳能热水器对孩子们说:"看谁有本事能打中那个热水器,谁打中了我奖谁1块钱。"小朋友们顿时争先恐后地捡石头扔向李某家的屋顶。几下之后,刚刚便击中了热水器,导致热水器被损坏。

【审理】 法院经审理认为:作为具有完全民事行为能力的陈某,能够预见侵权行为产生的后果,却教唆无民事行为能力的儿童实施侵权行为,致使李某的热水器被损坏,应当承担热水器的赔偿责任。

【法理】《最高人民法院关于贯彻执行〈中华人民共和国民法通则〉若干问题的意见(试行)》第148条规定:"**教唆、帮助无民事行为能力人实施侵权行为**

---

① 马丽萍:《教唆儿童侵权,后果自己埋单》,载《山东人大工作》2007年第1期。

的人,为侵权人,应当承担民事责任",故本案应由教唆人陈某承担全部民事赔偿责任。

(二) 只要具备了构成要件法定代理人就要承担侵权责任

由于无民事行为能力人和限制民事行为能力人行为能力缺失,故法定代理人责任与其他替代责任不同,它不要求行为人有过错,至于法定代理人有无过错要求,则要视归责原则而定。

(1) 须存在无民事行为能力人独立的违法行为或限制民事行为能力人的违法行为。也就是说,法定代理人承担侵权责任的前提条件之一在于无民事行为能力人的违法行为须具有独立性,而限制民事行为能力人的行为只要具备违法性即可。

(2) 须他人人身或财产受到损害。

(3) 须不完全民事行为能力人的违法行为与受害人的损害结果之间存在因果关系。

三、法定代理人侵权责任的归责原则

(一) 我国民法上适用的是转承责任其并不依过错为转移

根据《侵权责任法》第32条第1款"**无民事行为能力人、限制民事行为能力人造成他人损害的,由监护人承担侵权责任。监护人尽了监护责任的,可以适当减轻他其侵权责任**",及《民法通则》第133条第1款"**无民事行为能力人、限制民事行为能力人造成他人损害的,由监护人承担民事责任。监护人尽了监护责任的,可以适当减轻其民事责任**"的规定,不论监护人是否有过错,均须承担侵权责任,只是在监护人尽了监护责任的情况下可适当减轻其责任。

(二) 法定代理人的补充赔偿责任

法定代理人侵权责任中的赔偿义务主体是法定代理人,故区别行为人是无民事行为能力人还是限制民事行为能力人,对行为人是否承担赔偿责任并没有特别的意义。

根据《侵权责任法》第32条第2款和《民法通则》第133条第2款的规定,可以看出,法定代理人与不完全民事行为能力人之间并不存在一般意义上的连带责任关系。

(1) 法定代理人只承担补充部分的连带责任。

即只对不足部分承担连带责任。新的《侵权责任法》,删除了单位担任监护人可以不承担不足部分连带赔偿责任的规定。即包括单位在内的监护人,都要对被监护人赔偿的不足部分承担连带责任。根据新法优于旧法的原则,应当优先适用《侵权责任法》。

(2) 共同侵权中监护人仅应承担次要民事责任之补充。

根据最高人民法院《关于贯彻执行〈民法通则〉若干问题的意见(试行)》第148条第2款和第3款的规定,在无民事行为能力人因受教唆、帮助实施侵权行为的情形下,法定代理人不承担侵权责任;在限制民事行为能力人因受教唆、帮助而实施侵权行为的情形下,法定代理人只承担次要的侵权责任。

典型案例

【案情】① 徐某是年满16周岁的精神病人,23岁的田某拿徐某寻开心,问其是否敢拿石头砸旁边的王某,徐某听后立即捡起一块石头向王某砸去。王某躲闪不及,被击中头部,经医院治疗,头部缝合了3针,住院7天共花费医疗费2170元。

【审理】 法院经审理判决:田某承担70%的责任,赔偿王某1519元;徐某的父母承担30%的责任,赔偿王某651元。

【法理】 本案中,田某为完全民事行为能力人,徐某为限制民事行为能力人,在田某的教唆下,徐某实施了侵权行为,造成了王某的损害,田某和徐某之间形成了共同侵权,但田某应承担主要的民事责任;徐某的父母是徐某的法定监护人,有管理、看护的义务,徐某对他人造成的损害后果,应由其父母承担次要的民事责任。

第二节 雇 主 责 任

一、用人单位责任

《侵权责任法》第34条第1款调整的是个人劳务关系以外的用人单位的侵权责任。这里的"用人单位"包括企业、事业单位、国家机关、社会团体、个体经济组织等;"工作人员"包括用人单位的正式员工,也包括临时在单位工作的人员。② 对国家机关工作人员、法人工作人员以及其他经济组织工作人员的侵权等,虽有诸多共性,但是仍各有其特殊规则,本书将分类讨论。

(一) 国家机关及其工作人员职务侵权责任

1. 国家机关及其工作人员职务侵权的概念

国家机关及其工作人员职务侵权指代表国家行使国家权力的国家机关或者

---

① 参见 http://www.lnfzb.com/News,2005,11,18,2259,18.shtml,访问时间:2005年11月18日。
② 全国人大常委会法制工作委员会编:《中华人民共和国侵权责任法释义》,法律出版社2010年版,第169页。

国家机关的工作人员,在执行职务的过程中,侵害公民、法人合法权益的行为。

《国家赔偿法》第 2 条第 1 款规定:"**国家机关和国家机关工作人员行使职权,有本法规定的侵犯公民、法人和其他组织合法权益的情形,造成损害的,受害人有依照本法取得国家赔偿的权利。**"

2. 国家机关及其工作人员职务侵权的性质

对国家机关及其工作人员职务侵权的性质历来存在争议:一种观点认为属于私法性质;第二种观点认为属于公法性质;第三种观点认为兼有公法和私法的双重性。一般认为第三种观点较合理,即认为国家赔偿法是介于行政法与民法的边缘性法律。

3. 国家机关及其工作人员职务侵权损害赔偿的当事人

国家机关及其工作人员违法执行职务侵权案件的当事人包括直接侵权行为人、赔偿义务机关、受害人与赔偿请求人。

(1) 直接行为人。

直接行为人是直接实施侵权行为的国家行政机关或司法机关及其工作人员,以及受委托或授权行使行政权力的其他组织或个人。我国《国家赔偿法》将直接侵权行为人规定为两大类:

一类是行政机关及其工作人员。

我国的行政机关包括:国务院,国务院所属各部、委、办、局、署;省(自治区、直辖市)人民政府及其所属的厅、局、委、办等机关和派出机构(如地区行政公署);自治州人民政府及所属局、委、办等机关;市、县(含自治县、镇)人民政府及其所属局、委、办等机关;市辖区人民政府及其所属局、委、办等机关以及街道办事处;乡、镇(含自治乡)人民政府及其所属的办事机关。此外,依法律、法规规定被授权行使行政权力的其他组织或个人,即使该组织不是行政机关,其在行使受委托的行政权力时侵犯他人合法权益造成损害的,也为直接侵权行为人。

典型案例

【**案情**】① 乡政府以公开竞标方式,将本乡牲猪肉案市场承包给田某和吴某经营,并签订《目标责任书》,约定田某、吴某必须在经营前一次性交清税费,方可办理有关经营证照,并约定乡畜牧站在辖区内不再办理其他经营户的《许可证》。随后,田某、吴某缴纳税费。

---

① 《田华等诉火烧坪乡政府违法要求缴纳税费并请求返还税费案》,载最高人民法院中国应用法学研究所编:《人民法院案例选》2004 年行政·国家赔偿专辑(总第 50 辑),人民法院出版社 2005 年版,第 451 页。

不久,乡牲猪肉案市场上出现其他经营户,且没有交纳与田某、吴某同样的税费。田某、吴某遂向县法院提起行政诉讼,要求撤销《目标责任书》。

【审理】 法院认为,被告乡政府将辖区内牲猪肉案市场通过招标形式承包给二原告经营于法无据,且被告不具备收取税费的法定职责,该《目标责任书》内容违法。据此,一审法院判决确认《目标责任书》内容违法,并驳回原告其他诉讼请求。

【法理】 鉴于乡政府不具有收取税费的法定职责,税务机关、动物检疫机关与乡政府间并无收取税费的委托关系,乡政府收取税款和检疫费系超越职权的行为,故该《目标责任书》内容违法。

一般认为,行政机关经选举或任命的首长、行政机关公务员、辅助人员、临时雇员等,均为行政机关的工作人员。他们违法行使职权就可能成为国家赔偿的直接侵权行为人。行政机关委托他人(组织或个人)行使受委托的行政权力时侵犯他人合法权益造成损害的,直接侵权行为人为受委托人,赔偿义务机关为委托的行政机关。另一类是司法机关及其工作人员。司法机关通常指各级公安及国家安全部门、人民检察院、人民法院、监狱及劳改部门。

(2) 赔偿义务机关。

行政机关和司法机关对自己工作人员违法行使职权的侵权行为承担责任,应当具备的条件:其一,直接侵权行为人与赔偿义务机关之间有劳动人事关系;其二,该行为人的行为与该机关的职权行使有关联;其三,应是行为人的直接侵权。

两个以上行政机关共同行使行政职权时侵害他人合法权益造成损害的,共同行使行政职权的行政机关为共同赔偿义务机关。赔偿义务机关被撤销的,继续行使其职权的行政机关为赔偿义务机关;没有继续行使其职权的行政机关的,撤销该赔偿义务机关的行政机关为赔偿义务机关。经复议机关复议的,最初造成侵权行为的行政机关为赔偿机关,但复议机关的复议决定加重损害的,复议机关对加重的部分履行赔偿义务。法律、法规授权的组织在行使授予的行政权力时侵害他人合法权益造成损害的,被授权的组织为赔偿义务机关。

(3) 受害人与赔偿请求人。

受害人是指其合法民事权益受到国家机关及其工作人员违法行使职权的行为侵害的公民、法人及其他组织。

4. 国家机关及其工作人员职务侵权的构成要件

国家机关及其工作人员职务侵权除须具有特殊主体外,还需要具备如下构成要件。

(1) 存在违法行使职权的加害行为。

判断行为是否违法的客观标准：

一是行使职权是否有法律依据。国家机关及其工作人员行使职权应当具有明确的法律依据,在其授权的范围内行使职权。凡没有法律依据而行使职权、超越授权范围行使职权等,均为违法行使职权。

二是行使职权是否违反法定程序。国家机关及其工作人员依法律法规或者行政命令的授权行使职权,也应当按照法律规定的程序进行,而不能违反程序法的规定。

三是行使职权是否违反其他法律规定。国家机关及其工作人员行使职权除了应当有明确的法律依据和遵守程序法外,还必须遵守其他法律规定,尤其不得违反禁止性法律规范。

(2) 发生损害。

损害是指国家机关及其工作人员违法行使职权侵犯他人合法权益所产生的后果。损害的一般情形包括：人身自由的限制与剥夺、身体伤害、死亡、财产损失、其他损害等。

(3) 侵权行为与损害结果之间存在因果关系。

国家机关及其工作人员职务侵权的因果关系包括以下两方面：

第一,直接行为人的侵害行为(行为的违法性)与损害之间的因果关系。应当考虑原因与结果之间必须存在时间上的顺序性;侵害行为与损害都必须具有客观性;侵害行为是引起损害的必要条件等因素。

第二,赔偿义务机关与直接侵权行为人之间的相互关系。国家机关及其工作人员职务侵权,其赔偿义务机关均为有关国家行政机关或司法机关,但直接行为人与赔偿义务机关有时会不重合。当直接行为人不是国家机关而又要该机关作为赔偿义务机关承担赔偿责任时,必须证明赔偿义务机关与直接侵权行为人之间存在必要的关系。若直接行为人为赔偿义务机关的工作人员或直接行为人为赔偿义务机关的受委托人,即可认定赔偿义务机关与直接行为人之间存在必要的关系。

5. 国家机关及其工作人员职务侵权的归责原则

国家机关及其工作人员职务侵权应当适用无过错责任原则。实践中,国家机关及其工作人员职务侵权的构成,不以国家机关或其工作人员的过错为要件。此类侵权行为适用无过错责任原则。受害人无须举证证明国家机关及其工作人员的过错,只需证明侵害行为(违法行使职权)、损害及二者的因果关系,即可获得赔偿。对受害当事人而言,有时证明"违法"比证明"过错"更为容易。

国家机关及其工作人员侵权责任的法定免责条件主要有：国家机关工作人

员行使与职权无关的个人行为致人损害;因公民、法人和其他组织自己的行为致使损害发生的;法律规定的其他情形,如不可抗力致害、因职务授权行为而致害等等。

6. 国家赔偿责任

国家赔偿指国家赔偿义务机关对国家机关及其工作人员职务侵权行为给他人合法权益造成的损害所进行的赔偿。国家赔偿采取支付赔偿金(或赔偿损失)作为国家机关及其工作人员职务侵权的主要责任方式,而不是由直接行为人或有关国家机关承担行政责任,也不是只对直接行为人采取单纯的法律制裁,这反映了国家赔偿的民事责任性质。

国家赔偿责任与一般侵权行为的赔偿责任相比,其特殊性表现在:赔偿责任的义务主体为赔偿义务机关,直接加害人个人不对受害人承担赔偿责任;人身侵害的赔偿标准不是参照受害人受害前的实际收入情况,而是采用"国家上年度职工日平均工资"或"国家上年度职工年平均工资"标准;对于常见的侵害财产的案件,规定了具体赔偿范围,无具体规定的按照直接损失给予赔偿。

国家机关及其工作人员的职务侵权行为未产生直接损害后果,但直接威胁到他人的合法权益安全时,也可以采用民事责任方式中的停止侵害、排除妨碍、消除危险等民事责任方式。

(二) 法人工作人员致害责任

1. 法人工作人员致害责任的概念

法人工作人员致害责任指法人工作人员在执行职务中致人损害,由法人作为赔偿义务主体,为其工作人员致害的行为承担赔偿责任。

《民法通则》第43条规定:"**企业法人对它的法定代表人和其他工作人员的经营活动,承担民事责任。**"最高人民法院在1988年1月26日的《关于贯彻执行〈中华人民共和国民法通则〉若干问题的意见(试行)》第58条规定:"**企业法人的法定代表人和其他工作人员,以法人名义从事的经营活动,给他人造成经济损失的,企业法人应当承担民事责任。**"

现行《侵权责任法》第34条规定的用人单位包括法人、非法人组织单位,也包括学校等教育机构这种具有特殊职责的法人。

法人工作人员致害责任与法人侵权责任的区别主要体现在法人侵权责任是法人因为自己的侵权行为形成的责任,而法人工作人员致害责任是法人为其工作人员的行为承担责任,是一种替代责任。如学校老师致害责任与学校侵权责任在适用法条上是有区别的。对于《侵权责任法》而言,前者适用第34条规定的"**用人单位的工作人员在工作过程中造成他人损害的,由用人单位承担侵权责任**",后者适用第38—40条关于学校的过错责任、过错推定责任以及补充责任的规定。

2. 法人工作人员致害责任的构成要件

（1）工作人员存在违法的执行职务行为。民法理论将法人视为拟制法律人格，法人自己无法实施具体的行为，只能以法定代表人或其他工作人员的行为来表达法人的意志，实施民事行为。因此，要让法人为其法定代表人及其工作人员的行为承担责任，就要求其是为执行法人的职务而发生的侵权。虽然在认定法人工作人员执行职务行为的依据上存在不同观点，但是一般认为，应当以执行职务的外在表现形态为标准，而不是仅仅以法人或工作人员的主观意思为标准。

（2）损害后果发生。损害后果，其中包括财产损失和精神损害。

（3）行为与损害后果之间存在因果关系。指直接行为人的行为与损害结果之间存在因果关系，法人与损害结果之间只存在间接的因果关系。

（4）法人及其工作人员主观上存在过错。法人的主观过错是指法人在选任、监督、管理等方面存在的过错，对法人的过错一般采用推定的方法来加以认定。认定法人工作人员的过错是为了实现法人对有过错工作人员追偿的权利。

3. 法人工作人员致害责任的归责原则。根据《侵权责任法》第 24 条的规定，法人工作人员致害责任采取的是无过错原则。

4. 赔偿责任。法人所承担的赔偿责任是替代责任，具有赔偿主体与直接行为人相脱离的特点，即直接行为人是法人的法定代表人或其他工作人员，赔偿责任的主体则是法人。

二、个人劳务关系中劳务接受者责任

（一）雇佣人致害责任的概念及与个人劳务关系中劳务接受者责任的关系

雇佣人致害责任，即传统民法中的"雇主责任"，是指受雇人在执行雇佣活动时致人损害，雇主（雇佣人）应承担的替代赔偿法律责任。

《侵权责任法》第 35 条规定的个人劳务关系中劳务接受者的责任，实际上就是一种雇主责任，但是，却只包括雇主是自然人的情形，当雇主是个体工商户、合伙等时，适用《侵权责任法》第 34 条的规定。

承担雇佣人致害责任的前提是雇主与雇员之间存在雇佣关系。雇佣关系的存在是雇主责任的基础。是否存在雇佣关系，应当依据我国劳动法的有关规定判断。

我国现阶段的劳动关系中，存在劳动关系和劳务关系两个层面。在界定二者关系的差异时,人们有着不同的认识。① 对于劳动关系与劳务关系的区别,我们认为,从关系性质上二者都应当归属于雇佣关系,只是就目前我国的劳动法律制度确立的原则看,劳务关系仅指狭义的雇佣关系,不包括劳动关系(劳动法调整的关系),劳动关系形成的致害责任一般按法人的工作人员致害责任处理。

雇佣关系通常由雇佣合同确定,但是,事实上的雇佣关系也应当被认为是雇佣关系。我们还需要认识到,独立的承包人与发包人之间、定做人与委托人之间、部分委托人与受托人之间均不是雇佣关系。另外,实践中也存在一人受雇于数个雇主的现象。在发生雇员侵权时,应当根据具体情况判断是由数个雇主分担责任,还是由其中的某个雇主承担责任。雇主对于雇员依法负有选任和监督的责任。

(二) 雇佣人侵权责任的构成要件

(1) 须有第三人受损害的事实。

损害包括人身损害和财产损害。对于受害人属于同一雇主的是否也属于第三人的范畴问题,各国的法律规定并不相同。我国的民法理论一般认为,不应将其作为第三人对待,而应以雇主对所雇雇员所承担的责任来对待。

(2) 须雇员执行职务的行为造成损害。

雇主只是对雇员在执行职务时所为的侵权行为承担雇主责任。执行职务的行为包括:依雇主的指示在自己职权范围内行为;为完成职权范围内事务所为的辅助行为;为雇主利益实施的合理行为(也可能是超越职权的行为,如无权代理行为),该行为应当具有客观上的合理性。雇员在执行职务范围之外所造成的损害,由雇员自己负责。

(3) 须雇员的行为构成侵权。

雇员的行为构成侵权是雇佣人承担替代责任的必要条件。

(三) 雇员致人损害的归责原则

在我国,对于雇员在执行职务活动中造成他人损害的,雇主应承担无过错责

---

① 有观点认为,"劳动关系"是指我国劳动法调整的关系,"劳务关系"是指劳动法调整之外形成的劳动关系。也有观点认为,各国的社会制度影响各国的法律制度的建立。在私有制的国家中,侵权行为中的雇佣人赔偿责任,包括一切雇佣劳动制度下的个人执行职务造成他人的损害。由于私有制国家的一切用工制度都是雇佣制,因而包括法人、非法人组织和公民雇佣他人的一切情况。我国目前的劳动用工主体,是公有制下的社会主义劳动制度,企业的不同所有制性质,体现出用工制度上的差异。在国有、集体性质的机关法人和企业法人中,机关和企业的职工仍然以"主人"的身份参加劳动、工作,一般不以雇佣关系体现。因此,在出现此类劳动纠纷时,一般不以雇佣合同对待,而作为劳动纠纷对待,必须通过特定的劳动仲裁程序解决,不服裁决的才能提起民事诉讼。而对于一些不属于这类劳动关系的,实践中一般将其作为雇佣合同对待,可以直接提起民事诉讼。

另有观点认为,劳动关系反映的是用工时间较长并存在持续稳定的劳动关系,而劳务关系是指用工关系不固定的情况。

任。这是为了保护受害人的利益,同时也符合保护弱者的现代民法思想。在这种无过错责任归责原则下,雇主不能以证明自对受雇人的选任和监督已尽注意义务而免责。

典型案例

【案情】① 被告留某雇佣两名外地人为其收割晚稻。当天下午 3 时许,被告与两名雇工一起拉一辆装有稻谷和打稻机的板车回家,下坡时,因在前面拉车的雇工没有控制好车头,被告和另一名雇工在后面也没能拖住车尾,致使板车滑坡失控,撞到原告徐某。事故发生后,两名雇工身份和下落均不明。

【审理】 法院认为:徐某的损伤系被告留某和两雇工拉车配合不当所致。因留某与两雇工系雇佣人与受雇人关系,故留某除应承担自己的侵权赔偿责任外,还应对雇工造成的损害承担替代赔偿责任。

【法理】 法院认定雇主在实施拉车行为时也是共同侵权人,故判定其承担一般侵权责任,同时由于雇工逃走无下落还应承担雇主的替代赔偿责任,是正确的。

(四) 雇员致人损害的赔偿责任

在雇佣法律关系中,加害人不是赔偿义务主体,赔偿义务主体是雇佣人(雇主),受害人是赔偿的权利主体。赔偿义务主体应当对自己已尽选任、监督的注意义务负举证责任。受害人需要证明损害事实、受雇人行为与损害结果之间存在因果关系。实践中,雇主承担责任还取决于第三人的选择。受害人诉讼请求权的行使可以有三种选择:仅对雇员提起侵权诉讼;仅对雇主提起侵权诉讼;还可以对雇主和雇员提起共同侵权诉讼。

雇员在从事雇佣活动中时常出现酒后作业、违章操作等现象,在雇员故意或重大过失致人损害的情况下,仍然让雇主单独承担责任,可能对雇主不公平,对此,我国《人身损害赔偿解释》第 9 条规定:"**雇员在从事雇佣活动中致人损害的,雇主应当承担赔偿责任;雇员因故意或者重大过失致人损害的,应当与雇主承担连带赔偿责任。雇主承担连带赔偿责任的,可以向雇员追偿。**"

---

① 《徐凤珠诉留敏群和其雇工致人损害雇主应负转承赔偿责任纠纷案》,载最高人民法院中国应用法学研究所编:《人民法院案例选》1994 年第 4 辑(总第 10 辑),人民法院出版社 1995 年版,第 80 页。

第三节　教育机构与网络、安全保障义务人侵权责任

一、教育机构侵权责任

（一）未成年人在校园受到损害时的侵权责任

依据《侵权责任法》第 38 条的规定,无民事行为能力人受到损害时适用过错推定原则。

（1）教育机构侵权责任为法定责任。

典型案例

【媒体报道】①　加拿大明确规定了学校和老师在紧急情况下的责任。没有履行职责的教师不算触犯刑律,国家无权对失职教师进行刑事起诉。但失职教师会面临民事法律责任。

关于学校教师在紧急情况发生时的责任,加拿大规定:教师在突发灾难(包括地震)的情况下,必须处理当时的紧急情况,这是责任,不是义务。

当地震突然发生时,任课教师的首要行动是,把学生迅速疏散至足球场或篮球场等空旷场所;然后,教师必须清点学生人数并陪同学生待在疏散场地,直到一切正常。

从上述加拿大关于教师在突发灾难时的责任规定可以知道,如果教师失职导致学生遇到伤害,学生家长极有可能对学校和教师提出指控和赔偿,因为上述规定将成为家长起诉学校和教师的依据。所以,尽管教师失职并不触犯刑律,国家也通常不会对失职人员进行起诉,但失职者面临民事诉讼则是难免的。

（2）教育机构侵权责任之归责原则依然依过错为转移。

《侵权责任法》第 39 条规定,限制民事行为能力人受到损害时的归责原则为过错原则。

典型案例

【案情】②　原告袁甲之子袁丙龙(8 岁)就读于被告乙市光华外语学校(私立学校,全封闭式管理)。某日,袁丙龙出现异常,班主任将其先后送往校医室及第二人民医院,期间电话通知其家长。第二人民医院诊断袁为脑干型乙型

---

① 薛丽:《加拿大法律能限制"范跑跑"》,http://www.sina.com.cn/s/2008-07-04/144415872772.shtml,访问日期:2008 年 7 月 5 日。
② 《袁战通因其子在小就读期间患急病抢救无效死亡诉光华外语学校赔偿案》,载最高人民法院中国应用法学研究所编:《人民法院案例选——民事卷(中)》,中国法制出版社 2000 年版,第 920 页

脑炎。后因病情严重,抢救无效而死亡。

【审理】 法院认为:原告之子袁丙龙虽然在被告处得病,但袁丙龙所得病为"乙型脑炎",且系爆发性急症抢救无效死亡。被告对其已尽到应尽责任,被告不应负赔偿责任,但对袁某入学时所交各项费用应予退回。考虑原告损失过大,被告应给予原告一定经济补偿。

【法理】 原告之子患病并不属学校提供服务不良造成的,而是一种传染性的爆发性急症,学校医务室是无法预测预防和救治的。因此,不能因为是在校期间患病,就认为学校有责任,这实属一种偶然的自然因素造成的。

故应明确的是,未成年人在学校读书,并不发生未成年人的监护人的监护责任转移到学校的问题。学校对在校读书的未成年人的责任,是有关未成年人保护法和学校管理法规定的一种管理、保护、法定责任,但其内容与监护责任各不相同,不容混淆。

(二) 未成年人受到教育机构以外的人员伤害

学校对第三人侵权仅依过错负补充责任。依据《侵权责任法》第40条的规定,对未成年人受到教育机构以外的人员伤害,应由教育机构以外的人员承担侵权责任,学校对第三人侵权仅依过错负补充责任。

就未成年人而言,当学校有过错时,其承担的应是补充责任,且教育机构以外的人员的侵权责任与教育机构的补充责任是有先后顺序的:首先由教育机构以外的第三人承担侵权责任,在无法找到第三人,或是第三人没有能力全部承担责任时,才由教育机构承担补充侵权责任。如果第三人已经全部承担了侵权责任,教育机构就不必再承担。其次,教育机构承担的是相应的补充责任。即教育机构承担的不是全部责任,而是在其未尽到安全保障义务的范围内承担。

二、网络侵权之民事责任

典型案例

【案情】[①] 被告经营的网站论坛上,上网用户"我走我的"发表了一篇题为《赛格轻又丢车》的帖子,后原告打电话告知被告上述文章内容失实,贬低、诋毁了原告的商业信誉,要求被告删除该文章。随后被告对该文章进行锁定处理,即可以阅看,不能跟帖。

原告经向公证处申请对被告网站中有关网页进行证据保全。原告总经理及

[①] 《汕头市赛格轻导航设备有限公司诉汕头市易讯网络有限公司名誉侵权纠纷案》,载最高人民法院中国应用法学研究所编:《人民法院案例选》2008年第4辑(总第66辑),人民法院出版社2009年版,第134页。

其委托律师即到被告住所地,要求被告尽快删除上述文章。被告提出应按《商业信息纠纷处理流程》由原告提交书面协调函,以便核实身份,在未确认提出意见者身份的情况下,不能随便删"帖"。此后,原告没有向被告提交书面协调函。

【审理】 法院认为,被告网站的每个页面都声明上网用户对其所发布的信息负责,不得发布法律法规禁止的信息,且在注册过程中要求用户仔细阅读网络服务协议、社区站规和中国互联网相关法律。应认定在争议信息发布前,被告已履行了相关管理义务。

【法理】 本案发生时,《侵权责任法》尚未实施,法律中没有关于网络侵权的专门规定,法院根据《民法通则》等相关法律作出的判决,是值得肯定的。根据《侵权责任法》第36条的规定,网络用户、网络服务提供者利用网络侵害他人民事权益的,应当承担侵权责任。网络用户利用网络服务实施侵权行为的,被侵权人有权通知网络服务提供者采取删除、屏蔽、断开链接等必要措施。网络服务提供者接到通知后未及时采取必要措施的,对损害的扩大部分与该网络用户承担连带责任。乙网络公司已经尽到了网络管理者的义务,不应承担责任。

三、安全保障义务人之侵权责任

(一)安全义务人未尽到安全保障义务而造成他人损害的自应承担侵权责任

我国《侵权责任法》在总结司法实践经验的基础上,于第37条规定:"宾馆、商场、银行、车站、娱乐场所等公共场所的管理人或者群众性活动的组织者,未尽到安全保障义务、造成他人损害的,应当承担侵权责任。因第三人的行为造成他人损害的,由第三人承担侵权责任;管理人或者组织者未尽到安全保障义务的,承担相应的补充责任。"此前,最高院《关于审理人身损害赔偿案件适用法律若干问题的解释》第6条,已有类似规定。据此,安全保障义务人,依据不同的义务、承担不同的责任。

典型案例

【案情】[①] 王甲红携子王乙仔在双丙商场选购童装时,服装货架上掉下的暖瓶将孩子烫伤。

【审理】 法院经审理认为,由于双丙商场对其设立的儿童用品区域的安全问题未采取积极有效的预防措施,未尽到谨慎的注意义务,因此,该商场应承担

---

① 《王沛辰诉北京双安商场有限责任公司管理不善致使自己人身损害赔偿案》,最高人民法院中国应用法研究所编:《人民法院案例选》2004年民事专辑(总第48辑),人民法院出版社2004年版,第189页。

侵权责任。

【法理】 本案中,如果双丙商场采取禁止员工在货架上放置具有一定危险性用品的预防措施,就能够避免类似事件发生。由于双丙商场对其设立的儿童用品区域的安全问题未采取积极有效的预防措施,未尽到谨慎的注意义务,应承担侵权责任。

(二) 因第三人行为造成的安全义务侵权责任

因第三人的行为造成他人损害的,由第三人承担侵权责任;管理人或者组织者未尽到安全保障义务的,承担相应的补充责任。

第四节 专 家 责 任

一、专家侵权行为之民事责任概述

(一) 专家的含义

人们通常所称的"专家"是专门研究一门学问或擅长某项技能的人。而侵权责任法上所言的"专家"主要是指具有专业知识或技能,得到执业许可或资格证书,并向当事人提供专门服务的人。

在我国现阶段,专家主要包括:律师、医务工作者、注册会计师、建筑师、税务师、公证人等。

专家一般都须具备如下条件:

(1) 受过某一方面的专门职业教育和训练。

这种教育和训练达到高等或者中等教育的水平或者得到国家的认可。

(2) 具有从事某项专业工作资格证书并领有执照。

得到资格认可的专家以其专门知识或技能向当事人提供专业服务的活动,被称之为专家的执业活动。只有在从事其资格(执照)所确认的执业工作时,才被认为是专家,其活动才受到专家责任的原则和规范的调整和约束。其执照一般由国家的专门管理部门颁发或者由有关行业协会颁发。

(3) 他们以其专业知识向社会上的当事人提供智力性的专业服务为职业。

多数情况下,专家总是以自己的专业服务于社会并以这种服务作为谋生的手段,即从中收取报酬或者其他类似的回报。即使是专职专家,也只是其为当事人提供专业服务的活动才被认为是专家的执业活动,而他们所进行的其他活动并不被认为是专家的执业活动。

(4) 专家与其所服务的对象之间存在特别的信赖关系。

专家进行执业活动,由于他与当事人之间具有特殊的信赖关系,对其所从事的执业活动,应负有高度注意的义务、对当事人忠实的义务,以及勤勉工作努力完成受托任务等。这些义务可能是由专家与当事人之间的服务合同所约定的,也可能是法律、行业规范、职业道德的要求。

(二)专家责任的概念及其法律属性

所谓专家责任,是指具有特别知识和技能的专业人员在履行专业职能的过程(执业)中给他人造成损害所应承担的民事责任。

1. 专家责任首先为民事责任

专家的损害赔偿责任一般属于普通的民事责任的范围,受合同法和一般侵权责任法的调整。

2. 引起专家责任的多种法律事实之构成的综合性

专家责任的特殊性在于:

(1)专家责任通常与雇主责任相联系。直接实施加害行为的人为作为雇员的专家,而承担责任者为雇主,如医疗机构、律师事务所、会计师事务所。

(2)加害在履合同中产生。加害人实施加害行为,总是以与受害人存在某种合同关系为前提,因此会产生侵权责任与合同责任的竞合问题。

(3)专家责任的认定往往需要较强的专门知识。

(4)侵权的客体具有复杂性。专家责任中的侵害行为通常侵害受害人的财产权,有时也出现受害人人格权受到损害的情况。

(5)专家责任通常有责任保险且有责任额度限制。最终由保险公司或者相关的行业协会在限定的额度内进行赔偿。

(6)救济途径具有可选择性。对于由专家行为产生的纠纷,法律一般承认合同责任与侵权责任的竞合,容许受害人一方在合同责任与侵权责任之间进行选择。

3. 专家责任的法律基础在于合同的信赖义务

一般说来,专家的执业活动,都是为当事人服务,从事的是与当事人的人身或财产利益关系重大的事务。专家的疏忽大意,势必给当事人造成严重的损失。虽然在专家与当事人之间一般存在某种合同关系,但是专家一方对相关问题具有专门的知识和技能,而且了解或者能够预知他们的合同关系中可能出现的发展变化;相反,当事人一方往往对有关的专业知识知之甚少,也缺乏聘请专家进行工作的经验。在这种不平衡的知识水平的条件下,与其说当事人是与专家通过讨价还价的方式订立合同,倒不如说是他们基于对专家的信赖而将自己的重大事务托付给了专家。

二、律师执业侵权责任

(一)律师执业侵权责任的概念

律师执业侵权责任为专家责任的一种。指律师执业中未尽职守给当事人造成损害所应承担的民事赔偿责任。律师在执业过程中产生的责任,可能存在两种情形:一是律师对其委托人而应承担的责任,二是律师对其委托人之外的第三人所应承担的责任。由于律所与委托人之间存在合法的委托合同关系,因此依据《合同法》第406条规定,律师承担责任的依据主要是违反了合同义务,责任性质是违约责任,是一种过错责任。

(二)律师执业侵权的构成要件

律师执业侵权,从侵权责任法的基本理论来看,仍是一种一般侵权责任,其构成仍需要行为的违法性、损害、因果关系以及直接加害人的过错等四项要件。

1. 律师侵害委托人的具体行为具体表现为对信赖义务的违反

依据委托人与律师事务所订立的合同、律师法的规定和律师业的惯例,受委托的律师通常负有执行委托事务、说明义务、提供咨询意见和建议的义务、调查义务、保密义务等。通常的违约行为有:

(1)不履行代理职责(如不出庭、不提交有关文书、不调查有关权利义务关系、不作应有的说明);

(2)遗失委托人的重要文件或者重要有价值的材料,侵占委托人的财产;

(3)发表不利于委托人的言论,侵害委托人的名誉权;

(4)泄露、宣扬委托人的隐私;

(5)超越委托人授予的代理权限,越权或者无权代理造成委托人损害;

(6)泄露委托人的商业秘密;

(7)提供虚伪、错误或不准确的信息,或者提供不当的咨询意见或建议等。

2. 律师执业侵权以过错为归责原则

律师只有在有过错的情况下,才对其侵害行为所造成的损害后果承担民事责任。

判断一个律师在执行业务中有无过错,要看该名律师在执行业务时是否符合职业道德,即以一名合格律师在当时当地条件下所应尽的注意义务作为标准。

(三)律师责任赔偿主体及其责任限制

1. 律师责任之赔偿主体

在我国,律师一般只能加入一个律师事务所,以该律师事务所的名义对外进行执业活动。直接加害人为某一律师,但赔偿主体应为该律师所在的律师事务所,律师事务所承担的是雇主责任或替代责任。至于侵权的律师与该律师事务所之间的内部法律关系,一般要依据双方的约定处理。

2. 律师责任之限制旨在避免律师业风险过大

(1)律师执业侵权责任仅在以律师酬金为基础的一定范围之内。律师承担专家责任,既不受委托合同酬金的限制,也并非承担无限赔偿责任。契约性特征决定了律师对当事人承担法律责任必须考虑委托合同的对价;侵权性特征决定了律师对当事人承担的法律责任须以实际损失为依据,但是也应考虑到律师业风险问题。

(2) 此种赔偿的最终的风险还是要由律师业自身来承担。虽然现在有律师执业保险,但无论投哪个险种,其并不能从根本上解决律师的专家责任风险。

(3) 律师执业侵权责任限制的法理依据来自律师专家责任的混合属性和公平责任原则之要求。如果对律师专家责任不作限制,律师的随机工作方式,易成为某些不诚信的当事人转嫁责任的对象。律师业务所涉及的事物往往千变万化,在法律滞后或没有法律依据的情形下,律师的行为有时更容易产生失误。在律师业面临巨大风险情况下,如果对律师的赔偿责任与其他专家服务甚至与其他形式的普通民事赔偿责任相同,则会造成形式上平等而实质上不公平的局面。

三、注册会计师执业侵权责任

(一) 注册会计师执业侵权责任的概念

(1) 注册会计师是一种以其专业知识服务于社会的专家。

其是依法取得注册会计师证书并接受委托从事审计(审查企业会计报表出具审计报告,验证企业资本出具验资报告,审计企业合并、分立、清算事宜中的审计业务出具有关的报告,其他由法律法规规定的审计业务)和会计咨询、会计服务业务的执业人员。

(2) 注册会计师责任为专家承担的民事侵权责任。

注册会计师参加执业活动应当加入会计师事务所。会计师事务所对本所的注册会计的执业活动负责,并对外承担民事责任。

《中华人民共和国注册会计师法》第42条规定:"会计师事务所违反本法规定,给委托人、其他利害关系人造成损失的,应当依法承担赔偿责任。"《股票发行与交易惯例暂行条例》第77条规定:注册会计师违反该条例规定,给他人造成损失的,应当承担民事责任。最高人民法院在1996年4月4日法函(1996)56号中指出:"即使会计师事务所出具的验资证明无特别注明(即存在担保的条款——引者注),给委托人、其他利害关系人造成损失的,根据《中华人民共和国注册会计师法》第42条的规定,也应当依法承担赔偿责任。"

(二) 注册会计师执业侵权的构成要件

1. 注册会计师执业侵权行为属于一般侵权行为

注册会计师在会计执业活动中,违反注册会计师法的有关规定,侵犯他人合法民事权益,须承担民事责任。通常包括:

(1) 出具虚假或者内容与实际情况不相符合的验资报告;

(2) 泄露其从执业活动中获得的委托人或者利害关系人商业秘密;

（3）其可以不作为侵权。

包括不指出违法事项、不指出报表中的重大不实情况等。

2. 过错是注册会计师执业侵权的构成要件之一

注册会计师在主观上"明知"而为侵权行为的，应当认定注册会计师存在故意。按照注册会计师执业准则和规则，注册会计师应当知道而不知道或者出于疏忽而为侵权行为的，应当认定注册会计师存在过失。若注册会计师主观上不存在过错，即使其行为具有违法性（如事实上出具了虚假或者内容不真实的验资报告），也不承担民事责任。

典型案例

【媒体报道】① 贝岭公司在《上海证券报》上发布了一则重要公告，称：该公司在其上市公告书中关于每股税后利润的刊登有误，现特此更正。公告一登出，当天贝岭公司的股票就停牌半天。下午复牌后，股价一路下跌，给部分投资者造成了损失。

为此，有些投资者准备向法院提起诉讼，要求追究有关机构和人员的法律责任，主张上市公司、证券承销机构、会计师事务所以及律师事务所等机构应对其因上市公司披露的会计信息有重大错误而产生的损失承担赔偿责任。

【法理】 本案涉及注册会计师执业侵权责任的认定。注册会计师执业侵权行为属于一般侵权行为，其构成需要不法行为、损害、因果关系和过错四个要件。就本案而言，注册会计师故意违反法律的强制性规定提供虚假的会计信息，导致股价下跌，造成了部分投资者的损失，满足了侵权行为的基本构成要件，故应对投资者因此遭受的损失承担相应的赔偿责任。

需要指出的是，判断注册会计师是否存在主观过错，通常是有具体的法定标准或者会计行业的执业准则和规则的，如果违反这样的规定，该注册会计师无疑存在过错。反之，如果注册会计师严格按照法律法规和行业规范的规定从事执业活动，则不认为其存在过错。

（三）赔偿责任与责任限制

1. 会计师事务所的责任

在我国，注册会计师需要加入一个会计师事务所进行执业活动，接受委托和收取佣金（服务费用等）。因此，会计师事务所应对本所注册会计师在执业活动中造成的侵权承担民事责任，这是"替代责任"在注册会计师执业侵权中的运用。会计师事务所就其注册会计师的执业侵权行为承担的是无过错责任。

---

① 李若山、史学军、谭菊芳：《会计信息更正的代价》，载《财务与会计》1999年第4期。

2. 责任限制

现行法律没有对注册会计师执业侵权的赔偿责任限制问题作出规定,但在司法解释中有相关规定,如最高人民法院在《关于会计师事务所为企业出具虚假验资证明应如何承担责任问题的批复》中规定"会计师事务所与案件的合同当事人虽然没有直接的法律关系,但鉴于其出具虚假验资证明的行为,损害了当事人的合法权益,因此,在民事责任的承担上,应当先由债务人负责清偿,不足部分,再由会计师事务所在其证明金额的范围内承担赔偿责任。"

【拓展链接】①

劳务派遣单位与劳务用工单位的侵权责任

一、劳务派遣单位与劳务用工单位承担侵权责任的根据

郑玉波教授将雇主责任的理论基础归纳为三种学说:一是危险说,谓为维持社会一般人之安全,应课雇佣人以责任,以促使其用人时深切注意,而免发生危险;二是报偿说,谓雇佣人既籍受雇人之活动,以扩张其事业之范围,自因之而受利益,利之所在,损之所归,故雇佣人应负赔偿责任;三是伦理说,主人之于用人者有如长官之于僚属,发生伦理的关系,故应负责。

王利明教授将使用人责任的理论基础归纳为六种理论:一是"深口袋"理论;二是报偿理论;三是控制理论;四是分摊成本理论;五是雇主意志理论;六是损害风险控制理论。

我国《侵权责任法》第34条规定的使用人责任适用何种归责原则呢?对此学者中有不同的观点。例如,杨立新教授认为,用人单位责任应当适用过错推定责任。梁慧星教授认为,《侵权责任法》第34条关于使用人责任制度之设计,采取法国民法和英美法之无过失责任。奚晓明等也认为,根据最高人民法院《关于审理人身损害赔偿案件适用法律若干问题的解释》第8条的规定,职务侵权行为与《民法通则》第121条规定的国家赔偿责任一样,采取无过错责任原则,因此,职务侵权的构成并不以过错为要件。郭明瑞也认为使用人责任适用无过错责任原则,《侵权责任法》第34条并未规定使用人能够证明自己没有过错的不承担责任,因此,不能认定使用人责任适用过错推定原则。

二、劳务派遣单位承担责任的条件

王利明教授认为,劳务派遣单位承担过错责任的要件在于:第一,必须是在劳务派遣期间发生损害;第二,必须是被派遣的工作人员因执行工作任务造成他

---

① 郭明瑞:《关于劳务派遣单位与劳务用工单位的侵权责任——兼论〈侵权责任法〉第34条第2款的适用》,载《法学论坛》2012年第2期。

人损害;第三,劳务派遣单位具有过错。

杨立新教授认为,构成劳务派遣责任,应当具备以下要件:一是当事人之间存在劳务派遣的劳动关系;二是被派遣的工作人员在执行劳务派遣工作任务中他人损害;三是损害事实的发生与被派遣的工作人员的执行工作任务行为有因果关系;四是接受派遣单位在指挥监督工作人员中有过失。具备以上要件,用工单位承担责任。劳务派遣单位有过错的,劳务派遣单位承担补充责任。显然,杨立新教授将劳务派遣责任归为用工单位责任与劳务派遣单位责任。

郭明瑞教授认为,用工单位责任的构成条件与用人单位责任的构成并无不同,重要的是确定在何种条件下劳务派遣单位也应承担侵权责任。劳务派遣单位承担责任的条件可分为以下两方面:一是被派遣的员工在派遣期间因执行用人单位的工作任务中造成他人损害;二是劳务派遣单位有过错

三、劳务派遣单位与用工单位的责任承担

在用工单位向劳务派遣单位追偿时,劳务派遣单位可否以劳务派遣协议中有免除派遣单位对第三人的责任的约定而提出抗辩呢?对此,法无规定。王利明教授和郭明瑞教授均认为派遣单位的补充责任是一种外部责任,此种责任不能因为当事人的内部协议加以免除。

【推荐阅读】

1. 张民安、龚赛红:《专业人士所承担的过错侵权责任》,载《法学评论》2002年第6期。

2. 刘燕:《"专家责任"若干基本概念质疑》,载《比较法研究》2005年第5期。

3. 吴宏:《"律师声明"中专家过错标准和责任形态——首例律师对"律师声明"承担专家责任案评析》,载《法学》2009年第9期。

4. 张新宝、任鸿雁:《互联网上的侵权责任:〈侵权责任法〉第36条解读》,载《中国人民大学学报》2010年第4期。

5. 王利明:《论侵权法中的教育机构——从其侵权责任谈起》,载《中国法学教育研究》2011年第3期。

6. 杨立新、李佳伦:《论网络侵权责任中的反通知及效果》,载《法律科学(西北政法大学学报)》2012年第2期。

7. 郭明瑞:《关于劳务派遣单位与劳务用工单位的侵权责任——兼论〈侵权责任法〉第34条第2款的适用》,载《法学论坛》2012年第2期。

8. 杨立新:《教唆人、帮助人责任与监护人责任》,载《法学论坛》2012年第3期。

第九章　工作物致人损害之侵权责任

第一节　产品责任

一、产品责任概述

(一) 产品责任的相关概念

1. 产品责任的概念

产品责任是指产品在消费过程中因缺陷造成他人人身损害或者财产损害所引起的民事责任。

2. 产品缺陷致人损害侵权行为的概念

通过对产品责任概念的明晰，可以了解到引起产品责任发生的产品缺陷致人损害的侵权行为的概念，即产品的制造者和销售者因制造、销售的产品造成他人人身或财产损害而应承担民事责任的行为。[①] 产品缺陷致人损害的侵权行为作为事实行为，由此形成了产品责任法律关系。

3. "产品"的定义

我国《产品质量法》第 2 条第 2、3 款规定："**本法所称产品是指经过加工、制作，用于销售的产品。建设工程不适用本法规定；但是，建设工程使用的建筑材料、建筑构配件和设备，属于前款规定的产品范围的，适用本法规定。**"

(1) "产品"在法律上，既不同于物理学意义上的"物"，也不同于经济学意义上的"商品"。

在美国，"产品"指一切商品、货物、消费品以及它们的零部件。《欧共体产品责任指示》第 2 条规定："产品"是指所有动产，但初级农业产品及猎获物被排斥在外，即使它们与其他动产或不动产相附着，也不属于产品责任法上的"产品"。[②]

(2) 我国法律规定和现有学说对"产品"的概念作了缩小的解释。

即将精神产品和未经加工的原产品排除在外。我国有学者将"产品"定义为：工业产品，无体物之电力、煤气也应包括在内。土地、畜牧、渔业产品和猎物经加工者，也应包括在内。[③] 可见，随着经济活动的频繁和扩大化，以及立法倾

---

① 魏振瀛主编：《民法》，北京大学出版社、高等教育出版社 2000 年版，第 711 页。
② 参见江平主编：《民法学》，中国政法大学出版社 1999 年版，第 768 页。
③ 梁慧星：《民法学说判例与立法研究》，中国政法大学出版社 1993 年版，第 143 页。

向于对消费者权益保护的趋势,"产品"的解释在将来可能会有所突破。

(3) 根据现行法律规定认定属于产品责任中的"产品"应当具备经过加工、制作和用于销售这两个要件。

通过导线输送的电能以及利用管道输送的油品、燃气、热能、水都可以作为产品;计算机软件和类似的电子物件可以视为产品;用于销售的微生物制品、动植物制品、基因工程制品、人类血液制品等也可以视为产品。

(二) 产品责任的法律属性

1. 从违约责任到侵权责任的演变

随着现代工业的迅速发展,工业制品致人损害案件层出不穷。起初,为了保护消费者免受缺陷产品的侵害和受损害时得到公平的法律救济,立法者和民法学者主要借助合同理论,从而形成了明示担保和默示担保理论。

(1) 明示担保理论。

明示担保理论认为,售出的产品不符合在产品或者其包装上注明的产品标准或者不符合以产品说明、实物样品等方式表明的质量状况的(即违反明示担保义务),销售者应当负责修理、更换、退货;造成损失的,销售者应当赔偿。

(2) 默示担保理论。

默示担保理论认为,售出的产品不具备产品应当具备的使用性能而事先未作说明的,即违反了合同的默示担保义务,销售者应当负责修理、更换、退货;造成损失的,销售者应当赔偿。

明示担保和默示担保制度都不能完全达到救济受害人的目的,故需要借助侵权理论对受害人进行救济。

不论明示担保还是默示担保,都只是对合同关系的当事人之间违反约定义务而产生的损害进行救济,而受到产品直接损害的第三人的利益则难以得到保护。当受害人是合同当事人时,就产生了侵权责任和违约责任的竞合,当受害人非合同当事人时,则仅产生侵权责任。

2. 产品责任不以加害人与受害人之间存在合同关系为前提

产品责任是基于产品缺陷造成他人损害这一事实产生的,是违反法定义务产生的法律责任。因此,无论是与缺陷产品的生产者或销售者有直接合同关系的消费者、用户,还是第三人,因使用缺陷产品受到人身伤害或财产损失的,受害人均可要求赔偿。最高人民法院的司法解释已经明确地说明了产品责任赔偿请求人的基本范围是消费者、用户和第三人。

典型案例

【案情】① 甲公司在桃园内进行果树种植。该公司管理人员李某到夏某处购买了乙公司生产的"30%虫螨净烟剂"(当时发票上只简单注明买方为桃园,而实际无此单位)。甲公司在按照药品的说明对果树进行使用后,桃树开始大量落果。后甲公司了解到该药的原名为"30%敌敌畏烟剂",果树在幼果期对该种药品非常敏感,使用后会造成大量落果。后经鉴定,甲公司的经济损失为109,200元。

甲公司为此将夏某和乙公司告上法庭,两被告则以该药品不是甲公司购买而不具备主体资格为由,未经法庭准许中途退庭。

【审理】 法院经审理认为:夏某和乙公司提出甲公司不是药品的购买者和使用者,没有证据加以证明,不予采信。乙公司生产的烟剂没有注明含有的敌敌畏成分,且没有说明幼果期使用可能会造成的严重后果,使甲公司受到严重损害,两被告应当对造成的经济损失承担共同赔偿责任。

【法理】 本案中,夏某和乙公司认为在发票上注明的是"桃园",而非甲公司,故甲公司不具备起诉的主体资格。可见,夏某和乙公司是按照合同相对性来理解产品责任的。不论甲公司是事实上的购买人,与夏某之间存在买卖合同关系,即使该农药是他人从夏某处买得后交甲公司使用,也不能成为夏某和乙公司的抗辩理由,因为产品责任也是一种侵权责任,其效力及于合同外的第三人,因为产品缺陷而遭受损害的人都有资格作为原告提起诉讼。

3. 产品责任是一种特殊侵权责任

产品责任的特殊性主要表现在归责原则上。一般侵权责任适用过错责任原则,而产品责任对于生产者适用无过错责任(或称"严格责任"),且销售者与生产者承担法定的连带责任,受害人无需证明责任人是否存在过错,只需证明产品的缺陷、损害、缺陷与损害之间的因果关系。

产品责任的特殊性还表现在免责条件上。法律对产品责任的免责条件有专门规定。

典型案例

【案情】② 董甲从乙经销公司购买了一辆由丙专用汽车厂装配的半拖挂汽

---

① 《北京中北果品种植有限责任公司诉夏连青、内蒙古神威科技开发有限责任公司产品责任案》,国家法官学院、中国人民大学法学院编:《中国审判案例要览(2003年民事审判案例卷)》,中国人民大学出版社、人民法院出版社2004年版,第226页。

② 《董景春诉四平专用汽车厂物资经销公司产品缺陷与不当使用行为竞合双方分担责任案》,载最高人民法院中国应用法研究所编:《人民法院案例选》1996年第4辑(总第18辑),人民法院出版社1997年版,第58页。

车。董甲用该车装载货物,超重2.9吨,行驶过程中,挂车后右外侧轮钢圈突然破碎,致该车在行驶中向右侧翻车,造成交通事故。经事故发生地市交通警察认定:造成该车翻车的主要原因系由于挂车后右外侧轮钢圈破碎所致。

【审理】 法院经审理认为:作为卖方的乙经销公司,应无条件地承担因其所销售车辆质量不合格而给买方造成损害的民事责任。无论买方有无过错,都不能作为卖方免责的理由。但董甲超重行驶,也是钢圈破碎、致车翻倒的原因之一,亦应承担一定责任。据此,由乙经销公司承担本案损失的80%,董甲承担20%。

【法理】 本案比较特殊的地方是当事人在使用汽车过程中因超重引发了不合格的轮圈破碎,即当事人在使用产品过程中的不当行为和产品不合格共同引发了损害结果的发生。由于产品责任为无过错责任,而当事人的不当行为造成的损害的归责原则为过错责任,此时不能构成混合过错。对此种情况下的处理,可以适用《民法通则》第131条**"受害人对于损害的发生也有过错的,可以减轻侵害人的责任"**的规定,即减轻汽车销售商的责任,受害人对于自己的损失也应该承担一定的责任。本案最终的处理就是按照这样的方式进行的。

二、产品责任的构成要件

产品责任的构成要件为:产品存在缺陷;须有人身、财产的损害事实;缺陷与损害事实之间存在因果关系。

(一) 产品存在缺陷

只有责任主体生产或销售的产品存在缺陷,才可能构成产品责任。

1. 产品缺陷的概念

各国对产品缺陷的表述多有不同。[①] 但通过分析不难看出,产品缺陷就是

---

① 【各国法律规定】关于"缺陷"的规定:《欧共体产品责任指令》第6条对缺陷进行了明确的界定:"考虑下列所有情况,如果产品不能提供人们有权期待的安全性,即属于缺陷产品:(a) 产品的使用说明;(b) 能够投入合理期待的使用;(c) 投入流通的时间(产品置于市场销售的时间)。但不得仅以后来投入流通的产品更好为由认为以前的产品有缺陷。"
《欧洲共同市场产品责任法草案》第4条规定:"当产品不能提供人们所期待的身体或财产上的安全时,产品有缺陷。"
美国《第二次侵权法重述》规定:"一种在产品离开卖方时直接消费者无法预期的'不合理的危险'"。《产品责任示范法》第104条规定:"如果,并且只有在下列情形下,可以证明产品存在缺陷:(1) 产品制造上存在不合理的不安全性;(2) 产品设计上存在不合理的不安全性;(3) 未给予适当警示或指示,致使产品存在不合理的不安全性;(4) 不符合产品销售者的明示担保,致使产品存在不合理的不安全性。"
英国《消费者保护法》第3条规定:"为本章之目的,如果产品不具有人们有权期待的安全性,该产品即存在缺陷。"
丹麦《产品责任法》第5条规定:"产品不具备合理要求的安全性为有缺陷。"

指产品存在危及他人人身或财产安全的不合理的危险。一般认为,"缺陷"与传统民法中"瑕疵"概念的区别在于:缺陷的外延小于瑕疵,即存在危及人身或他人财产安全的不合理危险的瑕疵方可称为"缺陷"。瑕疵不仅包括了缺陷,还包括一些并不具有不合理危险性的质量问题或数量问题,这类产品瑕疵的责任,当事人应承担违约责任,而不是侵权责任。

若依据《产品质量法》第46条而认为在有国家标准和行业标准时,产品不符合该标准时就为"有缺陷",符合该标准就"无缺陷",显然不符合产品责任的设定意图,也不利于对消费者的保护。因为这样理解,在产品符合国家标准或行业标准而造成了他人人身或财产损害时,可以认为产品既然没有缺陷,自然也就不能要求生产者或销售者承担产品责任了。

故应当认为,对该第46条规定的含义可以作扩张解释,即产品缺陷为产品存在危及人身、他人财产安全的不合理的危险;在有保障人体健康和人身、财产安全的国家标准、行业标准的情况下,如果不符合标准,就可以直接认定产品有缺陷;而即使符合标准,若受害人能够提供证据证明产品存在危及人身、他人财产安全的不合理危险,则应仍得认定产品有缺陷。

2. 我国法律在界定"产品缺陷"时采用了双重标准

(1) 产品存在不合理的危险是产品缺陷的一般标准。

不合理的危险指对人体健康和人身、财产安全构成的威胁,着眼点在于产品的安全性,而非其适用性。它以普通消费者对产品的合理期望作为判断产品是否存在缺陷的标准。

(2) 在产品缺陷的一般标准之外还规定有不符合国家和行业对某些产品制定的专门性的强制标准。

《标准化法》第14条规定:**强制性标准,必须执行,不符合强制性标准的产品,禁止生产、销售和进口**。据此,产品符合强制标准是产品得以生产、销售和进口的前提条件,不符合强制标准的产品根本没有市场准入资格。产品的国家标准或行业标准只是产品的最基础性即最低标准,不符合该标准显然是存在缺陷的。由于强制标准本身存在诸多不足,在产品已经更新换代的情况下,标准的制定往往可能跟不上发展。

(3) 符合强制标准并非一定没有危险存在。

产品侵权责任制度的出发点就是不断加强生产者的责任,充分保护消费者的权益。故产品虽然符合国家、行业的相关标准,但若被证明存在危害他人人身、财产的不合理的危险,仍应认定该产品存在缺陷,由产品责任人赔偿消费者所遭受的损失。

3. 产品缺陷的分类

人们通常将产品缺陷分为设计缺陷、制造缺陷和警示缺陷。

(1) 设计缺陷。

设计缺陷指制造者在设计产品时,其产品的结构、配方等方面存在不合理的危险性。判断一件产品是否存在设计缺陷的标准是其设计是否存在危及人身、财产安全的不合理危险。

设计缺陷是因设计产品时忽视产品应有的安全性所致,因此在生产和销售过程中难以克服产品的设计缺陷。批量的具有设计缺陷的产品投入市场后,受害者往往人数众多。

认定产品是否具有设计缺陷,应当限定在将该产品用于其所设计的用途。如果将产品用于其所设计的用途之外的用途,即使该产品存在"不合理危险",也不能认定存在设计缺陷。此外,认定设计缺陷,还应考虑该产品设计时的科学技术发展状况、有无类似的可以替代的设计方案等因素。

典型案例

【案情】[①] 甲公司在乙公司购买了一台抽湿机,使用当晚酒店发生火灾。经公安消防局认定:火灾原因是抽湿机所致,但甲公司使用该抽湿机时没有按规定使用面式插座,且插座上插了多条电线。该抽湿机是乙公司从丙公司购买的进口产品。

【审理】 一审法院认为:火灾事实上是甲公司非正常使用抽湿机引起的。该批抽湿机经商检局检验为合格产品,省商检局要求将该批抽湿机的英式插头换成符合中国标准的插头后才能使用,并非出于安全性考虑。据此,判决驳回原告的诉讼请求。

二审法院认为:该抽湿机的外壳为不阻燃塑料,不符合我国标准,属于设计和选材上有缺陷,且这种缺陷和火灾有直接的因果关系。该抽湿机的销售商乙公司和丙公司没有严格执行进货检查验收制度,构成共同侵权,应共同赔偿甲公司的损失,并承担连带责任。

【法理】 这是一起关于产品设计缺陷的案例。一审法院认为抽湿机的外壳为不阻燃塑料并不构成设计缺陷,所以认定是由于甲公司的非正常使用引起的火灾。二审法院则认为判定甲公司非正常使用的证据不足,而抽湿机的外壳不符合我国关于非金属材料的部件应有阻燃性能的规定,属于设计上的缺陷,而这种缺陷正是引起火灾的直接原因,故销售者应当承担连带赔偿责任。当然其承担后,可以向生产者追偿,因为设计缺陷一定是由生产者造成的,销售者只是

[①] 《海口佳友酒店诉海南乐普生商厦有限公司等产品责任损害赔偿案》,载中国高级法官培训中心、中国人民大学法学院编:《中国审判案例要览(1997年民事审判案例卷)》,中国人民大学出版社1998年版,第253页。

承担法定的连带赔偿责任。

(2) 制造缺陷。

制造缺陷指产品在使用或装配形成最终产品的过程中出现原材料、配件、工艺、程序等方面的错误,而导致产品具有不合理的危险性。

一件产品在制造时使用不合格的原材料或配件可能产生产品缺陷。与设计缺陷产品的问题出于设计本身不同,制造缺陷产品的问题在于制造该产品的原材料以及配件的质量和总装工艺的质量。因此,制造缺陷与设计无关。

认定某件产品是否具有制造缺陷,要看其用于所设计的用途时是否存在不合理的危险。错误地使用某产品,即使出现人身或财产损害,也不能认为该产品存在制造缺陷。过度使用或超期使用某产品,即使出现人身或财产损害,同样不能认为该产品存在制造缺陷。

(3) 警示缺陷。

警示缺陷指生产者没有提供适当的警示和说明,致使其产品在使用、储运等情形下存在不合理的危险。

法律要求制造者承担对所销售的产品作必要说明的义务。一件产品必须附带有能够使消费者了解如何安全使用该产品的信息,方能认为是合理安全的。若没有提供适当的警示和说明,则该产品可能被认定为是有缺陷的,这种缺陷就被称为"警示缺陷"。正确理解警示缺陷的关键就在于正确认识和把握"适当的警示和说明"义务。

"警示"一般是指对产品本身所具有的危险性所作的警告性标记,可以用标志(如剧毒品所使用的骷髅标志、高压电源使用的闪电形标志)作为警示,也可以用文字作为警示。

说明的内容一般包括产品的基本情况及主要性能、正确的使用方法以及错误使用可能招致的危险等事项。

对产品的所有警示与说明都应当"适当",判断警示与说明适当与否的基本标准是:如果产品是为大众所消费、使用的,警示与说明应为社会上不具专门知识的一般人所能引起注意、知晓和理解;如果产品是为特定人所消费、使用的,警示与说明应为具备专门知识的特定人所能引起注意、知晓和理解。标志与文字的内容应当是正确无误、不会引起误解和歧义的;标志与文字的形式,应当是醒目和易于辨认的;标志应为公众一般接受;在中国境内销售的产品(包括进口产品)应当有中文的文字说明;在我国少数民族聚集生活的地区销售的产品,应当有中文和当地通行的少数民族语言文字的说明。

没有适当的警示和说明,在产品的消费、使用过程中造成他人人身、财产损害时,产品就有可能被认为存在警示缺陷而成为缺陷产品。

(二) 须有损害或者危及他人人身及财产的事实

损害指使用缺陷产品所导致的人身伤害、死亡以及财产损失和其他重大损失。同时,根据《侵权责任法》的规定,产品缺陷危及他人人身、财产安全的,生产者、销售者也应承担侵权责任。

缺陷产品致人损害,既有与其他侵权行为致人损害的共性,也有其自身的特殊性。

(1) 我国《产品质量法》对"损害"的规定。

依据《产品质量法》第41、44条,我国规定的产品责任的损害范围包括人身损害、除产品本身的财产损害和其他重大损失。

(2) 产品缺陷危及他人人身和财产安全的情况。

《侵权责任法》第45条规定,在损害尚未发生,但有发生的危害时,赋予了被侵权人请求生产者、销售者排除妨碍、消除危险的权利。

(3) 产品责任的精神损害赔偿问题。

欧洲产品责任法规定的产品责任的损害范围包括:致人死亡;人身伤害;财产损失;有关的非物质性的损害(精神损害)。在美国产品责任法中,关于产品责任损害范围的规定与欧洲产品责任法类似。对于精神损害赔偿,欧洲产品责任法不采用直接规定的做法,而是对成员国的有关规定加以认可。

关于我国"其他重大损失"规定,理论上存在不同认识,应当说,仅就规定而言,并不能排除对产品责任精神损害的赔偿。从民法的精神来看,只要法律没有明确规定不赔偿,就可以提出赔偿的请求。事实上,我国的司法实践是承认产品责任的精神损害赔偿的。

(三) 缺陷与损害事实之间有因果关系

在产品责任案件中,因果关系是指产品的缺陷与受害人的损害之间存在的引起和被引起的关系,前者为原因,后者为结果。

产品责任中的因果关系有其特殊性,这些特殊性主要体现在:

(1) 证明对象的特殊性。

在产品责任案件中,因果关系证明对象的特殊性在于:损害是由于使用或消费有缺陷的产品所致。原告要证明:被告即缺陷产品的生产者或销售者;产品存在缺陷;受害者受到损害;损害是由于使用或消费有缺陷的产品所致。而被告要证明的则是自己的免责事由。

(2) 证明方法的特殊性。

在相当一部分产品责任案件中,要证明使用或消费缺陷产品是损害发生的原因,是非常复杂和困难的。因此,在产品责任案件因果关系的证明方法上,除了采用传统的证明方法外,还大量采用实验室检验、化验、测试方法、数理统计方法、社会流行病学统计方法、间接反证方法等。

三、产品责任的归责原则

产品责任的归责原则,历来是我国法学界争论的一个焦点:一种观点认为,我国现行产品责任实质上仍属于过失责任的范畴或适用过错推定;另有一种观点认为,产品责任的归责原则为无过错责任原则;还有一种观点认为,我国产品责任法应采取过错责任与无过错责任相结合的混合归责原则。

在其他国家的产品责任法中,既有适用无过错责任原则进行归责的,也有适用过错责任原则进行归责的,还有采用二元的产品责任归责原则的。在多元的归责原则中,无过错责任(或严格责任)居于主要地位。

(一) 直接责任与最终责任

我国《产品质量法》对责任主体和责任种类的规定都具有特殊性。关于责任主体的规定,其特殊性在于较广泛地规定了销售者的责任,而与有些国家产品责任法将责任人主要限定为制造者不同。关于责任种类,其特殊性在于区别了直接责任和最终责任。

(1) 直接责任。

直接责任是指缺陷产品的生产者、销售者直接向请求赔偿的受害人所承担的责任。受害者可以任意选择销售者或生产者要求赔偿,生产者不得以是销售者的责任为抗辩。销售者同样不得以是生产者的责任为抗辩。

(2) 最终责任。

最终责任是指产品责任的最终归属,包括:制造者的无过错责任;销售者的过错责任。当承担直接责任者也是最终责任承担者时,这两种责任完全重合;而当承担直接责任者(如无过错的销售者)不是最终责任的承担者时,这两种责任分离,前者得向后者追偿。

(二) 过错责任与无过错责任

(1) 生产者承担无过错责任。

根据《侵权责任法》第41条的规定,生产者在被消费者追究产品责任的时候,不能通过举证证明自己没有过错而获得免责。而在生产者与销售者之间,销售者承担过错责任,如果生产者在承担了直接责任后能够证明销售者对损害的发生有主观过错,就可以要求销售者承担最终责任;当然如果其不能证明销售者有过错,就只能自行承担最终责任了。

(2) 销售者承担过错责任。

生产者和销售者之间,销售者在产品责任中承担的是过错责任。由于销售者的过错导致产品存在缺陷的,销售者应当按其过错承担赔偿责任。但是当消费者要求销售者承担产品责任时,销售者却不能以其没有过错为抗辩理由对抗消费者的请求。

那么,销售者承担过错责任决定了直接责任和最终责任的划分。销售者不能以自己没有过错而推卸法定的直接责任,但是,如果其没有过错或者没有充分证据证明其有过错,生产者就不用承担最终责任,而可以向生产者追偿,由生产者承担最终责任。这是由于生产者承担的是无过错责任,故只要其不能证明销售者有过错,就必须承担产品责任。反之,要有证据证明销售者对产品责任有过错,才能要其对自己的过错部分承担最终责任。

另外,销售者不能指明缺陷产品的生产者也不能指明缺陷产品的供货者的,应当承担赔偿责任。在这种情况下,销售者不能以自己没有过错对抗消费者,要承担直接责任;同时又不能提供生产者或供货者,就无法转嫁自己已经承担的赔偿责任,这样销售者就承担了最终的产品责任。

此外,《侵权责任法》第42条第2款规定:"**销售者不能指明缺陷产品的生产者也不能指明缺陷产品的供货者的,销售者应当承担侵权责任。**"如果销售者不能指明缺陷产品的生产者也不能指明缺陷产品的供货者,那就说明销售者有过错,没有对进货过程尽到注意义务。本条规定除了体现了对受害人的充分保护,也告诫销售者谨慎进货,选择安全可靠的生产者、供应商。

典型案例

【案情】[①] 周某因其店内公用自动电话计费器及电源转换器发生爆炸而被炸伤眼睛。发生爆炸的电话计费器和电源转换器是周某的父亲与地区电信局签订委托代办公用电话协议书时由该电信局提供的,生产厂家为某公司。周某向法院提起诉讼,要求地区电信局和某公司赔偿自己的损失。

地区电信局辩称:其在销售过程中没有过错,不应承担责任。某公司则辩称:其产品合格,原告眼睛受伤不是产品质量造成的。

【审理】 一审法院认为:被告未能证明是原告使用不当或其他过错造成的,故可以认定原告没有过错;鉴定结论也证明被告生产、销售的产品不存在缺陷,因此也没有过错。但因为损害事实的存在,各方应按公平原则分担责任。据此,法院判决:由被告甲电信局、乙公司各赔偿原告包括精神损失费在内的各项损失。

二审法院认为:鉴定结论没有直接肯定爆炸的电话计费器和电源转换器不存在缺陷,而电话计费器和电源转换器发生爆炸应该认为是由于产品存在缺陷造成的,被告乙公司没有提供发生爆炸不是由其产品缺陷引起的证据,又没有举证存在免责事由,故应承担产品责任;甲电信局销售产品没有过错,对产品质量

[①] 《周妙彬诉宁德地区电信局等案》,载国家法官学院、中国人民大学法学院编:《中国审判案例要览(2001年民事审判案例卷)》,中国人民大学出版社2002年版,第352页。

没有责任,但依《民法通则》和《产品质量法》的规定,应承担连带责任,一审适用公平责任显属不当。据此,判决撤销一审判决,由甲电信局和乙公司连带赔偿各项损失。

【法理】 本案中,一审法院根据鉴定结论认为乙公司的产品质量符合标准,爆炸不是电话计费器自身引起的,该产品不存在缺陷,且乙公司没有过错,同时周某和甲电信局也没有过错,故适用公平责任由三方分担损失。这显然是对产品责任归责原则的误认,二审法院纠正了这个错误,作出了正确的判决。

(3) 运输者、仓储者的责任。

运输者、仓储者不是产品责任的直接承担者,消费者受到损害不能直接要求运输者或仓储者进行赔偿,而只能要求生产者和销售者承担产品责任。但是,若产品的缺陷是由运输者或仓储者的原因造成的,则生产者或销售者可以向其追偿。

生产者、销售者的追偿可以基于合同的违约责任,也可以基于侵权责任。因为生产者或销售者与运输者或仓储者之间存在运输合同或仓储合同法律关系,运输者或仓储者没有依约定保管好货物,造成了产品缺陷,当然应当对其违约行为给合同相对方造成的损害承担赔偿责任,而合同责任的归责原则一般是不问过错的。另一方面,如果运输者或仓储者的行为构成了对生产者或销售者的侵权,生产者或销售者就可以要求其承担侵权责任,只是这种侵权责任不是产品责任,而是一般的侵权责任,适用的归责原则是过错责任,即必须证明运输者或仓储者主观上有过错才可以追究其侵权责任。而最终是追究违约责任还是侵权责任,生产者或销售者可以根据责任竞合理论选择有利于自己的方式。

四、产品责任的免责事由

(一) 产品责任免责事由概述

我国《产品质量法》第41条规定的免责事由仅针对生产者,如果销售者在证明自己没有过错的情况下,也可以通过证明上述三个免责事由而主张免责。因为根据法律的规定,受害人可以直接向销售者要求赔偿,在此情况下,销售者实际上承担的是无过错责任。所以在其没有过错的情况下,在向受害人进行赔偿后,销售者即取得了对于生产者的追偿权利。因此,销售者当然也可以运用生产者所具有的抗辩事由,否则就会导致销售者承担了直接责任,却因为生产者存在免责事由而无法对生产者进行追偿的不公平情形。

同时,《侵权责任法》第46条明确了即使产品在投入流通前没有发现缺陷,但是流通后发现缺陷的,生产者不及时采取补救措施,或补救措施不力造成损害的,仍应承担侵权责任。

(二) 未将产品投入流通

投入流通是指以任何形式的出售、出租、租赁,以及抵押、质押、典当等形式发生产品移转。若产品仍处于生产阶段或紧接着生产完毕后的仓储阶段,则不认为已投入流通。

产品责任是指经由流通领域进入交换领域,并最终到达消费者、使用者手中的产品因存在缺陷造成损害而产生的责任。生产者承担产品责任的原因就在于其以营利为目的将产品投入流通,而正是其所投入流通的产品存在缺陷才导致了损害的发生。如果没有这种流通,就无所谓"生产者的责任"。

(三) 产品投入流通时引起损害的缺陷尚不存在

如果生产者能够证明自己的产品在投入流通时不存在缺陷(如证明在设计、制造、说明上不存在缺陷),就说明产品的缺陷是在流通以后才发生的。因流通以后的产品脱离了生产者的控制,生产者无法预见也无法排除其后产生的缺陷,故不应为此承担产品责任,否则有失公平。

(四) 开发风险

指将产品投入流通时的科学技术水平尚不能发现缺陷的存在。如果将产品投入流通时的科学技术水平不能发现缺陷的存在,即使其后由于科学技术的进一步发展而认识到产品存在缺陷,制造者也不对已投入流通的产品致人损害承担产品责任法上的赔偿责任。世界上大多数国家都将"开发风险"作为产品责任的免责条件。

与开发风险紧密关联的有两大因素:一是时间因素,二是对科技发展水平的认定。从时间上看,免责条件所限定的时间是"投入流通时",而不是设计产品时、制造产品时或投入流通后。认定某产品的制造者是否有责任时,在对其科学技术水平的要求上,应是处在该领域科学技术前沿者;要求的科学技术水平不应局限于某一地区或某一国家的状况,而是指在该领域世界科学技术水平的状况;有无同类替代产品以及科学文献(著作及学术刊物的文章)通常被用来认定科学技术的发展水平。

(五) 其他免责条件

除了上述三种产品责任的特殊免责事由外,产品的生产者或销售者还可以援引其他的一般免责事由(如受害人的过错、非正常使用或错误使用等)进行抗辩。当然,产品的生产者或销售者须对这些免责事由承担举证责任。

五、关于产品责任的特别规定

(一) 关于产品责任诉讼时效

我国《民法通则》第136条规定,身体受到伤害要求赔偿的,以及出售质量不合格的商品未声明的,诉讼时效为1年。鉴于缺陷产品属于严重的质量不合格,且产品责任案件大多存在受害人身体受到伤害的损害事实,我国《产品质量法》第 45 条就缺陷产品致人损害的诉讼时效,作出了不同于《民法通则》的规定。按照一般法与特别法的关系原理,产品责任的诉讼时效适用《产品质量法》第 45 条的规定。

我国《产品质量法》第 45 条前半部分规定的是因产品缺陷致人损害的诉讼时效为 2 年。而后半部分**"因产品存在缺陷造成损害要求赔偿的请求权,在造成损害的缺陷产品交付最初消费者满 10 年丧失;但是,尚未超过明示的安全使用期的除外"**,则是对产品责任要求赔偿请求权除斥期间的规定。也就是说,在产品交付最初消费者起至 10 年这个不变期间内,因产品缺陷致人损害,消费者都可以要求生产者或销售者承担产品责任;而一旦超过了这个 10 年的期间,消费者就不能要求生产者或销售者承担产品责任了,除非还没有超过该产品明示的安全使用期。需要注意的是,这个除斥期间的起算点是交付最初的消费者之日,也就是说,生产者和销售者的库存期间不能计入除斥期间。

(二) 产品责任的惩罚性赔偿

《侵权责任法》第 47 条确立了我国法律对产品侵权惩罚性赔偿的规定。从我国实际情况出发,恶意产品侵权时有发生,故而立法者认为对恶意侵权人施以惩罚性赔偿,有利于遏制恶意的产品侵权。但法律严格限制了惩罚性赔偿的适用范围和条件。在《侵权责任法》中,将惩罚性赔偿仅限定在恶意产品侵权中,不得扩大适用。

第二节 饲养动物损害责任

一、饲养动物损害责任概述

(一) 饲养动物损害责任概念

饲养动物损害责任指饲养的动物造成他人损害时,动物的饲养人或管理人所应承担的民事赔偿责任。

(二) "饲养动物"的界定

各国法律规定对"饲养动物"的理解并不完全一致。

1. 动物的范围问题

罗马法和日耳曼法将赔偿局限于"家畜"所造成的损害,近代大陆法系民法典则一般规定为"动物"。由于"能够动的物"范围太广,一些国家在立法时,就为划分动物的范围展开了争论。早期的欧洲国家民法典制定过程中,立法者仅仅注意到肉眼可以看到的动物,蜜蜂在当时就被视为最小的有潜在危险的动物。

2. 关于饲养的问题

主要指如何看待因饲养而引起的"管束"问题,这涉及对动物管理上的不同分类,美国采取了分别列举的方式,即既包括"放牧牲畜",也包括"家养动物"和野兽。

3.《侵权责任法》第十章中规定的"饲养动物"应具备的条件

(1) 动物为特定的人所有或占有。

野生动物一般就被排除在"饲养的动物"范围之外。

(2) 饲养者或管理者对动物具有适当程度的控制力。

曾经有人讨论过自然保护区里的野生动物应否作为饲养动物的问题。虽然人类对自然保护区里的野生动物有一定程度的照料,但是对它们的控制能力还是比较低的,还不能完全达到对其的控制,故自然保护区里的野生动物不应纳入饲养动物的范围。

就野生动物致人损害而言,由于野生动物在法律上属于国家所有,加上国家对野生动物的特殊保护政策,使得野生动物造成的伤害和损失不能由一般民事主体承担责任。在野生动物致人损害的情况下,有关国家机构应代表国家对受害人给予一定的经济补偿。

(3) 动物依其自身的特性有可能对他人的人身或财产造成损害。

根据动物的特性,有些动物通常不会对他人造成损害,但特殊情况下也有可能对他人的人身或财产造成损害。对他人人身造成的损害不仅包括被动物直接的咬伤、抓伤,还包括被传染其他疾病。

(4) 动物为家畜、家禽、宠物或驯养的野兽、爬行类动物等。

典型案例

【案情】[①] 何某去探望与张某租住同栋房屋四楼的朋友,经过二楼张某的家门口时,左腿膝盖内侧处被张乙养的哈巴狗咬了一口。何某被咬伤后,买了狂犬疫苗注射五次。何某因担心会对腹中的胎儿产生不良影响,遂进行了人工流产。

【审理】 法院认为:被告所饲养的哈巴狗咬伤原告,是由于被告管理不善所致,由于被告未能举证证明其所饲养的哈巴狗咬伤原告是由于原告的故意挑逗、攻击或其他过失所引起的,也未能举证证明是由于第三人的过错所引起的,故被告应对此承担赔偿责任;原告为避免更大损害的发生而进行人工流产,没有过错。因此,被告同样应对原告流产住院期间的医疗费、误工费、营养费、护理

[①] 《何正红诉张来发饲养动物致人损害赔偿案》,载国家法官学院、中国人民大学法学院编:《中国审判案例要览(1998年民事审判案例卷)》,中国人民大学出版社1999年版,第384—386页。

费、交通费予以赔偿。原告要求的精神损害赔偿,没有法律依据,故不予支持。

【法理】 本案与一般的动物致人损害赔偿案件的不同之处就在于其损害后果,即孕妇被咬后做了人工流产。鉴于原告注射疫苗后一般对胎儿无影响,但不能肯定绝无影响。特别是这并非一般人所能了解,何某为保证优生优育,避免更大损害后果的发生,进行人工流产,由此造成的损失,原告并无过错,故而被告对其因管理不善致饲养的哈巴狗咬伤孕妇所产生的人工流产的后果应承担责任。

至于精神损害的赔偿问题,由于《民法通则》对动物致人损害的精神损害赔偿并无相关的规定,故法院认为没有法律依据。但是,2003年通过的《最高人民法院关于审理人身伤害赔偿案件适用法律若干问题的解释》第1条明确规定:"**因生命、健康、身体遭受损害,赔偿权利人起诉请求赔偿义务人赔偿财产损失和精神损害的,人民法院应予受理。**"因此,若本案发生在该解释施行之后的话,则法院应对原告所要求的精神损害赔偿予以支持,因为原告何某被狗咬伤后实行人工流产所受到的身心损害是显而易见的。

二、饲养动物损害责任的构成要件

(一) 存在饲养动物的加害行为

这里的"加害行为"指人的饲养行为与动物的致人损害行为的复合。只有这两种行为相结合,才能构成"加害行为"。缺少其中任何一种行为,都不可能构成侵权责任法意义上的"加害行为",或没有行为的主体(民法意义上的人)或不可能出现侵害事实本身。

在一般侵权行为中,作为侵权责任构成要件的加害行为,通常是加害人的直接行为。但在饲养动物致人损害的侵权责任中,饲养动物是直接的行为者,即饲养动物的独立动作导致他人损害。所谓饲养动物的独立动作指饲养动物基于其本身具有的危险性,在不受外力强制或驱使下做出的自身动作。饲养动物若充当致害工具,行为人自应承担一般侵权责任。[①]

(二) 有损害结果发生

饲养动物的加害行为通常会导致以下损害结果:首先是纯粹的财产损害,如地里的庄稼被牲畜吃掉或践踏;其次是对人身造成损害,受害人经过一定时间得到恢复,但需付出医疗费、护理费、误工费、精神抚慰金或其他收入等;再次是致人死亡,将涉及救治费用、丧葬费、死亡赔偿金以及受害人生前抚养者(如丧失

[①] 王利明主编:《中国民法案例与学理研究(侵权行为篇,亲属继承篇)》,法律出版社2003年版,第158页。

劳动能力的父母、未成年子女)的生活费用等。有学者认为,饲养动物造成的妨害状态也属于损害事实,如学童因某恶犬常立于其赴校必经之路而不敢上学。①

(三) 饲养动物的加害行为与损害结果之间存在因果关系

饲养动物的加害行为与损害结果之间必须具有事实上的因果关系。其判断标准应以相当因果关系为依据,有直接因果关系的,自无疑义;有间接因果关系的,为适当条件者,仍构成侵权责任。如马受惊后撞翻路旁的车辆,因车辆倒翻而砸坏他人货物,为有因果关系;动物咬伤他人,致感染败血症而死,亦为有因果关系。②

在饲养动物致人损害案件中,受害人应当证明侵害行为与损害结果之间的因果关系。但在某些案件中,只需受害人对因果关系证明到一定程度,举证责任就转移到动物饲养人或者管理人一方。

三、饲养动物损害责任的归责原则和免责事由

(一) 饲养动物损害责任归责原则

一般认为,我国《民法通则》第 127 条所规定的饲养动物致人损害的民事责任是一种无过错责任。《侵权责任法》继续采用了无过错原则作为一般归责原则。同时,《侵权责任法》第 79 条、第 80 条还规定了不得适用免责事由的动物侵权情形。

需要注意的事,在动物园的动物致人损害时,《侵权责任法》第 81 条规定:**"动物园的动物造成他人损害的,动物园应当承担侵权责任,但能够证明尽到管理职责的,不承担责任。"**即采取了过错推定的原则。

(二) 饲养动物损害责任不得免责的情况

(1) 未对动物采取安全措施致害侵权责任。

饲养动物必须遵守当地的管理规定,并对动物采取合适的安全措施。动物饲养人、管理人有义务按照规定或常识设置隔离、防护装置,并遵守当地相关规定,保证所饲养或管理的动物处于安全状态。

一般而言,受害人故意或重大过失时,可以减轻或免除动物饲养人或管理人的责任,但在动物饲养人或管理人违反管理规定,未对动物采取安全措施造成他人损害的情况下,不适用此抗辩事由。动物饲养或管理的规定对饲养人或管理人课以强行性的管理义务,饲养人或管理人违反管理规定致使动物造成他人损害的,不可以受害人的故意敲打、挑逗或喂食等行为而主张免责。

(2) 禁止饲养的动物致害的侵权责任。

依据《侵权责任法》第 80 条,并非所有的动物均适合饲养,烈性犬等危险动

---

① 王家福主编:《民法学·民法债权》,法律出版社 1991 年版,第 625 页。
② 王利明、杨立新编著:《侵权行为法》,法律出版社 1996 年版,第 300 页。

物具有很大的危险性,属于禁止饲养的动物。只要禁止饲养的烈性犬等危险动物致他人损害,动物的饲养人或者管理人即应承担侵权责任,而不问其是否具有过错,其也不得提出抗辩事由。

(三) 饲养动物损害责任可以免责时的免责事由

饲养动物致人损害的免责情形一般包括两类:一是法定免责;二是约定免责。

《侵权责任法》第78条规定了受害人的过错为法定的免责事由。

(1) 受害人过错。

受害人的过错在不同的案件中并不完全相同。只有在受害人的过错是引起损害的全部或主要原因时,动物的饲养人或管理人才能免责。若受害人的过错只是引起损害的部分原因或次要原因,则不能免除动物饲养人或管理人的赔偿责任,而应适用过失相抵规则。

只有在可以认定受害人的过错是引起损害的全部或主要原因时,才可以免除动物饲养人或管理人的赔偿责任。

(2) 默示免责。

如果动物饲养人或管理人(合法占有使用人)与驯兽员、兽医、服务人员(如修蹄工)因雇佣或者劳务关系存在明示或默示的免责约定,就可免除动物饲养人或管理人因动物致上述人员损害的赔偿责任。当事人可以在合同中明确约定免责的内容和范围。在没有明示约定的情况下,也可推定他们之间具有某种默示的免责约定。但无论有无明示的免责约定,动物饲养人或管理人都应当提供适当的劳动保护条件和安全措施,并事先告知该动物的特别危险。

四、饲养动物损害赔偿主体的规定

(一) 饲养动物损害赔偿主体的一般规定

我国通说认为,动物的饲养人是指动物的所有人,动物的管理人是指实际控制和管束动物的人。故可以将"饲养人"和"管理人"解释为物权法上的"所有人"和"占有人"[①],对"占有人"作限制性解释,即不包括非法占有人。至于非法占有人的赔偿责任,则按《侵权责任法》第83条规定的"第三人的过错"处理。在具体的诉讼中,非法占有人应以"第三人"的身份参与诉讼。

(二) 动物园的动物损害赔偿主体

(1) 动物园的责任。

动物园是动物的所有者,动物园的动物处于其控制之下,因而对于动物侵权,承担侵权责任的主体是动物园。

---

① 或"使用人",即实际控制和管束动物的人。

(2) 动物园免责事由。

关于动物园的免责事由,《侵权责任法》第 81 条规定为"**能够证明尽到管理职责**"。动物园这一主体具有特殊性,动物园一般将动物置于笼中或特定不易伤及顾客的环境下,其平时的注意义务更多,故此处规定宽松的免责事由是对于其义务之平衡。但考虑到受害人并不知晓如何防护管理动物,将尽到管理职责的举证责任分配给动物园,具有合理性。

(三) 第三人过错导致饲养动物侵权时的责任主体

(1) 第三人过错导致饲养动物侵权的概念。

第三人挑逗、敲打、喂食他人饲养的动物或毁坏安全设施、警戒标志,致使受害人受到人身或财产损害的,第三人应当承担赔偿责任。对于非法占有人(偷盗)的责任,以第三人的过错论。

在上述两种情形中,动物的饲养人或管理人应承担受害人或第三人有过错的举证责任。动物的饲养人或管理人不仅有责任证明受害人或第三人的过错,而且有责任证明其过错行为与损害结果之间的因果关系。

(2) 第三人过错导致饲养动物侵权的责任承担。

《侵权责任法》第 83 条是对因第三人的过错致使动物致害的侵权责任的规定。

我国《民法通则》第 127 条关于动物侵权的规定表明,由于第三人的过错造成损害的,第三人应当承担民事责任。《侵权责任法》修正了《民法通则》的规定,扩大了受害人请求救济的责任主体范围,将饲养人、管理人纳入因第三人过错造成的动物侵权的责任主体之中。

本条规定了第三人和动物饲养人或者管理人的连带责任。受害人同时享有对第三人和动物饲养人或者管理人的损害赔偿请求权,可以"择一"行使,或者向动物饲养人或管理人,或者向第三人请求承担责任。

典型案例

【案情】[①] 傅乙徒步经过某地时,因有人追打一只狼狗,躲避不及,被狼狗咬伤臀部等部位,衣服也被狗咬破。后查明该狼狗系唐甲所饲养。

【审理】 法院经审理认为:被告未能举证证实原告被狗咬伤是因原告或者第三人的过错造成,故被告应承担赔偿原告被其狗咬伤所造成损失的民事责任。

【法理】 对比《侵权责任法》第 83 条和《民法通则》第 127 条,我们不难看出,《民法通则》将第三人过错作为动物饲养人或者管理人的免责事由,即只要

[①] 参见广东省佛山市中级人民法院(2004)佛中法民一终字第 638 号判决书。

动物饲养人或者管理人能够证明第三人的过错存在,就可以免除赔偿责任;而根据《侵权责任法》的规定,即使证明了第三人过错的存在,动物饲养人或者管理人的损害赔偿责任依然不可以免除。所以在《侵权责任法》实施以后,第三人的过错不再是饲养人的免责事由。若存在第三人过错的情况下,受害人可选择要求第三人或饲养人承担赔偿责任;动物饲养人赔偿后,有权向第三人追偿。

(四)饲养动物脱逃或放归野生后致人损害的赔偿义务人

一般认为,家畜、家禽以及狗、猫等宠物脱逃的,不能免除所有人或合法占有人的赔偿责任。其在逃逸、迷失期间,仍应视为饲养动物,但已回复野生状态的除外。

"饲养动物回复野生状态"主要指驯养的野兽、猛禽以及某些危险性较大的爬行类动物回复野生状态。若这类动物脱逃或者被当事人放生,则当事人有义务公告或设置警戒标志。当事人不能在人类活动较多的区域放生这类动物,而应将这类动物放生于其群体活动的区域。由于刚回复野生状态的动物可能难以迅速适应新的生活,而接近人类,并侵害到他人的财产或人身,于此情形,动物的原饲养人或管理人应承担赔偿责任。

第三节 管领物件之损害责任

一、建筑物等设施致人损害的民事责任

建筑物等设施及其搁置物、悬挂物致人损害责任、堆放物倒塌致人损害的侵权责任以及公共道路堆放物品致人损害的责任,在我国的侵权责任法中,属于"物件致人损害"侵权责任的范畴。必须指出的是"物件致人损害"这个概念属于我国侵权责任法的"独创",与此类似的概念,在比较法中更常用的是"工作物致人损害"。

从比较法的角度考察,各国对直接致人损害的物件或者工作物的规定表述并不完全相同,有些国家规定仅限于建筑物(如罗马法、日耳曼法及法国法);有的国家规定为建筑物或与土地相连的工作物(如德国法);有的国家规定为土地工作物(如日本法);有的国家则规定为建筑物与其他工作物(如瑞士法、意大利法)。我国侵权责任法中的物件(工作物)致人损害的物的范畴外延较广,既包括国外立法中所指的建筑物等设施及其搁置物、悬挂物、堆放物倒塌,还包括高空抛掷物、林木折断、公共场所施工和地下施工等传统上不属于工作物范畴的物件。

(一)建筑物等设施及其搁置物、悬挂物致人损害的概念

建筑物等设施及其搁置物、悬挂物致人损害的概念,通说认为它是指,建筑

物或其他设施以及建筑物上的搁置物、悬挂物发生倒塌、脱落、坠落造成他人损害的,其所有人或者管理人所应承担的民事责任。①

1. 建筑物与构筑物的概念

(1) 建筑物。

国外的一些学者认为,如果将建筑物的责任仅仅限定在房屋这一范围内是不妥的,一个建筑物应当是指与地面牢固连接的墙体所包围的空间,它可以为人或动物居住,或者用于储存物品。现在对法律上"建筑物"范围的确定是越来越模糊。

(2) 构筑物。

构筑物与建筑物的区别在于建筑物可以供人在其中进行生产、生活,"仓库、地下室、空中走廊、立体停车场等均包括在内"①;而构筑物责任是在建筑物之外的其他人工建造的构筑物,它们提供的并非是设个生产生活空间,主要包括道路、桥梁、隧道、堤坝、水渠等。

2. "其他设施"的概念。

《侵权责任法》第85条所规定的"其他设施",是指在建筑物、构筑物内外架设的一定与建筑物、构筑物或者土地紧密连接的设施,其包括避雷针、电缆、电线、变压器、空调机箱等附属设施;也包括路边、屋顶假设的广告牌、手机基站等独立设施。②

3. 对"建筑物"的理解各不同

在确定建筑物致人损害责任时,首先应当对什么是"建筑物"进行定义。我国台湾地区民法学者史尚宽先生曾对土地工作物进行过列举,主要包括:一般建筑物、桥梁、埠头、运河、堤坝、铁路、埋管工事、运动圆木、水门、屏障、拥壁、沟渠、电柱、电线、广告塔、揭示场、街灯、纪念碑墓石、隧道、栏杆、阶台、屋檐、天井、梁桁、门窗、烟囱、电梯、照牌、壁镜等。

(二) 建筑物等设施及搁置物、悬挂物致人损害责任的特征

1. 建筑物致人损害责任是工作物致人损害的特殊侵权责任。建筑物致人损害是典型的工作物致人损害的侵权行为。建筑物致人损害的致害物是建筑物或者其他设施以及建筑物上的搁置物、悬挂物,都属于工作物致人损害的侵权行为。

2. 建筑物致害责任是责任人为工作物损害负责的"替代责任"。特殊侵权责任大都是替代责任。按照责任人所替代承担责任的对象是人还是工作物,替代责任可分为对人的替代责任和对物的替代责任。在动产致害能否作为物的损

---

① 梁慧星、陈华彬:《物权法》,法律出版社2003年版,第29页。
② 王利明主编:《中华人民共和国侵权责任法释义》,中国法制出版社2010年版,第429页。

害的问题上,各国态度迥异,盖因"几乎不可能出现一个人的行为不涉及有体物而被认为是危险行为的情况"。① 故而"物件致人损害"说到底,不过是人的消极行为侵权而造成他人合法权益的损害,自应由责任人承担由此产生的民事责任。

3. 建筑物致人损害责任主要包括建筑物上的搁置物、悬挂物发生倒塌、脱落引起的损害责任。

(三) 建筑物及其搁置物、悬挂物致人损害责任的构成要件

根据我国《侵权责任法》第85条的规定,建筑物等设施致人损害责任的构成要件为:加害行为、损害后果、因果关系和加害人的过错。

1. 加害行为

在大多数侵权行为的构成中,加害行为表现为加害人对受害人的直接侵害行为。但在建筑物等设施倒塌、脱落或坠落致人损害的侵权行为中,加害行为则由两个部分构成:一是加害人对该建筑物(或其他设施,或者建筑物上的搁置物、悬挂物)的所有或管理事实;二是建筑物(或其他设施,或者建筑物上的搁置物、悬挂物)的倒塌、脱落或坠落。二者必须同时具备,方才构成侵害事实。

建筑物的倒塌、脱落或坠落,实际上也是"设置、保管有瑕疵"。这里的"瑕疵"是指设计不合理、建筑材料使用不适当、建筑方式不适当、管理(保养)不及时或不适当、安全设置有缺陷或不适当,等等。

2. 损害后果

损害后果主要包括:

(1) 致受害人产生人身的损害。如因致伤、致残而使受害人减低或丧失劳动能力。

(2) 致受害人死亡。

(3) 致受害人财产的直接损害。如砸死受害人的牲畜、砸毁受害人房屋或其他财产。

(4) 致受害人收入的减少或丧失。

(5) 致受害人为医疗等费用的开支。加害人应对受害人的一切人身和财产损失承担责任。

3. 因果关系

加害行为与损害后果之间的因果关系是指二者之间的引起与被引起的关系。建筑物或者其他设施以及建筑物上的搁置物、悬挂物的倒塌、脱落或坠落直接造成人身伤害或财产损害,固然为有因果联系;建筑物或者其他设施以及建筑物上的搁置物、悬挂物的倒塌、脱落或坠落等物理力并未直接作用于他人的人身

---

① 〔德〕克雷斯蒂安·冯·巴尔:《欧洲比较侵权行为法》(上卷),张新宝译,法律出版社2004年版,第173页。

或财产,而是引发其他现象致他人的人身或财产受损害,也应认定为有因果关系。① 加害行为与损害后果之间的因果关系,由受害人一方承担举证责任。

4. 加害人的过错

对非因建筑物、构筑物等设施倒塌引起的其他建筑物等设施致人损害,加害人一方通常具有过失,即未能尽到一个善良管理人应当尽到的注意义务,未能对建筑物进行合理的设计建造或必要的安全管理,才导致损害的发生。

依据我国《民法通则》的规定,受害人无须对加害人的过错进行举证和证明,而是由法律推定加害人存在过错。加害人可以举证证明自己没有过错,只有在其能够证明自己没有过错的情况下方能免除侵权责任。最高人民法院《关于民事诉讼证据的若干规定》第 4 条第 4 项就明确规定:"**建筑物或者其他设施以及建筑物上的搁置物、悬挂物发生倒塌、脱落、坠落致人损害的侵权诉讼,由所有人或者管理人对其无过错承担举证责任。**"

典型案例

【案情】② 原告徐某之兄租赁被告公司的电脑大世界铺位经营电脑硬软件,徐某作为业务员。某日下午徐某在电脑大世界推门进店,店铺玻璃门突然炸裂,砸伤其头部;徐某在打扫碎玻璃时右手腕被划破。后徐某被送到医院急诊救治,经医院诊断发现左额颞枕叶脑内血肿。

【审理】 法院经审理认为,徐某所举证据足以证明其损害事实为被告甲公司所有的、被告乙公司管理的店铺玻璃门炸裂所致,应依法推定店铺所有人甲公司、管理人乙公司有过错。甲公司作为房屋的所有人,乙公司作为房屋的管理人,都没有尽到使建筑物及其设施符合使用安全、及时维修管理的义务,故甲公司应依法承担地上物店铺玻璃门炸裂致人损害的主要民事责任,乙公司亦应承担相应民事责任。

【法理】 本案中,法院即采用了过错推定责任原则,由于被告不能证明自己对玻璃门炸裂致人损害没有过错,故应承担对原告造成损害的赔偿责任,从而依法维护了原告的合法权益。

(四) 建筑物及其搁置物、悬挂物致人损害的归责原则

关于建筑物、构筑物及其他设施等致人损害的归责原则,一直存有争议。根据《侵权责任法》第 85 条的规定,建筑物等设施致人损害责任采用过错责任原

---

① 王利明主编:《民法·侵权行为法》,中国人民大学出版社 1993 年版,第 468 页。
② 《徐宪宽诉武汉东泰科技发展有限公司、武汉洪港置业发展有限公司地上物致人损害赔偿纠纷案》,载 http://vip.chinalawinfo.com/Case/displaycontent.asp? Gid=117445111,访问日期 2011 年 8 月。

则,但适用的是过错推定方法,即首先推定加害人有过错,同时允许加害人对自己没有过错加以证明:若加害人不证明自己没有过错或者不能证明自己没有过错,则认定其有过错;若加害人能够证明自己没有过错,则不构成侵权行为,不承担相应的侵权责任。需要注意的是,《侵权责任法》第 86 条采取的是无过错原则。

(五) 建筑物及其搁置物、悬挂物致人损害责任的责任主体

1. 各国民法对此类侵权行为责任人的规定不尽相同

(1) 规定所有人承担责任。如法国、意大利、比利时、西班牙等国民法均规定,监管人不承担责任,如果有几个所有者,他们之间承担连带责任。所有者的责任在所有权转移终了时结束。

(2) 规定所有人、占有人和保养义务人承担责任。作此规定的国家主要有德国。

(3) 规定所有人和占有人承担责任。日本即是此种规定。

(4) 规定所有人和管理人承担责任。在实践中,如果建筑物等的所有人与占有人即管理人为同一主体时,责任人比较明确。

2. 所有权与占有即管理权相分离时对责任人之确定

(1) "管理人"。

依照《民法通则》第 126 条的规定,"管理人"是与所有人相并列的责任主体,但此处"管理人"的含义,宜作限制性解释,应限定为:依照法律法规或者行政命令对国有建筑物进行经营管理的人,包括全民所有制企业、事业单位、国家机关等;依承包、租赁等法律行为而经营管理国家、集体所有的建筑物等的公民或法人。但如果承包、租赁者能证明其管理没有过错或为防止损害发生尽了必要注意义务时,就应由所有人承担赔偿责任。所有人也可以与管理人约定此类责任的承担问题。

(2) 其他占有人。

原则上,其他占有人不对因建筑物或其他设施发生倒塌、脱落、坠落造成他人损害承担赔偿责任(此类责任应由所有者承担),而只对其在建筑物上的搁置物、悬挂物(由所有人设置者除外)发生倒塌、脱落、坠落造成的损失承担赔偿责任。

(六) 建筑物及其搁置物、悬挂物致人损害责任的免责事由

建筑物等设施致人损害,其免责事由主要有:加害人没有过错、受害人的过错、不可抗力、第三人的过错。

1. 加害人没有过错

法律规定的免责事由是所有人或管理人证明自己没有过错。

典型案例

【案情】① 原告梁某驾驶核定载重量为 1 吨的农用车,装载了重达 4 吨的砖块行驶至丁家桥时,桥梁一侧坍塌,农用车翻入河中,梁某及其同车乘坐的妻子张某一同落水,张某因溺水死亡,梁某本人也被他人送往医院抢救。

丁家桥系甲村的三个生产队村民集资于 20 世纪 70 年代改建而成的砖砌便民桥,桥梁没有钢筋结构支撑,没有对车辆限高、限重的标志。在事故发生前,村民李某、谢某看见梁某整车装满砖块欲从该桥通过时,都曾经对梁某、张某劝阻。但梁某并没有理会,执意驾车从该桥通过。当梁某装了第三车砖驶上桥坡时桥梁一侧发生了坍塌事故。

【审理】 法院认为,甲村委作为桥梁的管理者已尽到了管理义务,原告对证人证言提出的异议不能成立。本案原告梁某,违反道路交通运输的法律规定严重超载,并且在不顾村民劝阻的情况下仍执意行驶在非常狭窄的村道便桥上,对桥梁的承载能力作出了错误的判断,最后却导致损害结果的发生,梁某存在明显的过错。

【法理】 建筑物、构筑物或者其他设施及其搁置物、悬挂物致害的侵权责任,其所有者、管理者应当承担责任,但如果所有者或管理者能够证明自己主观上没有过错,则不承担责任。在本案中,发生事故的桥梁是在甲村委所辖的村道上,甲村委虽不是桥梁的建造者,但对村民集资建造的桥梁应有管理的义务,根据甲村委向法院提供的证人证言,其已经尽到了管理者应尽的义务,表明其主观上没有过错,自不应承担法律责任。

2. 受害人的过错

如果损害是由于受害人的过错行为引起的,或者损害主要是由受害人的过错行为引起的,就可以免除被告全部或者部分的民事责任。若损害是由双方的过错行为引起的,则依混合过错原则实行过失相抵。

典型案例

【案情】② 李某和张某系邻居。某日,当地下了一场大雨,导致张某家墙体倒塌将李某的耕牛砸死。事后,二人共同对现场进行了清理。李某将牛变卖后,

---

① 《梁万喜等诉无锡新区西典巷村村民委员会人身损害赔偿纠纷案》,载最高人民法院中国应用法学研究所编:《人民法院案例选》2006 年第 3 辑(总第 57 辑),人民法院出版社 2007 年版,第 161 页。

② 《李温枝诉张金营的墙倒塌砸死其在依该墙外侧所建牛棚内的耕牛赔偿案》,载最高人民法院中国应用法学研究所编:《人民法院案例选》2002 年第 3 辑(总第 41 辑),人民法院出版社 2003 年版,第 153 页。

得款1800元。李某诉至法院，称其耕牛价值3000多元，要求张某赔偿其损失不得低于2000元。

张某辩称：墙体倒塌是李某所建的牛棚距离墙体太近，牛粪长期侵蚀，加之牛对墙体踢蹭，使墙体遭受严重破坏所致，故墙体倒塌的责任在于李某。同时，张某提出反诉，要求李某赔偿其墙体损失678.89元。

【审理】 法院经审理认为：张某作为倒塌墙体的所有者和管理者，对墙体未作维护保养，也未对李某搭建牛棚表示过异议，在下雨过程中也未采取应急措施，本身存在过错。同时，张某不能提供墙体倒塌是由李某的牛造成的相应证据，张某应对耕牛的损失负主要赔偿责任。张某提出的反诉请求证据不足，不予支持。而李某在明知张某的墙体状况不佳的情况下，依然利用其墙体东侧搭建牛棚，且在长时间下大雨的情况下，未对耕牛采取转移措施，故也应对耕牛实际受损承担管理不善的责任。

【法理】 张某作为墙体的所有人及管理人，对墙体负有保养并防止给他人造成损失的义务，李某多次提醒并要求张某对其进行修护，而张某明知墙体有危险仍然置之不理，最终导致墙体被大雨淋塌砸死李某的耕牛，其主观上存在明显的过错，且这一过错已为李某所提供的证据证明，故张某应对耕牛的损失承担赔偿责任。

另一方面，李某对自己的耕牛也有看护的义务，其明知张某的墙体危险，而且长时间的大雨会加剧这一危险，从而对耕牛造成严重威胁，仍然轻信能够避免，没有对耕牛采取转移措施，主观上同样存在过错，也应承担管理不善的责任。在双方都有过错的情况下，自然要视各自的过错大小而分担责任。依据法院对事实及证据的认定，张某的过错大于李某，因此要承担主要的赔偿责任。

3. 不可抗力

不可抗力作为免除加害人民事责任的抗辩事由，一般没有争议。在此，应当严格区分不可抗力与一般自然力原因，如建筑物的搁置物、悬挂物因风大吹落致害他人，一般不应免责，但因台风的原因所致时就可以免责。但是也有一些学者认为，有些情况应当除外，如在一些特殊地质条件的地区进行建筑施工，有特殊的注意或采取相应的特别安全防护措施的义务。

4. 第三人的过错

关于第三人的过错能否作为免责条件，应当分别情况而论。在大多数情形下，第三人的过错能够作为免责条件，如第三人故意毁坏建筑物而致人损害。但下面两种情况不能免除所有人或管理人的赔偿责任：

（1）因旅店房客的过失行为导致他人损害（如花盆坠落砸伤他人），不能作为旅店的免责条件。所有人或管理人应先承担赔偿责任,然后向有过失的房客求偿。

(2) 建筑物施工中的隐蔽瑕疵不能作为所有人或管理人的免责条件。所有人或者管理人应先承担赔偿责任,然后向有过错的第三人(如施工单位)求偿。此外,所有人或管理人还可通过证明侵害事实、损害后果或二者的因果关系不存在而免除赔偿责任,通过证明共同过错或混合过错而部分免除赔偿责任。

(七) 建筑物等设施倒塌致人损害的特殊规定

(1) 建筑物等设施倒塌致人损害的概念。

根据《民法通则》第126条和最高人民法院《关于审理人身损害赔偿案件适用法律若干问题的解释》第16条的规定,在建筑物、构筑物或其他设施发生倒塌、坠落致人损害的情形时,由建筑设施的所有人或管理人承担损害赔偿责任。但本条规定了两类责任主体,一类是在因建筑物、构筑物的本身质量问题发生倒塌时,由建设单位和施工单位承担连带责任;另外一类是建筑物、构筑物本身质量没有问题,但倒塌系因第三人的行为或物件造成的,如建筑设施所有人或使用人的过错造成的,此时责任主体为其他责任人。

(2) 建筑物等设施倒塌致人损害的归责原则。

《侵权责任法》第86条适用无过错责任原则。法律之所以如此规定,是因为建筑设施倒塌不同于搁置物、悬挂物的脱落或坠落,其受害人是不特定的公众,有可能给周围的众多人员带来人身或财产上的损害,因此,法律规定了严格的责任。基于严格责任的规定,在发生建筑设施倒塌致人损害时,建设单位和施工单位不得以其主观上没有过错主张免责,只能以法律规定的事由进行抗辩。

(3) 建筑物等设施倒塌致人损害的责任承担。

建设单位、施工单位赔偿后,有其他责任人的,有权向其他责任人追偿。此即是赋予了建设单位和施工单位追偿权。法律在让建设单位和施工单位承担严格责任的同时,为了实现公平正义,又赋予了他们向其他责任人追偿的权利,但此种情形主要是指对建筑设施本身质量瑕疵具有过错的单位或人员。

二、其他物件致人损害责任

(一) 堆放物倒塌致人损害的侵权责任

1. 堆放物倒塌致人损害的概念

《侵权责任法》第88条所谓的堆放物,指堆放在土地上或其他地方的物品,堆放物倒塌致人损害是指由于堆放物品滚落、滑落或者堆放物倒塌致使他人受到损害,应当承担赔偿责任。

堆放人指将物品堆放于某处的人。关于堆放人的规定,我国《民法通则》和《侵权责任法》中都没有作出规定,但最高人民法院《关于审理人身损害赔偿案件适用法律若干问题的解释》中对堆放人作出了规定,堆放物品滚落、滑落或者堆放物倒塌致人损害的,适用《民法通则》第 126 条的规定,由所有人或者管理人承担赔偿责任,但能够证明自己没有过错的除外,此处该解释将堆放人界定为了所有人和管理人。

对堆放人应作广义解释是应该肯定的,堆放人不应仅仅限定为堆放物的所有人,在特定情形下,非所有人也可能承担损害赔偿责任,例如对堆放物具有现实管理义务和可能的管理人。此规定可以促使堆放物的所有人或管理人尽到合理的注意义务,减少损害的发生。

2. 归责原则

在《侵权责任法》出台之前,《最高人民法院关于贯彻执行〈中华人民共和国民法通则〉若干问题的意见(试行)》第 155 条规定:"**因堆放物品倒塌造成他人损害的,如果当事人均无过错,应当根据公平原则酌情处理。**"该规定在一定程度上加重了堆放人的责任,但是"公平原则"在实践中由于过于抽象,难以操作适用,为避免这一问题,《最高人民法院关于审理人身损害赔偿案件适用法律若干问题的解释》第 16 条规定"**堆放物品滚落、滑落或者堆放物倒塌致人损害的**"适用《民法通则》第 126 条的规定。《侵权责任法》第 88 条的规定则直接明确了堆放人的过错推定责任。

根据《侵权责任法》第 88 条,堆放物倒塌致人损害的侵权责任适用过错责任原则,在举证方式上实行的是举证责任倒置,堆放人在不能证明其主观上无过错的情形下应承担的侵权责任。堆放人能够证明自己主观上没有过错,即尽到了相应的管理责任和义务的,就不应责其承担损害赔偿责任。

典型案例

【**案情**】[①] 原告陆甲之子 12 岁的小学生朱乙与 14 岁的初一学生柳丙,以及 11 岁的小学生刘丁,三人进入午己食品厂内玩耍。在该厂篮球场一侧篮球架旁,存放有经午己食品厂领导同意的被告徐庚辛为农科院锅炉厂代销的立式锅炉,原告之子等三人即在篮球架与锅炉之间玩吊床,锅炉由于吊床压力向朱乙倾倒,将朱乙砸死。

【**审理**】 法院认为:第一被告徐庚辛经午己食品厂同意后,将其为他人代

[①] 《陆爱丽诉徐文成在桓仁食品厂存放的锅炉被其子拴住玩吊床游戏时倾倒砸伤其子致死赔偿案》,载最高人民法院中国应用法学研究所编:《人民法院案例选》2000 年第 2 辑(总第 36 辑),人民法院出版社 2000 年版,第 1537 页。

销的锅炉存放在午己食品厂院内的墙角处,已尽了管理之职,主观上并无过错。第二被告午己食品厂同意徐存放锅炉,并告知出现一切问题不负责任,其行为亦无不当之处。

受害人在厂区内活动,原告作为监护人也不存在未尽监护责任之过错。最后法院依据"公平责任原则",并参考三方面当事人的承担能力,判由被告午己食品厂承担10%责任,被告徐庚辛承担40%责任,其余经济损失原告方面自负。

【法理】 本案中,被告午己食品厂称其主观上没有过错是不成立的,未成年人去厂里玩耍而导致锅炉致人损害的风险时,其没有尽到管理上的注意义务,应推定主观上具有过错,被告午己食品厂应承担相应的责任。被告午己食品厂所称的徐庚辛存放锅炉虽经领导同意,但当时已向徐庚辛声明出现一切后果该厂概不负责,并不能以此对抗第三人。

因此应当认为,被告午己食品厂虽不是锅炉的所有人,但具有现实管理的义务和责任,因其没有尽到相应的责任,不能证明其主观上没有过错。因此,如果该案发生在《侵权责任法》生效后,则根据该法第88条的规定,应由被告午己食品厂承担相应的侵权责任,而徐庚辛无责任。

(二) 公共道路堆放物品致人损害的责任

1. 公共道路堆放物品致人损害的概念

《侵权责任法》第89条所谓的公共道路应作广义的解释,即公共道路包括但不局限于公路法、公共管理条例中的公路以及道路交通安全法中的道路。公共道路既包括通行机动车的道路,也包括人通行的道路。公共道路主要为公众通行所用,《中华人民共和国道路交通安全法》第31条:"**未经许可,任何单位和个人不得占用道路从事非交通活动。**"凡在公共道路上堆放、倾倒、遗撒物品妨碍他人通行的,并因此造成他人损害的,堆放人、倾倒人、遗撒人或对此道路负有管理义务的单位应对受害人承担侵权责任。

2. 归责原则

本条适用无过错责任原则,当事人主观上没有过错也应当对自己的行为或物品造成他人损害的后果承担损害赔偿责任,即侵权人不得以自己无过错而进行抗辩。法律之所以对在公共道路上堆放物品致人损害的责任规定为无过错责任,主要是鉴于行为本身即具有过错性,公共道路为公众通行之所用,任何单位和个人不得通过堆放物品的方式侵占公共道路或因为自己的倾倒、遗撒行为对他人造成损害。

(三) 林木折断致人损害的所有人或管理人的侵权责任

1. 林木折断致人损害责任概念

因林木折断造成他人损害责任,是指林木折断造成他人损害,林木的所有人或者管理人不能证明自己没有过错的,所应承担的侵权责任。这里所讲的林木,即可以是天然生长的林木,也可以是公共道路旁的林木或院落周围的林木。损害,即包括人身损失,也应该包括财产损失。

2. 林木折断致人损害责任的归责原则

本条所规定的是过错责任,在举证方式上实行的举证责任倒置,即在发生了树木折断致他人伤亡的情形,应由树木的所有人或管理人承担自己主观上没有过错的举证责任,如果所有人或管理人能够证明自己没有过错,则不承担侵权责任。

树木的所有人和管理人有对树木进行合理管理的注意义务,但如果其违反了该注意义务,造成其所有之下或管理之下的树木折断的,即法律推定所有人或管理人具有过错。但此处应注意的是,本条所指的过错应当是指所有人或管理人对树木折断的过错,而非对树木造成损害的过错。例如树木的所有人或管理人虽然为预防损害采取了积极的措施,但该措施不足以防止危害的发生,所有人或管理 人仍不能以其已经采取预防措施进行抗辩。①

3. 林木折断致人损害责任的抗辩事由

树木折断致人损害的情形下,树木的所有人和管理人可据以下事由进行抗辩:

(1) 不可抗力。

即树木折断是因不可抗力造成的,对此,应严格界定不可抗力情形,如果因所有人和管理人的瑕疵造成树木本身就存在折断的危险性,再加上外力作用导致树木折断,则所有人和管理人不能因此免责。

(2) 第三人或受害人的过错。

即树木折断是由第三人或受害人的行为产生的,则应由该第三人或受害人承担赔偿责任;如果是第三人的过错行为和树木所有人和管理人的共同过错造成的,则根据共同过错原则,由过错之人承担相应的责任;如果是由受害人和树木的所有人或管理人的共同过错造成的,则根据混合过错原则由受害人和树木的所有人或管理人各自承担相应的责任。

(3) 树木的所有人和管理人能够证明自己无过错不承担责任。

(四) 地面施工、地下设施致人损害责任

1. 地面施工、地下设施致人损害责任的概念

地面施工致人损害责任是指在公共场所、道旁或者通道上挖坑、修缮安装地下设施等,没有设置明显标志或采取安全措施造成他人损害时,施工人应当承担的民事责任。

---

① 参见王利明主编:《中华人民共和国侵权责任法释义》,中国法制出版社2010年版,第457页。

2. 地面施工、地下设施致人损害责任的构成要件

(1) 有地面施工的行为。

施工行为包括在公共场所、道旁或通道上挖坑、修缮安装地下设施等。这是其区别于一般侵权行为的主要特征。

(2) 没有设置明显标志和采取安全措施。

法律规定的施工人作为义务包括两项：一是要设置明显标志；二是要采取安全措施。施工人如果不作为，就应当承担责任；如果仅为一项义务，而未为另一项义务，也应当承担相应的责任。如果施工人能够证明自己已经设置了明显标志并采取了必要的安全措施，一般就可以免责。但需要注意的是，施工人对该标志和措施还负有维护的义务。若该标志和措施在发生损害时已经遭到破坏，则施工人仍应承担责任。

(3) 有损害的发生。

同其他一切侵权行为一样，损害是构成地面施工致人损害的侵权行为的要件之一。在此类侵权案件中，受害人所受的损害主要为人身损害。

(4) 地面施工而没有设置明显标志或采取安全措施的行为与他人损害之间有因果联系。

在此类侵权案件中，因果关系之查明通常并不复杂，适用一般的证明方法即可。但医学的和科学的鉴定结论，往往对于证明人身损害是因侵权行为所致具有重要的意义。

3. 地面施工、地下设施损害责任的归责原则

根据我国《侵权责任法》第91条的规定，地面施工致人损害责任采用过错责任归责原则。地面施工致人损害的归责原则应为严格责任原则，即无过错责任原则，施工人即使主观上没有过错也应当对其行为产生的损害结果承担赔偿责任。根据法律规定，即使施工人设置了明显标志或采取了安全实施但仍不足以防止损害的发生，则仍应承担责任。

而地下设施造成他人损害的归责原则应为过错责任原则，在举证方式上实行的是举证责任倒置。在此情形下，如果管理人如果能够证明其已经尽到管理职责，则可以拒绝承担责任。

(五) 高空抛物致人损害的责任

1. 高空抛物致人损害责任的概念

《侵权责任法》第87条规定，从建筑物中抛掷物品或从建筑物上坠的物品造成他人损害，难以确定具体侵权人的，除能够证明自己不是侵权人的外，由可能加害的建筑物使用人给予补偿。此法条仅适用于从高层建筑物或区分所有建筑物上抛掷或坠落的物品致人损害而加害人又不明确的情形，如果损害的发生不是由于从建筑物中抛掷或坠落的物品引起的，而是由其他数人共同实施加害

行为引起的,则不适用该条的规定。这是该条与共同危险行为的主要区别。

随着城市的现代化建设,城市居民所居住的地方一般均为区分所有建筑物,因此,从建筑物里面抛掷物品砸伤他人或者区分所有建筑物的悬挂物坠落造成他人伤害而又无法确定谁为具体侵害人时,受害人所受到的损害则无法得到救济。因此,法律从保护受害人的角度出发,规定了高层建筑的所有人或者其他居住人从其住所抛出物件致受害人损害或者高层建筑的悬挂物等坠落造成他人损害的,在难以确定具体侵权人的情况下,由可能实施该加害行为的建筑物的使用人给予补偿。

2. 高空抛物致人损害责任构成要件

(1) 有损害事实的发生。

根据"无损害就无救济"的法理,只有在当事人受到实际损害的情形下才会得到法律的救济。所谓实际损害,是指权利人的权利和受到法律保护的其他利益受到破坏,失去或降低了原来具有的价值,侵权人须负赔偿义务的事实。

(2) 损害的发生与建筑物的抛掷物或坠落物有因果关系。

受害人所受到的损害必须是由从高层建筑上抛掷出来的或坠落的物品造成的,如果是由和建筑物没有关系的原因造成的,则不适用该条的规定。这是本条适用所要求的最重要的情形,也是本条和共同危险行为的重要区别。我国《民法通则》没有规定共同危险行为,但最高人民法院的《关于审理人身损害赔偿案件适用法律若干问题的解释》第4条规定:"二人以上共同实施危及他人人身安全的行为并造成损害后果,不能确定实际侵害行为人的,应当依照民法通则第130条规定承担连带责任。共同危险行为人能够证明损害后果不是由其行为造成的,不承担赔偿责任。"我国《侵权责任法》第10条亦作出规定:"二人以上实施危及他人人身、财产安全的行为,其中一人或者数人的行为造成他人损害,能够确定具体侵权人的,由侵权人承担责任;不能确定具体侵权人的,行为人承担连带责任。"共同危险行为虽然也无法确定具体的加害人,但其主要适用于数人实施数个积极加害行为的情形。

(3) 具体加害人无法确定。

《侵权责任法》第87条主要适用于侵权人不明确时的情形,如果加害人是确定的,则不适用本条的规定。

典型案例

【案情】① 某日深夜,郝某加完夜班回家,在路过65和67号楼下时,从天

---

① 参见重庆市第一中级人民法院(2002)渝一中民终字第1076号民事判决书。

而降的烟灰缸砸在了他的头上,当场昏迷倒地,随即被人送往附近的急救中心抢救。经过39个小时的手术急救,在昏睡了70多天、花费14万余元的医药费后,郝某脱离了生命危险,但留下了严重的后遗症,被鉴定为3级智能障碍伤残、命名性失语伤残、颅骨缺损伤残等,伴随经常发作的外伤性癫痫,郝跃基本丧失了生活自理和工作能力。

【审理】 法院审理认为,郝某在65号和67号楼下的公路上被楼上坠落的一个烟灰缸砸中头部致伤,难以确定该烟灰缸的所有人。该二栋房屋除事发当晚有3户人家无人居住外,其余22户房屋的居住人均不能排除有扔烟灰缸的可能性,判决由王某、张某等22名被告共同承担赔偿责任。

【法理】 本案属于高空抛物致人损害的特殊侵权案件。因我国《民法通则》对于高空抛物致人损害行为并未作出规定,本案的相关判决因缺乏制定法的支持和法学理论的支撑而遭到了各方面的批评,学术界也对此进行了探讨。我国《侵权责任法》法对此予以了具体的规定,解决了针对此类案件无法可依的问题。

对于从建筑物中抛掷物品或者从建筑物上坠落的物品造成他人损害,而又难以确定具体加害人时,是否要相应的建筑物所有人或使用人承担责任在学术界存有广泛的争议。有学者认为,规定建筑物所有人或使用人承担责任具有重要意义,"一是填补被侵权人的损失,实现社会公平正义;二是合理分散损失,促进社会和谐稳定;三是有利于维护社会秩序。"[①]

应当认为,《侵权责任法》的这一规定显然旨在实现民事主体权利保护与社会利益保护之间的平衡,但其让建筑物使用人承担了更多的义务和责任,从预防损害发生的角度和有关当事人利益平衡的角度讲,所谓补偿只能是体现公平责任的衡平措施。

3. 高空抛物致人损害责任抗辩事由

建筑设施致人损害适用过错责任原则,其中推定的是具体加害人的主观过错,而本条不仅仅是推定的主观过错,同时推定的还有侵权责任要件中的因果关系,因此,法律同样赋予了潜在的责任主体抗辩权。即在高层建筑中,使用人有多人时,如果其中一人或数人能够证明其不可能实施加害行为,则其可以拒绝承担责任,该规定从一定程度上是对当事人利益的平衡。

4. 对《侵权责任法》第87条的评析

高空抛物致人损害并不是新出现的侵权行为类型,从法律制度的发展来看,早在罗马法就有这方面的规定,罗马法将行为人使他人蒙受损害的违法行为称

[①] 王胜明主编:《中华人民共和国侵权责任法释义》,法律出版社2010年版,第430—431页。

为私犯,在《法学阶梯》中规定了四种准私犯,其中包括"建筑物的占有人对从该建筑物中向公共场所投掷或者倾倒的任何物品锁造成的损害承担双倍赔偿责任,不管有关的投掷行为或者倾倒行为有谁实施的;如果建筑物的占有人将某一物品悬挂在建筑物外,并且该物品掉下会造成损害,当任何人提起诉讼时,该建筑物主人同样应当承担罚金的责任。"①

但罗马法上规定的高空抛物致人损害和现代意义上的高空抛物致人损害不是同一概念。因现代城市的迅速发展所带来的区分所有建筑物的存在,使得现代意义上的高空致人损害很难确定真正的加害人,而古罗马法上的侵害人是明确的,被称为私犯。所以,在侵害人不明确的情况下,法律为了保护人们的权利免受不当侵害和对权利受损的人们进行救济,规定了有可能实施该行为的人对受害人予以一定的补偿而非赔偿,这实质上也是在有关当事人之间进行损害的分配。

在《侵权责任法》起草过程中,对于该条规定有不同意见,有意见认为,侵权责任的承担需要以可归责性为前提,缺乏可归责性的,受害人就应当自负风险。建筑物抛掷物致人损害,难以确定具体侵权行为人,就让所有可能加害的建筑物使用人承担责任,对他们不公平。应当认为,对该条公平责任之规定,司法实践中应结合具体案情,慎重适用。

【拓展链接】②

我国学者对惩罚性赔偿的观点

我国《侵权责任法》在产品责任部分规定了惩罚性赔偿。从我国有关惩罚性赔偿的研究成果看,多数学者对惩罚性赔偿在我国的全面适用持肯定态度,而其主要理由都是从法律尤其是侵权法的功能角度论述的,认为侵权法的功能之一即是惩罚;另一理由是适用补偿性赔偿制度不足以预防侵权行为的发生。

江平教授主编的《民法学》中认为,侵权法具有惩罚功能,但只说到"惩罚是侵权行为法的功能,从中可以看到古代侵权行为法在现代侵权行为法中的痕迹",而没有进一步的论述。

王利明教授认为:补偿受害人的损失并不是侵权责任的唯一目的,"侵权责任和其他法律责任一样都具有制裁、教育违法行为人的职能。没有制裁性的法律责任在性质上已经丧失了法律责任的固有性质"。

我国还有学者认为:因为我国侵权行为法非常不完善,对受害人保护不足,迫切需要一个制度来为受害人提供足够的补偿,来提醒潜在的侵权人注重他人

---

① 〔英〕巴里·尼古拉斯:《罗马法概论》(第2版),黄风译,法律出版社2004年版,第240页。
② 尹志强:《我国民事法律中是否需要导入惩罚性赔偿制度》,载《法学杂志》2006年第3期。

的权利,并认为惩罚性赔偿制度原则上可以适用于一切侵权行为。

肯定惩罚性赔偿制度并主张将其"导入"我国民事法律的学者一般都认为,基于现行的损害赔偿制度,"对处于相对弱势地位的受害者难以得到及时的、有效的法律救济",以及"不能给予行为人应有的制裁,达不到有效遏制或预防不法行为发生的目的",而惩罚性赔偿制度则具有惩罚功能、预防功能和补偿功能。有学者还从经济学角度对惩罚性赔偿的合理性进行了分析,认为惩罚性赔偿是为克服和缓解"履行差错"所致的责任不足而设计的一种民事制度,目的在于使赔偿水平等于加害行为导致的外部性社会成本,进而为加害人的守法行为提供激励。按照这种激励制度,通过使加害人承担所有的社会成本,保持了与个人成本之间的平衡,使违法者不能因其行为得到任何好处,从而引导人们不做不利于社会总体利益的事情。

【推荐阅读】

1. 李菲、姚苏:《物件导致人身损害赔偿》,中国法制出版社 2004 年版。

2. 周新军:《产品责任立法中的利益衡平:产品责任法比较研究》,中山大学出版社 2007 年版。

3. 杨彪:《动物损害与物件损害》,中国法制出版社 2010 年版。

4. 尹志强:《物件及动物致害责任例解与法律适用》,人民出版社 2010 年版。

5. 尹志强:《我国民事法律中是否需要导入惩罚性赔偿制度》,载《法学杂志》2006 年第 3 期。

6. 王利明:《论产品责任中的损害概念》,载《法学》2011 年第 2 期。

7. 张民安、林泰松:《论物权人承担的作为义务》,载《当代法学》2007 年第 2 期。

8. 张民安:《美国侵权法上的售后危险警告义务研究》,载《北方法学》2008 年第 6 期。

9. 张新宝、任鸿雁:《我国产品责任制度:守成与创新》,载《北方法学》2012 年第 3 期。

第十章　医疗损害责任

第一节　医疗损害责任概述

一、医疗损害责任的概念

(一) 医疗损害责任的概念

1. 医疗损害赔偿双轨制的统一

医疗损害责任是指因医护人员诊疗护理过失而产生的损害赔偿责任。我国《侵权责任法》在其第七章规定了医疗损害责任。

在《侵权责任法》颁行之前,医疗损害责任在立法和实践中被区分为医疗事故责任和因诊疗过失导致的不属于医疗事故的侵权责任。对于前者适用《医疗事故处理条例》,后者则适用《民法通则》及涉及人身损害赔偿的司法解释。《侵权责任法》没有再区分上述两种不同的医疗损害赔偿责任,根据新法优于旧法的原则,与《侵权责任法》规定相抵触的《医疗事故处理条例》和相关的司法解释,将失去法律效力。由此,医疗损害责任的法律依据统一了起来,结束了医疗损害赔偿法律适用的双轨制。

2. 行政法上的医疗事故概念

《医疗事故处理条例》第 2 条规定:医疗事故是指医疗机构及其医务人员在医疗活动中,违反医疗卫生管理法律、行政法规、部门规章和诊疗护理规范、常规,过失造成患者人身损害的事故。在《侵权责任法》颁行之后,有关医疗事故的规定将不再具有民事法律规范的意义,只属于医疗行政管理的范畴。

(二) 非法行医与医疗事故之不同

1. 实施行为的主体不同

(1) 非法行医包含如下主体:

一是没有获得国家医师资格证书而以医生或医疗单位名义行医的自然人;

二是没有获得卫生主管部门颁发的行医执业许可证而以他人或单位的名义行医的自然人,包括虽然具有医师资格且在具有执业许可证的医疗机构从业,但利用工作以外的时间以自己或单位的名义为他人治疗的自然人。

(2) 医疗事故的主体是医疗机构的工作人员,不仅包括具有医生执业资格的人,而且还包括接受医疗机构管理但未取得医生执业资格的人,如护理人员等。

2. 主体实施损害行为的主观意识不同

（1）非法行医者的主观上是一种间接故意。即明知自己没有取得医生执业资格而擅自行医，可能给被医治者造成身心上的伤害，但放任这种结果的发生。

（2）医疗事故的主体在实施行为时主观上是一种过失。

3. 解决纠纷的程序不同

医疗事故纠纷发生之后，一般应先经过医疗事故鉴定委员会对事故进行认定，然后才能通过诉讼程序解决。而非法行医可以按照《民法通则》关于人身权利受到侵犯的规定直接向人民法院提起诉讼。

（三）非法行医之法律责任

非法行医并非民事法律关系，其造成患者人身损害，自不属于医疗事故；触犯刑律的，依法追究刑事责任；有关赔偿，由受害人直接向法院提起诉讼。

典型案例

【案情】[①] 胡某在新疆甲监狱服刑期间，未取得合法的医生执业资格而行医，被监狱管理局取缔。胡某被释放出狱后，又非法行医，向病人开出加硭硝的中药水，导致王某、刘某、何某死亡。

【审理】 法院认为：被告人胡某没有取得医生执业资格，且明知自己不具备行医资格的基础上，非法行医，已构成非法行医罪，且病人在短时间内致人死亡与病人服用胡子丑开的加硭硝的中药水有直接因果关系，因此对其犯罪行为应予追究刑事责任。

【法理】 胡某未取得医生执业资格，三名就诊人服用其加硭硝的中药水后出现反复呕吐、腹泻，病情急剧恶化，造成三人死亡的严重后果，三被害人的死亡原因已被刑事诉讼医学鉴定及法医学鉴定所证实。故上述被害人的死亡与服用胡子丑加硭硝的中药水有直接的因果关系，胡某自应负刑事责任。

二、医疗损害责任的法律性质

关于医疗损害责任的法律性质，一般认为从侵权主体来看，其与律师责任、会计师责任一样，同属专家责任。从责任主体来考察，则大多属于替代责任，往往由作为法人的医院来承担由具体承担医疗工作的医生以及其他医疗辅助人员造成的侵权责任，从而出现了三种主要的不同看法。

---

① 《胡万林非法行医案》，载最高人民法院中国应用法学研究所编：《人民法院案例选》2002年第1辑（总第39辑），人民法院出版社2002年版，第60页。

(一) 合同说

这种观点认为,由于病员与医生(医疗单位)之间存在诊疗合同关系,因此医疗损害责任应为合同责任。这种观点在大陆法系的一些国家(如法国)较为盛行。

(二) 侵权说

此种观点认为,医疗损害责任应为一种侵权责任,虽然医生与病人之间存在某种协议,但医生与病人的关系,以及由这种关系所产生的相应义务并不完全取决于合同原理,医疗损害行为是一种侵权行为。这种观点为英美法系国家所普遍接受。

(三) 折中说

此外,还有的观点在上述两种观点之间进行折中,即允许受害人在两种请求权(违反合同与侵权行为)之间进行选择。这种观点为美国一些法院的司法实践所认可。[1]

在我国,由于现行的合同法律法规并无调整医疗单位与病人之间诊疗关系的规定,也有主张不将医疗事故责任归为违约责任,理由是这样可以较好地保护受害人的合法权益。同时,实践中,由于医疗事故责任受害人常会遭受人身损害,如果依违约侵权,不能得到精神损害赔偿,当事人一般也都选择侵权损害赔偿。

第二节 医疗损害责任的构成要件

医疗损害责任作为一种侵权责任,应当具备一般侵权责任的构成要件,即行为的违法性(侵害行为)、损害、因果关系、加害人的过错,同时从法律关系的三要素考察,其侵权主体只能为医务人员。由于医疗损害责任中的过错认定,在实践中主要是根据医疗性行为的客观违法性为认定依据,因此,在医疗损害赔偿责任的认定中,违法性就成了核心,一旦认定了客观违法性,即不再考察主观过错了。

一、医疗侵害行为的违法性

(一) 医疗损害行为违法性的界定

就违法性而言造成医疗损害结果的行为被称之为侵害行为,在医疗事故领域谓之"医疗损害行为"。有人主张使用"不当行为"这一概念对引起医疗事故的各种行为进行客观表述。这种观点虽在表面上有利于对受害人权利之维护,

---

[1] 张新宝:《侵权责任法原理》,中国人民大学出版社2005年版,第224页。

但由于缺乏确定性而且不符合侵权行为构成要件的同一律逻辑要求,因而不可取。医疗损害行为作为一种侵权行为,其违法性具体表现为如下情形:

(1) 违反《合同法》的规定。
(2) 违反《民法通则》和《侵权责任法》的规定而侵害他人的生命健康权利。
(3) 违反《医疗事故处理条例》的规定。
(4) 违反其他法律、法规以及医疗行政管理部门发布的有关规章、办法等。
(5) 违反医院的有关管理制度、诊疗护理技术操作规则和常规等。
(6) 违反作为医护人员的职业道德标准。

对于医疗损害这一侵权行为的违法性作较广义的解释,只要该行为符合上述情形之一,即可认为行为具有违法性。

典型案例

【案情】[①] 乙医院外科主治医师魏丙因突发性呕血、便血住进本院治疗,诊断为肝硬化、脉高压、上消化道出血,经该院外科副主任谢甲等人会诊,决定施行"脾切和贲门血管周围结扎"手术,由谢甲担任手术人。手术过程中,谢甲在包块性质不明的情况下,将体积为 $19×13×8$ cm、重量为 590 克的肝左叶外侧段切除。当发现错切肝脏后,谢甲没有妥善处理肝断面,完成预定手术,使魏丙失去再次手术治疗的机会,造成肝脏衰竭出血,多脏器衰竭,最终死亡。经市和自治区医疗事故技术鉴定委员会鉴定为一级医疗责任事故。

【审理】 法院经审理认为:被告人谢甲身为从医多年的副主任医师,工作竟极端不负责任,严重违反医疗常规和技术操作规程,错切肝脏致使患者死亡,造成一级医疗责任事故,情节严重,已构成玩忽职守罪,应负刑事责任。给附带民事原告人造成的经济损失,被告人谢甲及乙医院均有赔偿责任。

【法理】 谢甲作为一名执业医师,在为魏丙实施手术过程中,先是违反医院的有关管理制度、诊疗护理技术操作规则和常规制度,在包块性质不明的情况下,将肝左叶外侧段切除;其次违反作为医护人员的职业道德标准,当发现错切肝脏后,没有妥善处理肝断面,完成预定手术,使魏丙失去再次手术治疗的机会,最终死亡。谢甲的行为与魏丙的死亡有直接因果关系,应承担相应的责任。

(二) 医疗损害违法行为之类型

医护人员具有上述违法性的医疗事故行为,通常具体表现为以下情况:
(1) 误诊。根据病人的实际情况和有关的操作规定或一个合格医护人员的

[①] 《谢清录为患者实施切脾手术时玩忽职守错切肝脏案》,载最高人民法院中国应用法研究所编:《人民法院案例选》,1995 年第 3 辑(总第 13 辑),人民法院出版社第 60 页。

应有注意,本来应当诊断出来病人存在某种疾病或伤害,但是没有诊断出来,或者根本就没有进行诊断。

(2) 贻误治疗。虽然进行了正确的诊断,但是未进行及时有效的治疗。

(3) 不当处方。对于已经确诊的病人,给予错误的处方。

(4) 不当手术和处置。不当手术和处置包括对不需要和不应当手术和处置的病人进行手术、错误切除不应当切除的器官或者组织、在手术和处置中将器具药棉等遗留在病人的胸腔或腹腔内、由于消毒不严格导致病人感染等。

(5) 手术或者处置导致病人不应有的伤害。

(6) 使用不合格的材料,导致病人的伤害或其他损失等。

在以上这些列举之外还有其他非典型的医疗损害行为。

二、医疗损害结果的存在

损害结果是指医疗损害行为所造成的后果,既包括对受害人生命健康的损害(死亡、健康受到伤害),也包括对受害人及其家属的财产的损害。医疗损害行为所造成的损害结果也包括精神损害,对于受害人的重大精神损害或者因加害人的故意、严重疏忽所引起的精神损害,属于损害后果,有权提出民法上的救济。这既有利于保护受害人,也有利于促进医疗单位及其工作人员谨慎行医。

三、医疗事故中违法行为与损害后果间的因果关系

大多数情况下,医疗损害行为的因果联系比较明确,容易查找和证明。但在有一些案件中,因果关系则要经过专门的医疗科学技术方面的鉴定方能证明。

《医疗事故处理条例》第三章规定了"医疗事故的技术鉴定",要求卫生行政部门接到医疗机构关于重大医疗过失行为的报告或者医疗事故争议当事人要求处理医疗事故争议的申请后,对需要进行医疗事故技术鉴定的,应当交由负责医疗事故技术鉴定工作的医学会组织鉴定;医患双方协商解决医疗事故争议,需要进行医疗事故技术鉴定的,由双方当事人共同委托负责医疗事故技术鉴定工作的医学会组织鉴定。设区的市级地方医学会和省、自治区、直辖市直接管辖的县(市)地方医学会负责组织首次医疗事故技术鉴定工作。省、自治区、直辖市地方医学会负责组织再次鉴定工作。必要时,中华医学会可以组织疑难、复杂并在全国有重大影响的医疗事故争议的技术鉴定工作。当事人对首次医疗事故技术鉴定结论不服的,可以自收到首次鉴定结论之日起15日内向医疗机构所在地卫生行政部门提出再次鉴定的申请。

典型案例

【案情】① 范某因"胸部及脊背部疼痛半月"入住乙医院胸外科,经手术治疗后死亡。经鉴定,范某的病例属于一级甲等医疗事故,乙医院承担次要责任。

【审理】 法院经审理认为,由于乙医院在诊治过程中的过失行为,致范某死亡,乙医院第一附属医院对此负有过错,应依据过错原则承担民事赔偿责任。

【法理】 在本案中,导致范某死亡的直接原因是"失血性休克"。根据医疗事故技术鉴定书,从其分析意见中可以推断出乙医院在为范某提供的医疗服务过程中存在"技术性过失",具体为"(1)术前无全面严谨的手术计划和讨论;(2)对术中术后出血措施处理不力;(3)原始病历(手术)记录不详细",可以看出医疗机构的上述过失与范某的失血性休克有直接关系。

因此,乙医院的行为虽然只是直接造成了受害人的失血性休克,但是其死亡的直接原因是失血性休克,可以认定乙医疗机构的行为与受害人损害后果存在相当因果联系。

四、过错

(一)过错是构成医疗事故的一个要件

判断具体的医护人员主观上是否究竟有过错,无疑是一个比较复杂的问题,提供医疗护理服务并不能保证一定能治好患者的疾病,也不能保证患者接受治疗护理后就不再发生病情恶化。因此,不能用病情后果来判断医护人员有无过失。一般来说,一个合格的医护人员所应尽的注意义务是判断加害人主观上是否有过错的标准,《侵权责任法》第57条规定:"**医务人员在诊疗活动中应当尽到与当时的医疗水平相应的注意义务。医务人员未尽到该项义务,造成患者损害的,医疗机构应当承担赔偿责任。**"

(二)"注意义务"标准之客观化

(1)凡违反有关法律法规进行医疗护理操作的均属于未尽到应有之注意义务。

---

① 《范田英、范玉芬、范玉仙、范玉华、范松林诉昆明医学院第一附属医院医疗事故损害赔偿纠纷案》,载最高人民法院中国应用法研究所编:《人民法院案例选》2006年第4辑(总第58辑)人民法院出版社2007年版,第134页。

典型案例

【案情】① 原告阿甲因临产住进被告丙医院,产下一男婴。医院按照有关产后24小时内给婴儿洗澡的规定,通知二原告将其婴儿抱到产房洗澡。次日上午,医院无人通知二原告给婴儿洗澡,也无人派护士去抱原告的婴儿洗澡。但至11时许,原告艾乙却去问医院其婴儿被人抱走去洗澡,为什么现在还没见送回。后公安机关立案侦查,至二原告起诉时仍无婴儿下落的结果。

【审理】 法院经审理认为:由于该医院没有尽到保护安全的义务,致使该男婴被不明身份的人抱走,对此被告应承担民事责任。原告对自己的婴儿有法定的监护责任,其婴儿在住院期间丢失,与其没有尽到监护责任有一定的关系,因此,原告对此后果也应承担一定的责任。

【法理】 医院对于在本院出生的婴儿不仅有护理义务,也有保护其安全的注意义务。此案中由于市人民医院没有尽到保护安全的义务,致使该男婴被不明身份的人抱走,显然违反了有关法律法规进行医疗护理操作规程,属于未尽到应有之注意义务,故而对此被告市人民医院应承担民事责任。

(2) 违反行业和医院的各种管理规章进行医疗护理操作的均属于未尽到应有之注意义务。

(3) 违反各种操作规程进行医疗护理操作的也属于未尽应有之注意义务。

(4) 违反医护人员职业道德规范亦属于未尽应有之注意义务。

判断医务人员注意义务时,应当适当考虑地区、医疗机构资质、医务人员资质等因素。

第三节 医疗损害责任的归责原则

一、医疗损害之过错责任

(一) 我国医疗损害责任采取过错责任原则

《侵权责任法》第54条确定了我国医疗损害责任采取过错责任原则。在《医疗事故处理条例》第2条中所使用的是"过失"一词而非"过错"一词。依据侵权责任法的一般原理,过失责任当然也包括基于故意的侵权责任,既然有过失就得赔偿,那么故意者就更不用说了。在实践中,区别直接加害人(医护人员)

---

① 《阿衣古力·库尔班、艾热提·塔瓦库勒诉阿克苏市人民医院丢失婴儿损害赔偿案》,载最高人民法院中国应用法研究所编:《人民法院案例选》2004年民事专辑(总第48辑),人民法院出版社2004年版,第89页。

的过失与故意对于确定医疗单位是否应当承担赔偿责任没有意义,但对于某些情况下确定赔偿的数额有一定参考意义。对于故意行为而引起的医疗行为侵权,实际上已经涉及刑事犯罪的问题,依照刑法追究责任。在我国《侵权责任法》中明确了**"医疗机构及其工作人员有过错的"**,确立了医疗损害责任的过错责任原则。

(二) 改变过错责任之尝试

在美国侵权行为法领域,对于医疗损害之赔偿责任仍然适用过错责任原则,但美国律师协会 1979 年提出的美国律师协会医疗专家责任委员会关于设计的可赔偿情形之制度:《一份可行性研究》,试图在医疗事故领域引入无过错责任,就如处理机动车事故一样处理医疗事故,以对付大量的医疗事故赔偿诉讼。这可能是解决美国过多医疗事故责任诉讼以促使其侵权行为制度更公正、更有效率的一种新思维。但在我国目前条件下,这一设想尚不可取,这是因为:首先,我国的医疗损害赔偿责任诉讼虽有所增加,但并未形成一个严重的社会问题;其次,我国的医疗事业不太发达,由医疗部门承担无过错的赔偿责任会有很大的实际困难;最后,无过错责任并不能解决鉴定的公正性等业已存在的突出问题。

二、医疗损害之过错的推定

(一)《侵权责任法》对医疗侵权举证责任倒置的缓和

近现代民事侵权归责的基本原则是过错责任原则。过错责任原则适用于大多的侵权案件,本来也适用医疗损害案件,但是 2002 年最高人民法院颁布了《关于民事诉讼证据的若干规定》,该规定第 4 条第 1 款第 8 项规定:**"因医疗行为引起的侵权诉讼,由医疗机构就医疗行为与损害结果之间不存在因果关系及不存在医疗过错承担举证责任"**这一规定被认为其实就是采取了"完全推定说"。

而"有条件推定说"则认为,在医疗损害责任诉讼中,确实存在医疗信息不对称的问题,但完全将因果关系要件的证明责任推给医疗机构,就会使医疗机构陷入较为不利的诉讼地位之中,甚至会形成防御性医疗行为,最终还是要将风险转嫁给全体患者负担,对全体人民不利,因而应当实行有条件的推定,即举证责任缓和,在受害患者一方对因果关系的证明达到一定的程度时,推定因果关系,由医疗机构一方负责举证,推翻因果关系推定。

《侵权责任法》第 58 条被认为其实是采取了有限制的过错推定原则,所谓过错推定,是指损害发生时,因某种客观事实或条件的存在,即推定行为人有过错,从而减轻或免除被害人对于过错的举证责任,并转化为由加害人负责无过错的证明责任,在法理学上被称为"举证责任倒置"。

但举证责任倒置逼着医生在医疗行为中为了保护自己,避免在医患纠纷中输官司,于是为患者开具大量不必要的检查,悉心保留好各种证据,为提高安全系数而不积极施治,把风险留给病人,带来了诸多问题,造成了过度检查的问题。医学本身是一门实践科学,存在诸多需要探索的领域,实行过错推定若以限制医务人员主观能动性的发挥,有碍医疗事业的发展。这和医学的本来的价值取向相背离,一定情况下也必然加重患者负担,还可能导致医患之间互信的削弱。

所以在《侵权责任法》中就没有在采用医疗侵权举证责任倒置的责任分配方式,以符合国际通行的规则。但考虑到医患双方医疗信息不对称这一事实及为强调依法行医,《侵权责任法》规定了三种例外情形,出现这三种情形时,仍推定医疗机构有过错,可以认为是对原来医疗侵权举证责任倒置的一种缓和。

典型案例

【案情】[①] 李甲因胃出血到乙县医院住院治疗。该院对李甲做胃切除手术时,输血1000毫升,该血源系乙县献血队员丁某所献。丁某献此份血时,乙县医院未按照卫生部规定的献血操作规程对其进行肝功能等各项健康项目检查,仅凭丁某所提供的一份由其原籍县某医院出具的肝功能检查正常的报告单,就采集了。丁某献血后回原籍,后去向不明。李甲出院后发现身体不适,经诊断查明系输血导致感染丙肝。

【审理】 法院经审理认为:乙县医院在为李甲做胃切除手术输血时,违反了国家卫生部关于医院在献血者献血前须作各项目(包括丙肝在内)的血液检查的规定,未对供血者进行健康项目的检查,造成李甲输血后感染丙肝的严重后果,依法应承担民事赔偿责任,应支付李甲因治疗丙肝所花的医药费以及误工费。

【法理】 因医院手术后输血感染所引起的赔偿纠纷,和一般的医疗事故纠纷是不同的。因血液本身带有某种病毒造成输血后患者感染该病毒,是采集血液过程中的过失所造成的,而一般的医疗事故通常是医务人员对患者进行诊疗护理过程中的过失直接造成的。采集合格的血液是医院采血人员的职责,如医务人员在采集血液时,违反卫生部规定的检查程序,随便采集,就是严重的失职行为,医院则须对其医务人员失职行为所造成的患者的损害承担赔偿责任。

可见像本案这样,仅根据医务人员存在"**违反法律、行政法规、规章以及其他有关诊疗规范的规定**",以致造成患者感染病毒的事实,那么就可以"**推定医疗机构有过错**",此即所谓的"违法牵连"之过错推定。

(二) 过错推定仅仅是给予了医疗机构更严格的证明责任

这种过错推定责任依然是过错责任归责原则中的一种,仅仅是给予了医疗

[①] 《李红安诉武昌县人民医院输血感染丙肝赔偿案》,载最高人民法院中国应用法学研究所编:《人民法院案例选》1997年第1辑(总第19辑),人民法院出版社1997年版,第110页。

机构更严格的证明责任。

显而易见,我们不能要求医护人员超越现有医疗科学技术的实际发展状况,医护人员只要尽到上述注意义务,即使是其操作过程中或对患者治疗护理后出现某种不良后果,也不应认为医护人员有过错。

第四节 医疗损害赔偿责任及免责事由

一、医疗损害赔偿责任

2012年9月公布施行的《医疗事故处理条例》改变了原《医疗事故处理办法》使用的"医疗事故补偿费"概念,采用了医疗赔偿的概念,规定发生医疗损害的赔偿等民事责任争议,医患双方可以协商解决;不愿意协商或者协商不成的,当事人可以向卫生行政部门提出调解申请,也可以直接向人民法院提起民事诉讼。双方当事人协商解决医疗损害的赔偿等民事责任争议的,应当制作协议书。协议书应当载明双方当事人的基本情况和医疗事故的原因、双方当事人共同认定的医疗事故等级以及协商确定的赔偿数额等,并由双方当事人在协议书上签名。

已确定为医疗事故的,卫生行政部门应医疗事故争议双方当事人请求,可以进行医疗事故赔偿调解。调解时,应当遵循当事人双方自愿原则,并应当依据本条例的规定计算赔偿数额。经调解,双方当事人就赔偿数额达成协议的,制作调解书,双方当事人应当履行;调解不成或者经调解达成协议后一方反悔的,卫生行政部门不再调解。

二、医疗损害赔偿责任的免责事由

《侵权责任法》第60条规定了三项医疗事故的免责事由:

(一) 患者或其近亲属不配合医疗机构进行符合诊疗规范的诊疗

在医疗活动中,对患者的医疗诊治护理一方面需要医务人员的精心工作,另一方面也需要并患者及其家属的积极配合。从一定意义上讲,患者或者其近亲属的积极配合,是充分发挥特定治疗措施取得良好疗效的重要保证。但在医疗实践中,有的患者或者其近亲属往往做不到这点,例如:患者对医疗行为不理解,不按医嘱服药或私自服药,个别患者出于某种动机和目的,不真实反映病状;不接受医护人员的合理治疗措施,过早地增加活动;实行全麻手术前擅自进食以致发生手术时或手术后呕吐引起反流、误食而致患者死亡;患者亲属不遵医院探望制度,擅自探望,引起心血管患者因过于激动而猝死等。由于患者或者其近亲属的这些原因而导致损害的,医疗机构不承担赔偿责任。

(二) 限于当时的医疗水平难以诊疗的

对"限于当时的医疗水平难以诊疗的情形",医疗机构应当证明在当时的医学科学技术条件下,此种疾病难以诊断、治疗或对此种疾病的诊断和治疗将发生的不良后果无法预料和不能防范。

(三) 医务人员在抢救生命垂危的患者等紧急情况下已经尽到合理诊疗义务

为抢救患者的生命而采取的已经尽到合理诊疗义务的紧急医疗措施所造成的损害,医疗机构不承担赔偿责任。这种情形必须具备两个条件:第一,必须情况紧急,患者存在生命危险。第二,医务人员已经尽到合理诊疗义务。

三、医疗机构的"免责救助权"

《侵权责任法》第56条规定,因抢救生命垂危的患者等紧急情况,不能取得患者或者其近亲属意见的,经医疗机构负责人或者授权的负责人批准,可以立即实施相应的医疗措施。该条赋予了医疗机构所谓的"免责救助权"。

典型案例

【媒体报道】[①] 孕妇李某因难产生命垂危被其丈夫肖某送进北京某医院。面对身无分文的孕妇,医院决定免费入院治疗,而其同来的丈夫肖某竟然却拒绝在医院的剖腹产手术上面签字,焦急的医院几十名医生、护士束手无策,在抢救了3个小时后,医生宣布李某抢救无效死亡。

【审理】 根据鉴定结论及鉴定机构的答复函,法院在判决中认定,因医院的医疗行为与患者的死亡后果之间没有因果关系,因此不构成侵权,不应承担赔偿责任。此外,法院在判决书中指出,李某入院时病情危重,医院已经履行了相关法律法规的要求,而患方却不予配合,这都是造成患者死亡的原因。至于肖某的身份问题,法院认为,李某神志清醒时,没有对陪同其就医的肖某的"关系人"身份表示异议,因此医院无法也没有能力对肖某的家属身份进行核实。

据此,法院驳回了原告的全部诉讼请求,但考虑到医院愿意给予李某家属一定的经济帮助,法院最终判决由医院向原告支付人民币10万元。

【法理】 本案发生时,《侵权责任法》尚未颁布施行。故参照了33条。同时本事件中事实是肖某作为完全民事行为能力人,在医院尽到通知义务的情况下,再三拒绝在手术单上签字;医疗事故鉴定表明医院的诊疗活动中不存在过失,符合法律规定。肖某的行为直接导致医院不能为其妻子施行手术,导致了其妻子的死亡,医院不负担任何法律责任。

[①]《丈夫拒不签字手术致妻子难产死亡》,http://www.sina.com.cn,访问日期:2007年11月21日。

在《侵权责任法》颁布施行后,医院具有了不能得到患者或者其近亲属意见的情况下,医务人员在医疗机构负责人和经授权的负责人的批准下,有立即进行必要医疗措施的免责救助权。就是说即使患者及其家属在场却不表示意见,但是根据医务人员对于病情的判断,属于必须立即施行诊疗的情况下,可以绕过患者及其家属,经由医疗机构负责人授权,径行进行手术,救治患者。不过有一点需要指出,该法条用语是"可以",也就是说,在必须立即施行诊疗的情况下,无法取得患者及其家属意见的,医疗机构可以选择实施或者不实施诊疗行为,如此造成的后果,并不是侵权责任,因为法条没有对医院设定必须进行诊治的法律义务。

第五节 医疗损害责任的特殊规定

一、缺陷药品、器材等致人损害问题

医疗单位向病员提供诊疗护理,需要使用药品、各种器材、辅助材料等,这些大部分不是由医疗单位生产的而是由其他厂家生产的。如何处理这种损害后果呢?

《侵权责任法》第59条规定:"因药品、消毒药剂、医疗器械的缺陷,或者输入不合格的血液造成患者损害的,患者可以向生产者或者血液提供机构请求赔偿,也可以向医疗机构请求赔偿。患者向医疗机构请求赔偿的,医疗机构可以要求生产者或者血液提供机构协商赔偿。"该法条规定确立了医疗机构和生产者的连带赔偿责任,对于患者是有利的。患者可以选择直接找生产者赔偿或者直接找医疗机构赔偿。而医疗机构赔偿患者的损失之后可以向生产者追偿。

在我国的医疗实践中,医疗单位既是诊疗护理服务的提供者,也是药品的最大零售商。而且由于没有处方药品与非处方药品之严格划分,医疗单位似乎什么药品都销售。一个很值得重视的情况是,在绝大多数医疗单位,销售药品的收入远远高于提供诊疗护理服务的收入。这显然是不正常的。鉴于这一实际情况,缺陷药品、器材等致人损害的赔偿应当按《产品质量法》所确定的赔偿原则办理。

如果医疗单位是缺陷药品、器材等的生产者,医疗单位则应对其所造成的损害承担无过错的赔偿责任;如果医疗单位不是缺陷药品、器材等的生产者,医疗单位则应对其所造成的损害负过错的赔偿责任,即只有在有过错的情况下才承担最终的赔偿责任,否则不承担最终的责任而由缺陷药品、器材的生产者承担责任;由于受害人很难指明缺陷药品、器材的生产者,因此受害人得直接向医疗单位主张产品责任,医疗单位不得推诿,但可于无过错之情形向生产者追偿。如医疗单位不能指明具体生产者,则应承担生产者的责任。

典型案例

【案情】① 原告高甲在被告乙医院接受 OK 镜片近视治疗,由于使用了被告丙医疗器械公司提供的 OK 镜片和 OK 专用护理液,诱发绿脓杆菌性右角膜溃疡,导致右眼角膜白斑。经鉴定:两被告提供给原告使用的 OK 镜片和 OK 专用护理液细菌培养有绿脓杆菌生长,原告感染右眼细菌性角膜溃疡与配戴 OK 镜片有直接关系。

【审理】 法院经审理认为,原告向被告乙医院购买 OK 镜片及护理液用于治疗近视,该 OK 镜片及护理液是被告乙医院向被告丙医疗器械公司购买的,故两被告均应视为销售者,而与原告形成销售者和消费者的法律关系。两被告向原告销售的 OK 镜片及护理液系有缺陷的产品,且对损害的发生有过错,根据《产品质量法》第 42 条的规定,两被告应对原告配戴有缺陷的 OK 镜片及护理液造成的伤残后果承担赔偿责任。

【法理】 这是一起典型的缺陷药品、器材等致人损害案件。在处理这类纠纷时,除了要适用侵权损害赔偿的一般原理外,还要适用《产品质量法》确定的赔偿原则。

二、患者知情权与医院的告知说明义务

(一)患者的知情权

患者在接受治疗的过程中,有了解与其治疗相关的一切信息的权利,并有权据此作出其认为对自己最有利的选择和判断,即患者享有知情权。它体现了患者的人格权属性,是患者生命健康权在医疗领域的延伸。患者的知情权至少包括两方面的内容:自身情况知情权和诊疗手段知情同意权。而医务人员的告知义务主要是对于患者知情权的保障手段。

(二)医务人员的告知义务

根据《侵权责任法》第 55 条的规定,医务人员的告知义务至少包括以下三项内容:

(1)作为承诺的有效要件的说明义务。如果医生不告知诊疗的真实情况,患者的承诺均为无效。

(2)对无法避免的诊疗行为风险的告知义务。对于诊疗中即使按正常规程尽勤勉义务仍不能避免的风险,应完全地告知患者或者其家属,否则实际出现了

---

① 《高小爱诉南海市金沙镇医院及深圳市欧赳医疗器械有限公司医疗产品质量责任案》,最高人民法院中国应用法学研究所编:《人民法院案例选》2004 年民事专辑(总第 48 辑),人民法院出版社 2005 年版,第 216 页。

意外结果,医务人员不免责。

(3) 情况报告义务。对于患者的病情以及诊疗的效果,医生也应毫无保留地告知患者或者其家属。

三、保管提供病历之法定义务

在医疗纠纷中,病历资料是最重要的第一手的证据材料。掌握病历资料,是对医疗纠纷作出准确鉴定与判断其性质以便作出正确处理的前提条件。病历资料也是判断医疗机构和医务人员在医疗活动中是否存在医疗过失行为,以及医疗过失行为在医疗事故损害后果中的责任程度的最主要的依据。同时,病历资料还是判断医疗事故损害后果与患者原有疾病状况之间有无因果关系以及因果关系程度的依据。可见,病历资料在医疗纠纷中意义重大。

《侵权责任法》第61条明确了在医疗活动中,以下这些文书记录都属于病历资料:门诊病历、住院志、体温单、医嘱单、检验报告(化验单)、医学影像检查资料、特殊检查同意书、手术同意书、手术及麻醉记录单、病理资料、护理记录、医疗费用单等。

四、保密义务

《侵权责任法》第62条规定:"**医疗机构及其医务人员应当对患者的隐私保密。泄露患者隐私或者未经患者同意公开其病历资料,造成患者损害的,应当承担侵权责任**。"关于保密义务,这是民法上的每个自然人作为民事权利主体所应享有的一项基本权利,这个权利具有普遍性,并非仅存在医患关系之间。

【拓展链接】[①]

医疗产品损害责任的法律适用

由王利明教授主持的中国人民大学民商事法律科学研究中心承担教育部重大科研项目"中国民法典学者建议稿及立法理由",在该成果第八编"侵权行为编"第六章"事故责任"中的第二节专门规定了"医疗损害侵权责任"。该建议稿第1988条规定:"在医疗活动中,因医疗机构使用的药品、血液、血液制品或医疗设备的缺陷造成他人损害的,适用关于产品侵权责任的规定。""依据前款,无法查明加害人的,适用关于共同危险行为的规定。"第1989条规定,医疗机构、供血单位或者血液制品生产者能够证明自己已尽到最大的注意义务仍然无法避免损

[①] 杨立新、岳业鹏:《医疗产品损害责任的法律适用规则及缺陷克服——"齐二药"案的再思考及〈侵权责任法〉第59条的解释论》,载《政治与法律》2012年第9期。

害的,不承担赔偿责任,但应当依据实际情况给予适当补偿。该建议稿采纳了医疗产品损害准用产品责任规定的观点。

由杨立新教授主持的《侵权责任法草案建议稿》在第五章"事故责任"的第三节专门规定了"医疗事故责任"。该建议稿第 136 条分两款规定了缺陷医疗产品责任:"药品、医疗设备、医疗器械及其他医疗用品存在缺陷,造成患者损害的,适用本法关于产品侵权责任的规定。""用于植入或输入的人体组织、器官存在缺陷,造成患者损害的,应当承担侵权责任。医疗机构或者供应单位能够证明已采取必要检验技术并尽到合理注意义务的,不承担赔偿责任,但应当依据实际情况给予适当补偿。"该建议稿同样肯定医疗产品缺陷适用产品责任规定,主要因为:(1) 该类物品均符合产品的特征;(2) 医疗机构提供该类产品有营利目的;(3) 司法实践中一直按照产品侵权处理。另外,该建议稿规定了"用于植入或输入的人体组织、器官存在缺陷"的责任,包括血液、移植器官、精子等,原则上适用过错推定原则,例外情形下承担公平分担损失规则。

梁慧星教授主持、张新宝教授负责起草的《中国民法典·侵权行为法编草案建议稿》于第二章"自己的侵权行为"第三节"专家责任"中,在规定专家责任一般问题的基础上规定医疗事故责任的主要规则,以解决司法实践中急需解决的问题。该建议稿第 46 条第 2 款规定,因血液制品、药品、医疗器械等有缺陷致患者遭受损害的,适用产品责任的规定。就血液瑕疵责任,同条第 1 款规定,输血感染造成不良后果的,如医师无过错,不承担损害赔偿责任。其同样对血液与一般医疗产品进行区分,前者适用过错推定的原则。

【推荐阅读】

1. 孟强:《医疗损害责任:争点与案例》,法律出版社 2010 年版。
2. 郭明瑞:《〈侵权责任法〉关于医疗损害责任的规定体现了社会公正》,载《法学论坛》2010 年第 2 期。
3. 杨立新:《〈侵权责任法〉规定的医疗损害责任归责原则》,载《河北法学》2012 年第 12 期。
4. 杨立新、岳业鹏:《医疗产品损害责任的法律适用规则及缺陷克服——"齐二药"案的再思考及〈侵权责任法〉第 59 条的解释论》,载《政治与法律》2012 年第 9 期。

第十一章 环境污染与高度危险侵权责任、机动车交通事故责任

第一节 环境污染责任

一、环境污染责任概述

(一) 环境污染致害责任的概念

依据《侵权责任法》第65条、《环境保护法》第41条和《大气污染防治法》第62条等规定,环境污染致害责任指因污染环境造成他人人身、财产损害时,污染者应当承担的民事责任。

(二) 环境污染致害责任的诉讼时效

《环境保护法》第42条的规定比《民法通则》规定的一般诉讼时效多出1年,环境污染损害赔偿案件应当适用该3年的诉讼时效规定。

典型案例

【案情】[①] 甲电公司在毗邻乙河口水库处建成火电站。在乙河口电站并网发电后,水管所养殖水域中的常规鱼类的产量下降,其中小银鱼在几乎绝迹。鉴定报告指出:乙河口电厂从水库抽水并把含热废水排入水库(能量介入及热污染)造成了水库渔业产量下降。水温的升高使得凶猛鱼类活动量加大,代谢能力提高,活动能力增强,增加了对银鱼及其他鱼类的捕食机会,破坏了鱼类资源。

【审理】 本案经过一审和二审审理,两级法院均支持原告的诉讼请求,判决被告承担因热污染而造成原告渔业资源损失的法律责任。

【法理】 本案中诉讼时效是一个非常重要的法律问题,它决定着环境纠纷当事人能否通过司法途径寻求权利救济。在司法实践中,环境民事合同纠纷与侵权纠纷诉讼时效的法律规定是不一样的。就环境民事合同纠纷而言,其诉讼时效适用《民法通则》一般规定,即2年。而就环境侵权纠纷而言,其诉讼时效的适用较为特殊。依据《民法通则》规定,环境财产侵权案件的诉讼时效为2

[①] 《南召县鸭河口水库水产管理所诉南阳鸭河口发电有限责任公司环境污染损害赔偿案》,一审判决书:河南省南召县人民法院(2004)南召云民初字第417号;二审判决书:河南省南阳市中级人民法院(2005)南民一终字第684号。

年,而环境人身侵权案件的诉讼时效仅为 1 年。上述较短的诉讼时效显然不利于对受害者的保护。随后颁布的《环境保护法》把环境侵权案件的诉讼时效规定为 3 年。根据特别法优于普通法的原则,《环境保护法》生效以后,环境侵权案件的诉讼时效为 3 年。此外,法律规定诉讼时效可以因诉讼、请求行政解决、向加害人追偿等原因而中断或因某些法定原因的出现而中止或延长。

二、环境污染致害责任的构成要件

(一) 须有污染环境的行为

污染环境是指由于人为因素致使环境发生物理、化学、生物等特征上的不良变化,从而影响人类健康和生产、生活,影响生物生存和发展的情况。

1. 违法排污

国家对于排放污染的许可规定有对范围的要求和对排放限度的要求,如确立排放区域、确定排污标准等,这是面对经济发展和环境损害的矛盾而不得以选择的一种平衡。如果排污单位违反了国家的规定,就要受到国家的行政制裁。

2. 合法排污的民事责任

行为人依据法律规定排放污染物被视为是合法行为,违反法律规定排放污染物是违法行为。但不管是否违法,其排污造成了环境的污染都属于污染环境的行为。符合国家的排污规定,却不能成为其不承担环境污染致害责任的免责事由。这与产品责任中提到的符合国家标准和行业标准不能成为产品责任的免责事由同理。

(二) 须有污染环境的损害后果

污染损害与其他损害相比,其特殊性在于:

(1) 污染损害具有复杂性。

这主要表现为损害原因的复杂。造成污染损害的原因可能很多,而这些原因又可以产生一些综合的连锁反应,更增添了这种复杂性。

(2) 污染损害具有隐蔽性。

这主要表现为受害人遭受的损害往往不能及时被发现。产生隐蔽性的原因在于:人体对于污染的轻微侵害在一定时间内是有免疫力的,只有污染侵害达到一定程度,人体才会产生不良反应。由于污染形成一般有一个过程,这就使污染损害具有了隐蔽性的特点。

(3) 污染损害具有持续性。

污染损害不会因为污染行为的停止立即消失。这是因为一些污染物的去除不是短时间可以实现的,而需要一定时间的自然净化过程,在污染物去除前,就可能造成持续性的损害;还有一些污染物难以去除(如一些特殊重金属),这种损害将长久地威胁人们的生命和健康。

(4) 污染损害的影响具有广泛性。

污染损害的影响在地域、受害对象、受害利益上都具有广泛性。

(三) 污染环境行为与污染损害后果之间存在因果关系

1. 环境侵权因果关系的科技性以及举证责任之倒置

污染环境损害的特殊性造成了一些环境污染责任在因果关系认定上的困难,又由于造成环境污染的污染源的产生往往是现代工业发展的结果,故污染形成本身就存在一定的高科技含量,这为寻找污染的原因提出了一定的科技水平要求。而且,鉴于因果关系由原告举证的困难,《侵权责任法》第 66 条规定了举证责任倒置原则,即由被告对污染环境行为与污染损害后果之间不存在因果关系承担举证责任。

2. 国外对于环境侵权因果关系的证明学说

(1) 盖然因果关系说。

即受害人只需证明侵害行为引起损害的可能性达到一定程度,即可推定因果关系之存在。

(2) 社会流行病学的证明方法。

即"就疫学上可能考虑的若干因素,利用统计的方法,调查各因素与疫病之间的关系,选择相关性较大的因素,对其做综合研究,由此判断其与结果之间有无关系"。①

(3) 间接反证法。

即举证责任倒置,如果因果关系能证明因果关系锁链中的一部分事实,就推定其他事实存在,而由加害人承担证明其不存在的责任。② 这些方法对我国环境污染侵权责任的案件审理亦有借鉴意义。

三、环境污染致害责任的归责原则和免责事由

(一) 环境污染责任的归责原则

由于环境污染形成的原因主要是大工业生产,如果采用过错责任原则,受害人就会因不能证明污染者的过错而得不到赔偿。同时,按照受益原则,排污人也应对污染行为造成的损害承担赔偿责任,而不论其主观上是否存在过错。因此,我国《侵权责任法》第 65 条的规定**"因污染环境造成损害的,污染者应当承担侵权责任"**,与《民法通则》《环境保护法》以及《大气污染防治法》的相关规定相一致,规定我国环境污染致害责任的归责原则一般均适用无过错责任

---

① 钱水苗:《污染环境侵权民事责任的特点》,载《杭州大学学报》第 23 卷第 3 期。
② 王利明主编:《民事侵权行为法》,中国人民大学出版社 1993 年版,第 458 页。

原则来处理。

(二) 环境污染责任的免责事由

根据我国相关法律规定,环境污染致害责任的免责事由主要有:不可抗力、受害人的过错等。

1. 不可抗力

在我国《环境保护法》《水污染防治法》《大气污染防治法》中都有关于不可抗力作为免责事由的规定,《侵权责任法》第 29 条也将不可抗力作为侵权责任的免责事由。但是在使用不可抗力作为免责事由的时候,需要注意,在发生不可抗力时,行为人只有在及时采取了必要的合理措施,仍然不能避免环境污染损害的情况下,才可以免予承担责任。

2. 受害人过错

(1) 受害人故意。

《水污染防治法》第 85 条的规定:"**水污染损害是由受害人故意造成的,排污方不承担赔偿责任。**"

典型案例

【案情】[①] 周某听说甲化工厂排放的废液里有氨水成分,可代替氨肥,即购买了多个大铁罐用于装废液,为防止别人盗用,又将铁罐深埋于自家的园子里。此后一年,周某一直坚持搜集废液。其后,周某全家突然严重中毒,经调查为氨中毒。原来周某所埋的废液离自家的饮用水井仅 10 米远,埋下的铁罐有一只腐烂,废液漏出渗入水井引起中毒。周某认为废液是甲化工厂排放的,于是将庚辛化工厂告上法庭,要求其赔偿损失。

【审理】 法院经审理认为:周某虽然受到甲化工厂排放废液的污染危害,但该危害完全是周某自身行为所致,甲化工厂没有任何过错,故不承担责任。

【法理】 本案中,甲化工厂有排污行为,其排放的污水也事实上造成了周某一家的损害,且排污与损害之间有因果关系。按照无过错责任原则,化工厂排放污水的行为没有主观上的过错,也应当对他人的损害承担赔偿责任。

然而,本案损害却是由周某自身故意行为造成的,按照法律规定的受害人过错免责事由,周某及其家人的损害就只能自行承担,化工厂不承担该赔偿责任。

(2) 受害人重大过失。

《水污染防治法》第 85 条规定:"**水污染损害是由受害人重大过失造成的,**

[①] 《周德元诉河南省某市化工厂环境污染损害赔偿案》,来源:环境与自然资源法学案例教程,载"中国环境法网"〈http://www.riel.whu.edu.cn/show.asp? ID =1491〉,2004 年 3 月 29 日访问。

可以减轻排污方的赔偿责任。"需要注意的是,即使具备了法定免责条件,行为人在免责情形出现后也应以积极的态度尽必要的义务,否则仍应承担相应的侵权责任。

四、环境污染责任责任主体的特殊规定

(一)两个以上污染者造成损害的责任

1. 无意思联络的数人侵权

《侵权责任法》第67条实际上"是无意思联络的数人侵权",立法过程中,有人提出"无意思联络的数人侵权"应承担连带责任,但最终出于公平原则的考虑,法律规定了"无意思联络的数人侵权"的污染者应承担按份责任。

2. 共同环境污染侵权责任的赔偿范围

确定了数个污染侵权者的责任后,判断污染侵权者的责任大小应考虑的因素除了包括污染物的种类、排放量等,还应有排放地的距离、排放持续时间、污染物的致害程度等。

(二)第三人过错污染环境的责任

依据《侵权责任法》第68条,环境污染事故中,第三人过错绝不是污染者的减责或免责事由。污染者与有过错的第三人,承担的是不真正连带责任,并且分别适用不同的归责原则。

在有过错的第三人未查明、已失踪或赔偿能力不足时,为保护受害人利益,污染者要承担无过错责任。但是污染者也被赋予了向有过错的第三人追偿的权利,实现了各方利益的平衡。

第二节 高度危险责任

一、高度危险责任概述

(一)高度危险作业责任的概念

高度危险作业责任指因从事对周围环境具有高度危险作业造成他人损害时,作业人所应当承担的赔偿责任。高度危险作业是危险性工业的法律用语,指在现有的技术性的条件之下,人们还不能完全控制自然力量和某些物质属性,虽以极其谨慎的态度经营,但仍有很大的可能造成人们的生命、健康以及财产损害的危险性作业。

我国《民法通则》第123条规定,列举了七种高度危险作业:"**从事高空、高压、易燃、易爆、剧毒、放射性、高速运输工具等对周围环境有高度危险的作业造成他人损害的,应当承担民事责任;如果能够证明损害是由受害人故意造成的,**

不承担民事责任。"需指出的是,我国《民法通则》第 123 条列举的上述七种高度危险作业,是一种不完全列举,在现实生活中符合"对周围环境有高度危险"性质的其他作业,也应解释为高度危险作业之一种。

(二) 高度危险作业责任的理论由来与发展

1838 年德国的《普鲁士铁路企业法》规定:"铁路公司所运输的人及物,或因转运之事故对别的人及物造成损害,应负赔偿责任。容易致人损害的企业,虽企业主毫无过失,亦不得以无过失为免除赔偿的理由。"这条法律所确立的原则开创了现代大规模铁路运输行业的赔偿责任高度危险作业赔偿制度由此而确立。

高度危险作业责任确立的目的是为了协调因现代社会发展需要而出现的高度危险作业的危险性与保障人们生产、生活安全之间的矛盾。关于高度危险作业的侵权责任,大多数国家不是直接规定在民法典中,而是在民法典的附属性单行法规中加以规定,这些有关高度危险作业的适用无过失赔偿责任的单行的民事法规,之所以要从事高度危险作业的人承担无过失责任是因为,凡为自己利益而经营某项危险事业者自然应当承担由此所所产生的风险。

二、高度危险责任的构成要件

(一) 作业人须从事高度危险作业

我国《侵权责任法》未对"高度危险作业"进行界定。《民法通则》第 123 条对"高度危险作业"所作的是一种列举式的规定,但又是一种不完全性的列举。所以在现实生活中,如果存在"对周围环境具有高度危险"的其他作业,也应当列入高度危险作业之中。

高度危险作业,应具备以下两个特征[①]:其一,它是一种合法行为,至少是不为法律所禁止的行为。人类为了享受现代科技文明所带来的巨大经济利益,必须允许从事某些高空、高压、易燃、易爆、剧毒、放射性以及高速运输工具的存在和发展,并赋予其合法性。其二,加害人从事的这种作业对于周围环境的高度危险以及可能造成的损害具有不可避免性。

(二) 须发生损害后果

损害后果可以是财产损害,也可以是人身损害。就高度危险作业的损害而言,出现财产和人身的实际损害固然属于损害,但也不排除没有出现损害而构成对财产和人身的威胁危险时,受危险威胁的人要求危险作业行为人消除危险的权利。

在特殊情况下,鉴于高度危险作业的危险性,即使损害结果没有发生,而仅

---

① 张新宝:《中国侵权责任法》(第 2 版),中国社会科学出版社 1998 年版,第 518 页。

仅出现了致害的危险,受危险威胁的人仍然可以要求危险作业行为人承担民事责任。以《最高人民法院关于贯彻执行〈中华人民共和国民法通则〉若干问题的意见(试行)》第 154 条为例,高度危险作业所引起的使人担心、恐慌的结果亦可以被视为业已造成了损害。

(三) 高度危险作业行为与损害后果之间存在因果关系

要证明损害发生的原因是高度危险作业行为,有时是非常困难的,尤其是放射性物质给人体造成的损害需要经过一段较长的时间才能显现。因此,法律要求受害人只需进行盖然性证明(如数理统计证明、社会流行病学证明)即可,之后提供证据的责任就由受害人转移到加害人,由加害人对因果关系的不存在承担举证责任。

典型案例

【案情】① 14 岁的原告张甲系被告王乙的外甥女。王乙经批准,在路边建造了两间平顶房屋。后被告丙电力公司经批准在该路边架设了 10 千伏高压电线路,高压电线与案涉平顶房屋之间垂直距离大于 4 米。其后,王乙未经批准,将平顶屋加层为三层半楼房,东边间三楼阳台扶手与高压电线之间最近距离约 40 厘米,当地电力部门对王乙的翻建行为未加阻止。后张甲到王乙家度暑假,在东边间三楼阳台乘凉靠近扶手时,被高压电所吸而触电受伤。

【审理】 法院认为:被告王乙擅自翻建楼房,未采取安全措施,应负主要责任;被告电力公司架设的高压线符合规定,并无过错,不应该赔偿,原告张甲的监护人未尽到监护责任,负一定的责任。

张甲和王乙不服该判决,提起上诉,称:本案应适用《民法通则》第 123 条无过错责任的规定,由电力公司承担责任。二审法院作驳回上诉、维持原判。

张甲、王乙向省高级法院申请再审。再审法院认为:电力公司作为特殊侵权责任主体,未能举证损害是由张甲本人故意造成,故对张甲的损害负主要责任;王乙违章翻建房屋,负一定的责任;张甲的监护人不承担责任。原一、二审法院属认定事实不清,适用法律不当,撤销一、二审判决。

【法理】 本案中的高压触电事故属于高度危险作业的范畴,发生了损害结果,且高度危险作业行为与损害后果之间明显存在因果关系。应适用高度危险责任,适用无过错责任原则,再审法院判决由电力公司承担责任是合理的。

---

① 《张霞被高压电灼伤诉温岭县电力公司、王天志分别依无过错责任、过错责任赔偿损失纠纷案》,载最高人民法院中国应用法学研究所编:《人民法院案例选》(民事卷下)1992—1999 年合订本,中国法制出版社 2000 年版,第 1478—1483 页。

三、高度危险责任的归责原则与免责事由

（一）对高度危险作业致人损害责任适用的归责原则的争议

对于高度危险作业致人损害,适用何种归责原则,我国法学界素有争议,主要有以下几种观点：

(1) 占主导地位的观点认为,高度危险作业致人损害应适用无过错责任。[①]

(2) 主张侵权责任归责原则一元化的学者,试图扩展过错推定的运用,对高度危险作业致人损害责任适用"特殊过错推定"。[②]

(3)《民法通则》第 123 条规定的某些情形应适用过错责任(如汽车交通事故),而另一些情形则应适用无过错责任。[③]

(4) 完全否定"无过错责任原则"者认为,无过错责任原则是不存在的,即使在"公害"或"高度危险作业侵权"中也并无这一原则。[④]

（二）高度危险作业致人损害的责任为无过错责任

高度危险作业致人损害应适用无过错责任原则。由于高度危险作业具有超出一般程度的危险性,即使作业人极其谨慎,仍难以避免危险事故的发生;而一旦发生危险事故,又会给周围环境中人的生命、健康以及财产造成很大的伤害或损失,因此,各国立法大多承认该种责任是一种无过错责任。

如普鲁士铁路企业法就明确规定"不得以无过失为免除赔偿的理由"。德国关于无过失赔偿的法律有《帝国责任义务法》《陆上交通法》《空中交通法》,这些法律不仅规定了对高度危险作业致人损害适用无过错责任,而且规定了赔偿限额。美国制定法和判例法均确认对高度危险作业致害适用严格责任。[⑤]

我国《侵权责任法》第 69 条的规定表明,对高度危险作业致人损害的责任也是适用无过错责任原则。这有利于促使从事高度危险作业的组织和个人提高责任心和改进技术安全措施,并有助于加强对受害人的保护。

（三）高度危险责任的免责事由

《侵权责任法》规定了各种高度危险作业的免责事由：

(1) 民用核设施发生核事故致人损害的免责事由。

民用核设施发生核事故造成他人损害的,民用核设施的经营者应当承担侵权责任,但能够证明损害是因战争等情形或者受害人故意造成的,不承担责任。

---

① 王家福主编：《中国民法学·民法债权》,法律出版社 1991 年版,第 512 页。
② 王卫国：《过错责任原则：第三次勃兴》,浙江人民出版社 1987 年版,第 200—205 页。
③ 王利明：《论无过错责任》,载《比较法研究》1991 年第 2 期。
④ 张佩霖：《也论侵权损害的归责原则》,载《政法论坛》1990 年第 2 期。
⑤ 张新宝：《关于高度危险作业致人损害的赔偿责任的几个问题》,载《政法论坛》1994 年第 4 期。

(2) 民用航空器致人损害的免责事由。

民用航空器造成他人损害的,民用航空器的经营者应当承担侵权责任,但能够证明损害是因受害人故意造成的,不承担责任。

(3) 高度危险物致人损害的免责事由。

占有或者使用易燃、易爆、剧毒、放射性等高度危险物造成他人损害的,占有人或者使用人应当承担侵权责任,但能够证明损害是因受害人故意或者不可抗力造成的,不承担责任。被侵权人对损害的发生有重大过失的,可以减轻占有人或者使用人的责任。

(4) 高度危险活动致人损害的免责事由。

从事高空、高压、地下挖掘活动或者使用高速轨道运输工具造成他人损害的,经营者应当承担侵权责任,但能够证明损害是因受害人故意或者不可抗力造成的,不承担责任。被侵权人对损害的发生有过失的,可以减轻经营者的责任。

(5) 高度危险活动区域致人损害的免责事由。

未经许可进入高度危险活动区域或者高度危险物存放区域受到损害,管理人已经采取安全措施并尽到警示义务的,可以减轻或者不承担责任。

(6) 法律规定高度危险责任赔偿限额的要依照其规定承担。

四、关于高度危险责任主体的特殊规定

(一) 遗失、抛弃高度危险物致害责任

《侵权责任法》第74条规定,遗失、抛弃高度危险物造成他人损害的,承担侵权责任的主体是所有人。遗失、抛弃高度危险物致害责任,应适用无过错责任原则。如果高度危险物的所有人将其交由管理人管理而造成他人损害的,应由高度危险物的管理人承担侵权责任。此时,高度危险物的所有人有过错的,与管理人负连带责任;所有人没有过错的,不承担责任。

(二) 非法占有高度危险物致害的责任

按照《侵权责任法》第75条的规定,高度危险物被非法占有时造成他人损害的,由该非法占有人承担侵权责任。尽管所有人、管理人因他人非法占有高度危险物而丧失了对该物的控制,并未实际从事高度危险作业,但其从事高度危险作业的权利未丧失,保管该物的义务并未解除。因此,所有人、管理人不能证明防止他人非法占有尽到高度注意义务的,应与非法占有人承担连带责任。此处使高度危险物的所有人、管理人承担过错责任,客观上可促使其积极履行自己的注意义务,防止高度危险品丢失。由于所有人、管理人承担的是过错责任,所以,其可以举证证明自己对于高度危险物被他人非法占有无过错,从而免于承担责任。

第三节 机动车交通事故责任

一、机动车交通事故责任概述

(一) 机动车交通事故的概念

根据我国《道路交通安全法》的规定,道路交通事故是指车辆在道路上因过错或者意外造成人身伤亡或者财产损失的事件。

(二) 道路交通事故的分类

以发生形态为标准,理论上道路交通事故可分为机动车与机动车、机动车与非机动车、机动车与行人或乘车人以及非机动车与非机动车、非机动车与行人或乘车人之间发生的道路交通事故。

根据我国《交通安全法》的规定,机动车交通事故限于机动车与机动车、机动车与非机动车、机动车与行人或乘车人之间发生的道路交通事故。

典型案例

【案情】[①] 被告人赵甲、张丙等在市区小天鹅餐厅喝酒后,由赵甲驾驶面包车,载着张丙等行驶至回民区医院东侧20米处时,将同方向骑自行车行驶的赵乙撞倒在地。赵甲停车同张丙下车察看后,张将受害人赵乙抱上汽车。后在赵甲示意下,赵甲和张丙将赵乙抛弃在市殡仪馆附近。第二天,赵乙经抢救无效死亡。

【审理】 法院经审理认为,赵甲酒后驾车,将被害人撞成重伤后,不仅不送医院抢救,反而为逃脱罪责,竟示意由上诉人张丙驾车将被害人弃于距市区较远的偏僻处,置其死活于不顾,以致造成被害人死亡的严重后果,赵甲、张丙的行为均已构成故意杀人罪,且情节恶劣,应予严惩。被告人张丁故意作虚假证明,为上诉人推脱罪责,其行为已构成伪证罪,鉴于其犯罪情节较轻,可免予刑事处分。

【法理】 本案系发生在机动车与非机动车之间。赵甲在将人撞伤并致人死亡后,根据法律规定,其构成交通肇事罪。同时本案也涉及民事赔偿问题。对于民事赔偿部分的处理,虽然在程序上属于刑事附带民事诉讼,但是在实体上仍然属于民事侵权责任,应适用《民法通则》及《交通安全法》的相关规定。

"机动车"是指以动力装置驱动或者牵引,在道路上行驶的供人员乘用或用

---

① 《赵伟酒后驾车肇事后将被害人弃之郊外死亡案》,载最高人民法院中国应用法学研究所编:《人民法院案例选》,1997年第2辑(总第20辑),人民法院出版社1997年版,第9页。

于运送物品或进行工程专项作业的轮式车辆。根据我国法律规定,对机动车要实行登记制度,机动车须经公安机关交通管理部门登记后,方可在道路上行驶。尚未登记的机动车需要临时上道路行驶的,应当取得临时通行牌证。

"非机动车"是指以人力或者畜力驱动,在道路上行驶的交通工具,或者虽有动力装置驱动,但设计最高时速、空车质量、外形尺寸符合有关国家标准的残疾人机动轮椅车、电动自行车等交通工具。根据我国《道路交通安全法实施条例》的规定,非机动车也包括畜力车。依法应当登记的非机动车,须经公安机关交通管理部门登记后,方可在道路上行驶。

实践中,应当注意的是机动车机械事故。所谓"机动车机械事故"是指驾车人无法预见、突然发生的机械故障所导致的交通事故。一般地,只要是机动车在营运过程中与其他机动车辆、非机动车辆、行人发生了事故,不论其原因如何,也不论是否机械事故,均应视为机动车交通事故。

但是,机动车机械事故在认定责任的主体、处理依据、处理程序和责任承担等方面与一般的由公安交通管理机关处理的道路交通事故不同。如果机动车所有人(管理人)或使用人能够发现机械故障,但没有采取适当措施避免事故发生,就可以由公安交通管理机关进行认定和处理;如果是机动车所有人(管理人)或使用人不能预见、无法克服的机动车质量问题所造成的损害,受害人可根据侵权责任法及产品质量法的相关规定向侵权人和产品质量责任人要求赔偿,可不必经公安交通管理机关解决而直接向人民法院起诉。

机动车刹车(门伤)事故是机动车在起动、制动、转弯过程中导致乘客剧烈晃动而与其他物体发生碰撞,或开、关车门时发生挤压造成乘客人身或财产损害的事故,其也属于机动车交通事故。机动车刹车(门伤)事故造成受害人损失的,机动车的所有人(管理人)或使用人应承担赔偿责任。

(三) 道路交通事故致人损害责任的定义

交通事故致人损害责任是指交通事故的责任人对致人损害的后果所承担的赔偿法律责任。

导致交通事故的行为可能构成刑事犯罪,也可能属于行政违法行为;除此之外,受害人的民事赔偿,则属于民事侵权责任的范围。这种民事侵权责任,就是交通事故致人损害责任。

关于交通事故致人损害责任,在学理上有不同的观点:一种是将交通事故致人损害责任视为高度危险侵权责任中的高速运输工具引起的特殊民事侵权责任;一种是将交通事故致人损害责任视为一般民事侵权责任。在立法上,有些国家采用过错责任,如英美法系的许多国家;有些国家采用过错推定责任,如德国和日本;有些国家则采用无过错责任,如法国和俄罗斯。

根据《侵权责任法》第48条,机动车发生交通事故造成损害的,依照道路交通安全法的有关规定承担赔偿责任。2004年5月1日起施行的《中华人民共和国道路交通安全法》针对不同情况,采用不同的归责办法来处理交通事故。2007年12月29日,全国人民代表大会通过了对该法第76条的修改(自2008年5月1日起生效)。

二、道路交通事故致人损害责任的构成要件

(一) 在道路上发生

根据《道路交通安全法》第119条的规定,"道路"是指公路[①]、城市道路和虽在单位管辖范围但允许社会机动车通行的地方,包括广场、公共停车场等用于公众通行的场所。铁路道口、渡口、机关大院、农村场院及其院内的路均不属于"道路"。

在地面上借助铁轨运行的机动车辆(如有轨电车、火车)所造成的交通事故,不属于道路交通事故。在非道路上发生的交通事故,适用一般的民事侵权责任规定。

(二) 须有损害的发生

即因道路交通事故的发生造成了人身伤亡或者财产损失。如果只有违章行为,而无实际损害,就只能以行政制裁的方法处罚,而不能要求承担道路交通事故的损害赔偿责任。

(三) 存在过错或者意外的情形

《道路交通安全法》第76条对不同类型的交通事故责任作了不同的区分。对于机动车之间发生交通事故的,采用过错责任归责。对于机动车与非机动车驾驶人、行人之间发生交通事故的,采用过错推定责任归责;并规定了机动车驾驶人减免责任的条件,平息了社会上关于行人不遵守交通规则穿越道路"撞了白撞"的争议。

需要指出的是,对于道路交通事故的定义,《道路交通安全法》除设定"过错"的条件外,还设定了"意外"的替代条件,即不仅过错可以产生道路交通事故责任,意外情形也可以产生道路交通事故责任,从而改变了旧《道路交通事故处理办法》仅以"过错"作为承担道路交通事故责任的条件的简单做法。

(四) 因果关系

关于因果关系,《道路交通安全法》颁布前存在不同的看法:第一种观点认为,因果关系是指交通违章行为与损害后果之间的因果关系;第二种观点认为,因果关系是指交通通行行为与损害结果之间的因果关系;还有观点认为,对于机

---

① 指根据《公路法》的规定,经公路主管部门验收认定的城间、城乡间、乡间能行使汽车的公共道路,包括国道、省道、县道和乡道。

动车引起的交通事故采用行为与损害结果之间的因果关系,对于其他的交通事故采用违章行为与损害后果之间的因果关系,即前两种观点的折中。应当认为,在《道路交通安全法》颁布后,第二种观点显然已为立法所采纳。

三、机动车交通事故责任的归责原则

机动车交通事故责任的归责原则

关于交通事故损害赔偿的归责原则,各国的立法例不尽相同。从我国旧《道路交通事故处理办法》的规定来看,采用的是过错责任归责原则,但《道路交通安全法》的施行改变了这种归责原则。在德国,对汽车时速超过20公里以上发生的交通事故的赔偿责任,按严格责任确定;反之,则按一般侵权责任对待。德国立法的这种做法已经被日本、法国、美国等国家和地区广泛接受。

目前,我国针对道路交通事故民事责任采用的是多种归责原则相结合,即对不同的交通事故情况采用不同的归责原则。一般认为,我国对道路交通事故责任的规则原则分为:

(1)保险公司在第三者责任强制保险责任范围内承担无过错责任。一旦发生交通事故导致他人人身损害或财产损失,保险公司就应当在机动车第三者责任强制保险责任限额范围内予以赔偿。

(2)道路交通事故社会救助基金对受害人抢救费用的先行垫付适用无过错责任。道路交通事故社会救助基金垫付后,其管理机构有权向交通事故责任人追偿。

(3)机动车之间的道路交通事故责任适用过错责任。机动车之间发生道路交通事故,由过错方承担责任,双发都有过错的适用过错相抵,按照双方的过错比例分担责任。

(4)机动车与非机动车驾驶人、行人之间的道路交通事故责任适用无过错责任。机动车与与非机动车驾驶人、行人之间发生交通事故时,由机动车一方承担责任;但是,在受害人存在过失或者故意时,可以适当减轻或者免除机动车方的责任。

四、道路交通事故民事赔偿的范围

如何赔偿道路交通事故造成的损失是处理事故、解决纠纷的难点所在。我国《道路交通安全法》和《道路交通安全法实施条例》对赔偿范围作了较为详细的规定,有关司法解释也对人身损害赔偿和精神损害赔偿的范围作了规定,这些规定改变了旧的《道路交通事故处理办法》关于交通事故赔偿的一些不确定和不合理的条款内容,明确了有关赔偿标准,从而有利于司法实践中的适用。

(一) 道路交通事故民事赔偿的主体范围

理论上,交通事故的当事各方都可以成为民事赔偿的主体。而在实践中,非机动车、行人、乘车人一方多为受害主体,为赔偿请求权人;机动车方则常常是加害主体,为赔偿义务人。因此,确定民事赔偿的主体实质上就是要明确机动车方具体的赔偿义务人。但是,现实中,经常出现机动车所有人与使用人(驾驶人)不为同一人的情况,如何判断则赔偿义务人,是经常遇到的问题。《侵权责任法》第49到52条对此作出了规定。

(1) 租赁或借用机动车发生交通事故时的赔偿主体。

因租赁、借用等情形机动车所有人与使用人不是同一人时,发生交通事故后属于该机动车一方责任的,由保险公司在机动车强制保险责任限额范围内予以赔偿。不足部分,由机动车使用人承担赔偿责任;机动车所有人对损害的发生有过错的,承担相应的赔偿责任。

(2) 买卖机动车尚未过户时发生交通事故。

当事人之间已经以买卖等方式转让并交付机动车但未办理所有权转移登记,发生交通事故后属于该机动车一方责任的,由保险公司在机动车强制保险责任限额范围内予以赔偿。不足部分,由受让人承担赔偿责任。

(3) 转让拼装及报废车辆造成交通事故。

以买卖等方式转让拼装或者已达到报废标准的机动车,发生交通事故造成损害的,由转让人和受让人承担连带责任。

(4) 盗劫、抢劫、抢夺机动车发生交通事故。

盗窃、抢劫或者抢夺的机动车发生交通事故造成损害的,由盗窃人、抢劫人或者抢夺人承担赔偿责任。保险公司在机动车强制保险责任限额范围内垫付抢救费用的,有权向交通事故责任人追偿。

(二) 道路交通事故社会救助基金的垫付义务

除了上述关于赔偿义务主体的特殊规定外,《侵权责任法》第53条规定了道路交通事故社会救助基金的垫付义务。

《道路交通安全法》第17条建立了道路交通事故社会救助基金制度,使对机动车肇事受害人的权益保护更加完善。在该制度设立之前,当出现肇事者在发生交通事故后逃逸、肇事机动车未参加强制保险或机动车部门等情况,受害人需要紧急支付人身伤亡的抢救、丧葬费用时,其权益往往得不到合理的保护。欧洲大多数国家,如德国,设立了公众赔付基金,在出现上述这些情况时,机动车肇事受害人可以向公众赔付基金提出索赔。其他国家如法国、英国、瑞士等国都设立了类似基金制度。①

---

① 参见张新宝:《侵权责任法原理》,中国人民大学出版社2005年版,第369页。

依据《道路交通安全法》的规定,道路交通事故社会救助基金的资金来源有以下几种:按照机动车交通事故责任强制保险的保险费的一定比例提取的资金;地方政府按照保险公司经营交强险缴纳营业税数额给予的财政补助;对未按照规定投保交强险的机动车的所有人、管理人的罚款救助基金孳息;救助基金管理机构依法向机动车道路交通事故责任人追偿的资金;社会捐款;其他资金等。

道路交通事故社会救助基金的用途是,当受害人不能从保险公司处获得足额的赔偿,肇事者逃逸、无法找到或是无赔偿能力时,基金可以先行垫付全部或部分抢救费用。实践中也认为死者的丧葬费用等也应由基金管理机构先行垫付,《侵权责任法》在立法中确认了这一点。

道路交通事故社会救助基金垫付后,其管理机构有权向交通事故责任人追偿。管理机构的追偿权类似于保险法上的代位求偿权。道路交通事故救助基金管理机构的追偿权应当以其支出的费用为限,不得超出其支付范围。如果管理机构获得的赔偿金超过其实际支出的范围,应当将超出部分返还给受害人。因为受害人的损害赔偿权还存在,只是应当减掉基金已支出的部分。如果肇事者将抢救费用等相关费用全部付给了受害人,那么管理机构有权要求受害人返还所支付的抢救费用。[①]

(三) 道路交通事故民事赔偿的范围

道路交通事故造成的损害包括人身损害和财产损害。

根据《道路交通安全法实施条例》第95条第2项并结合《侵权责任法》《最高人民法院关于审理人身损害赔偿案件适用法律若干问题的解释》的规定:受害人遭受人身损害,因就医治疗支出的各项费用以及因误工减少的收入,包括医疗费、误工费、护理费、交通费、住宿费、住院伙食补助费、必要的营养费,赔偿义务人应当予以赔偿;受害人因伤致残的,其因增加生活上需要所支出的必要费用以及因丧失劳动能力导致的收入损失,包括残疾赔偿金、残疾辅助器具费、被扶养人生活费,以及因康复护理、继续治疗实际发生的必要的康复费、护理费、后续治疗费,赔偿义务人也应当予以赔偿;受害人死亡的,赔偿义务人除应当根据抢救治疗情况赔偿因就医治疗支出的各项费用以及因误工减少的收入(包括医疗费、误工费、护理费、交通费、住宿费、住院伙食补助费、必要的营养费)外,还应当赔偿丧葬费、被扶养人生活费、死亡补偿费以及受害人亲属办理丧葬事宜支出的交通费、住宿费和误工损失等其他合理费用。

另外,根据《侵权责任法》第22条的规定,在处理个别交通事故时,可根据实际情况适当考虑受害人精神损害赔偿的请求,以充分保护交通事故中处于弱

---

① 参见扈纪华主编:《中华人民共和国道路交通安全法释义》,中国法制出版社2003年版,第160页。

势地位的受害人的权益。

【拓展链接】

高度危险责任制度适用范围的比较法考察[①]

适用范围具有开放性是高度危险责任制度安全价值偏向的内在要求,各国通过立法或判例发展等途径使高度危险责任制度成为极具兼容性和接纳性的权利救济体系。

一、英美模式——判例法发展+特别法

除对航空事故、电力事故、放射性物质、原子能、核子设施造成的损害赔偿进行类型立法外,英国法院根据 Rylands v. Fletcher 案确立的对危险作业致害课以严格责任的普遍原则,创造性地依循"无关于使用方式或使用环境而本身具有危险性的物"之判断,将大量的危险物囊括进来。通过判例发展,危险责任的适用范围逐渐从水扩张到火、电、气以及爆炸物、化学物品、旗杆、毒树甚至无形的振动等。通过设定若干因素来判断"异常危险活动"并且法院在实践中创造性地减少社会性因素的考量,美国侵权法中异常危险责任的适用范围保持了开放性和广泛性。

二、西班牙模式——法院扩充解释法典条文+特别法规定

按照《西班牙民法典》第1905条至第1910条规定,危险责任局限于对一些特殊的、被狭窄定义了的危险物和危险活动。为使赔偿责任适应时代的发展,最高法院瞄准了一个能为司法创造巨大自由空间的解释规则条款,即《民法典》第3条第1款:"对条文应根据其语意、同时考虑内在逻辑、历史和立法的环境及其适用的时代的社会现实进行解释,在这一过程中应以法律的精神和目的为基础。"在"保护受害人"原则指导下,西班牙最高法院从1943年一起交通事故案的判决开始,运用物的危险性及使用受益等理论,逐渐将危险责任扩展到交通事故、危险物致害、工业事故等领域。另外,立法机关先后对航空运输致害、核能致害、狩猎致害、道路交通事故等进行高度危险责任特别立法。

三、荷兰模式——一般条款+特别条款+特别法规定

立法者在《荷兰民法典》中首先设计严格责任一般条款(162条),紧接着规定各种具体危险责任类型:特别危险动产致害责任、危险物致害责任、采矿经营者的严格责任。另外,立法者还制定了特别法如《道路交通法》(1994)、《核能损害赔偿法》(1979)等。在荷兰,高度危险责任范围的开放性和包容性集中体现在概括抽象的严格责任一般条款上,"依据法律规定或社会共同观念"是一个极

[①] 殷宪龙:《高度危险责任的适用范围研究》,载《法学杂志》2011年第5期。

具弹性的措辞。在穷尽所有特别法律规定还无法处理的情况下,便可依一般条款加以解决。

四、德国模式——特别立法+法院创设伪装的严格责任

非法典化是对德国在危险责任体系发展上的现实描述。百余年来,德国主流观点认为,特别立法是满足危险责任案件不断增多之需要的唯一合适和合法的方法。在20世纪,德国颁布大量特别法来处理公路交通、航空运输、电气供应、原子能、药物等致害案件。德国法院对危险责任的适用问题采取保守态度。在扩充解释危险责任法律的问题上,德国法院坚持如下原则:"通过特别法律规定的对特定危险状态和设备的危险责任适用于其他法律未明确规定的危险设备……是不允许的。"为解决危险责任立法上的落后或不周延的弊端,最高法院只得另辟蹊径:将《德国民法典》第823条第2款解释为一个一般注意义务的责任条款。基于此,任何危险的制造者或危险状态的维持者,都有义务采取一切必要和适当的措施保护他人和他人的绝对权利。因此,德国危险责任体系的开放性发展主要通过伪装的严格责任途径来达成。面对危险责任发展所呈现的似是而非的尴尬局面,许多学者极力呼吁在民法典修正中设立危险责任的一般条款,以实现正本清源。

【推荐阅读】

1. 蔡颖雯:《环境污染与高度危险》,经济科学出版社2010年版。
2. 王晓辉:《环境污染健康损害填补法律制度研究》,法律出版社2012年版。
3. 阮富枝:《危险活动之侵权责任:民法一般危险责任及特别法之特殊危险责任》,台湾五南图书出版股份有限公司2011年版。
4. 孟利民、刘锐、王揆鹏:《机动车事故受害人救济机制研究》,知识产权出版社2009年版。
5. 戴茂华:《论进一步完善我国环境侵权民事责任立法的必要性——兼评〈侵权责任法〉中环境污染责任条款》,载《河北法学》2011年第1期。
6. 彭本利:《第三人过错不应作为环境污染民事责任的抗辩事由》,载《法学杂志》2012年第5期。
7. 杨立新:《地下挖掘损害责任的法理基础和具体规则》,载《法学论坛》2010年第2期。
8. 薛军:《"高度危险责任"的法律适用探析》,载《政治与法律》2010年第5期。
9. 王利明:《论高度危险责任一般条款的适用》,载《中国法学》2010年第6期。

10. 殷宪龙:《高度危险责任的适用范围研究》,载《法学杂志》2011 年第 5 期。

11. 徐清宇主编:《通行正义:交通事故损害赔偿》,法律出版社 2010 年版。

12. 刘家安:《机动车交通事故责任的归责原则及责任归属》,载《政治与法律》2010 年第 5 期。

13. 刘召成:《论机动车交通事故中特殊责任的承担规则》,载《政法论丛》2010 年第 5 期。

跋

自1979年跨入北京政法学院的大门算起,我接触民法已近34年,讲授民法也已20多年。我深切体会到:民法的确是一门值得自己将一生奉献给它的博大精深的学科。① 民法的"博大精深"在于,它有完整的理论体系,而完整体系之基本要素即为通常的理论要点,亦所谓的"基本概念、基本制度和基本理论"。

授课过程中,学生常问我如何才能将庞大复杂的民法体系融会贯通。诚如王泽鉴先生所言:"学习法律的最佳方法是,先读一本简明的教科书,期能通盘了解该法律的体系结构及基本概念。其后再以实例作为出发点,研读各家教科书、专题研究、论文及判例评释……"②经过多年课堂教学,我也总结了经验:研习民法案例,于案例中掌握民法理论。

作为民法重要渊源之一的判例,在英美法中有其优先适用的规则,在成文法国家,亦能起到弥补制定法的局限。因此,学习法律的学生绝不能只专注于法律条文的分析,更不能只对现行法律条文穿凿附会,而应当在法律条文之外,对社会变迁、社会现状、社会发展趋势有相应了解,而做到这一点的方法之一即为研究各类案例。案例研究在法律方法论中具有重要意义,无论是普通法系遵循先例的判例法传统,还是大陆法系三段论逻辑推理方式,都无法离开案例研究。据此,案例研习是将民法知识融会贯通的必经之路,自然,它也是贯通民法理论与民法适用隔阂的途径。

我涉猎案例的研究最早追溯到跟随张佩霖老师编写的《通过案例学版权》一书,后相继与教研室同仁出版了流传颇广的《民法案例精析》;并随杨振山老师编撰了《民商法实务研究》;以及体现自己民法案例教学与理论研究特点的《民法总则案例重述》《民法债权法案例重述》《民法学卷四·侵权责任法》《侵权责任法典型案例实务教程》《案例民法学·总论》《案例合同法学》等一系列案例研究的书目,概括展示了我多年来民法教学、研究中的成果。

2012年9月,我受北京大学出版社邀请,编写本教材。秉承案例教学与理论研究相结合的风格,以近年来的教学资料、研究成果等为素材,以《侵权责任法典型案例实务教程》为基础,完成了本教材的编撰。我自己以为,实际上,在

---

① 〔英〕密尔松:《普通法的历史基础》,李显冬等译,中国大百科全书出版社1999年版,第22页。
② 王泽鉴:《法律思维与民法实例:请求权基础理论体系》,中国政法大学出版社2001年版,第17页。

本教材中我真正所能做出自己特色的,仅仅是:在当了许多年教师之后,再老老实实地做一回学生。站到学生的立场上,按学生的需要,将不断汲取到的司法审判实践中的临时措施定型化为案例的研究和适用法律的成功经验,放到众多的大师们创造的理论框架之内,以采他山之玉的大旨,做成通过案例学民法的教科书,以期能真正为法律入门之人、为准备司法考试的各类考生、也为从事审判实践的法律实务工作者们,提供一部以"听得懂、记得住、用得上"为其特点的教科书。

  本教材收录了《人民法院案例选》《最高人民法院公报》等出版物公布的典型侵权法案例,亦搜集了部分媒体报道,旨在通过对典型案例的梳理和重新解析,来论证并理解、把握这些知识背后所蕴含的深刻的人文即法理理念,帮助读者准确、系统掌握《侵权责任法》的相关理论。同时,通过注明每个案例的作者及出处,使每一位读者欲溯本求源时,均有据可查。

  因此,本教材的撰写和编辑过程较为辛苦。作为导师,我带领自己的学生蔡晓仪、陶江嫄为实现学有所成之目的,共同探索和努力,令本教材成为集体智慧之结晶,这两位同学亦付出了辛勤劳动。特别是蔡晓仪同学,在本书最后的完稿过程中,做了大量书稿整理和校对工作,没有她的努力,本书不可能得以面世。

  总之,本书力争从传统民法理论体系出发,从案例这样一种积累的社会经验中,抽象出规则,方便读者理解它们与其他法律规范之间的联系,看看学理上的概念分析、演绎推理,以至于法学逻辑推导,究竟是如何为司法实践所接受,又如何反过来影响法学发展变化的。当然,因才疏学浅,错漏之处在所难免,衷心希望广大读者不吝赐教。

2014 年 4 月于中国政法大学研究生院